CONTEÚDO DIGITAL PARA ALUNOS
Cadastre-se e transforme seus estudos em uma experiência única de aprendizado:

1 Entre na página de cadastro:
www.editoradobrasil.com.br/sistemas/cadastro

2 Além dos seus dados pessoais e de sua escola, adicione ao cadastro o código do aluno, que garantirá a exclusividade do seu ingresso a plataforma.

9888907A1170251

3 Depois, acesse: www.editoradobrasil.com.br/leb
e navegue pelos conteúdos digitais de sua coleção :D

Lembre-se de que esse código, pessoal e intransferível, é valido por um ano. Guarde-o com cuidado, pois é a única maneira de você utilizar os conteúdos da plataforma.

CB015126

Editora do Brasil

BRINCANDO COM OS NÚMEROS

ORGANIZADORA: EDITORA DO BRASIL

5

ENSINO FUNDAMENTAL

5ª EDIÇÃO
SÃO PAULO, 2020

Editora do Brasil

Dados Internacionais de Catalogação na Publicação (CIP)
(Câmara Brasileira do Livro, SP, Brasil)

Brincando com os números, 5 : ensino fundamental / organização Editora do Brasil. -- 5. ed. -- São Paulo : Editora do Brasil, 2020. -- (Brincando com)

ISBN 978-65-5817-244-4 (aluno)
ISBN 978-65-5817-245-1 (professor)

1. Matemática (Ensino fundamental) I. Série.

20-39586   CDD-372.7

Índices para catálogo sistemático:

1. Matemática : Ensino fundamental   372.7
Cibele Maria Dias - Bibliotecária - CRB-8/9427

© Editora do Brasil S.A., 2020
Todos os direitos reservados

Direção-geral: Vicente Tortamano Avanso

Direção editorial: Felipe Ramos Poletti
Gerência editorial: Erika Caldin
Supervisão de arte: Andrea Melo
Supervisão de editoração: Abdonildo José de Lima Santos
Supervisão de revisão: Dora Helena Feres
Supervisão de iconografia: Léo Burgos
Supervisão de digital: Ethel Shuña Queiroz
Supervisão de controle de processos editoriais: Roseli Said
Supervisão de direitos autorais: Marilisa Bertolone Mendes

Supervisão editorial: Rodrigo Pessota
Edição: Maria Amélia de Almeida Azzellini e Katia Simões de Queiroz
Assistência editorial: Juliana Bomjardim, Viviane Ribeiro e Wagner Razvickas
Especialista em copidesque e revisão: Elaine Silva
Copidesque: Gisélia Costa, Ricardo Liberal e Sylmara Belletti
Revisão: Amanda Cabral, Andréia Andrade, Fernanda Almeida, Fernanda Sanchez, Flávia Gonçalves, Gabriel Ornelas, Jonathan Busato, Mariana Paixão, Martin Gonçalves e Rosani Andreani
Pesquisa iconográfica: Daniel Andrade
Assistência de arte: Daniel Souza
Design gráfico: Cris Viana
Capa: Megalo Design
Edição de arte: Samira Souza
Imagem de capa: Elvis Calhau
Ilustrações: Alberto Di Stefano, Annareichel/Shutterstock.com, Brambilla, Camila Hortencio, Carlos Jorge, Claudia Marianno, dedMazay/Shutterstock.com, Denis Cristo, Desenhorama, ekler/Shutterstock.com, elenabsl/Shutterstock.com, Estúdio Mil, Flipser/Shutterstock.com, Ilustra Cartoon, José Wilson, JÓTAH, Kanton, Karina Faria, Lilian Gonzaga, logistock/Shutterstock.com, Márcio Castro, Márcio Rocha, Marco Cortez, Martinus Sumbaji/Shutterstock.com, Murilo Moretti, Nikki Zalewski/Shutterstock.com, Paula Lobo, Paulo José, Rodrigo Alves, Ronaldo César, robuart/Shutterstock.com, Saulo Nune Marques, Sentavio/Shutterstock.com, Sergeyyyyy/Shutterstock.com, Sonia Vaz, Tarcísio Garbellini, Tatiana Popova/Shutterstock.com, vvoe/Shutterstock.com e Zubbartez
Editoração eletrônica: LÓTUS Estúdio e Produção
Licenciamentos de textos: Cinthya Utiyama, Jennifer Xavier, Paula Harue Tozaki e Renata Garbellini
Controle de processos editoriais: Bruna Alves, Carlos Nunes, Rita Poliane, Terezinha de Fátima Oliveira e Valeria Alves

5ª edição / 3ª impressão, 2022
Impresso na Gráfica PlenaPrint.

abdr
ASSOCIAÇÃO BRASILEIRA DOS DIREITOS REPROGRÁFICOS
Respeite o direito autoral

Editora do Brasil
Rua Conselheiro Nébias, 887
São Paulo, SP – CEP: 01203-001
Fone: +55 11 3226-0211
www.editoradobrasil.com.br

APRESENTAÇÃO

Querido aluno,

Este livro foi escrito especialmente para você, pensando em seu aprendizado e nas muitas conquistas que virão no futuro!

Ele será um grande apoio na busca do conhecimento. Utilize-o para aprender cada vez mais na companhia de professores, colegas e de outras pessoas de sua convivência.

A Matemática oferece muito para você. Com ela, você explora o mundo, percebe o espaço a sua volta, conhece formas e cores, e ainda resolve problemas. Uma infinidade de conhecimentos está por vir e queremos guiá-lo passo a passo nessa jornada!

Com carinho,
Editora do Brasil

SUMÁRIO

VAMOS BRINCAR **7**

ENCARTES **9**

Unidade 1 – Numeração romana 15

Unidade 2 – Números naturais 20

Sucessor e antecessor de um número 21

Ordem crescente e ordem decrescente 23

Pequeno Cidadão – Consumo consciente 24

Números ordinais 26

Sistema de numeração decimal 28

Valor relativo e valor absoluto dos números 29

Classes e ordens 31

Leitura dos números até a classe dos milhões 33

Unidade 3 – Adição e subtração 36

Adição 37

Propriedades da adição 37

Fechamento 37

Comutativa 38

Elemento neutro 38

Associativa 38

Subtração 44

Verificação da adição e da subtração ... 49

Verificação da adição 49

Verificação da subtração 49

Expressões numéricas com adição e subtração 52

Unidade 4 – Multiplicação e divisão 56

Multiplicação 57

Propriedades da multiplicação 58

Fechamento 58

Comutativa 58

Elemento neutro 58

Associativa 58

Distributiva em relação à adição 58

Multiplicação por 10, 100 e 1 000 63

Dobro, triplo, quádruplo, quíntuplo e sêxtuplo 64

Contagem 67

Divisão 68

Divisão por 10, 100 e 1 000 74

Verificação da multiplicação e da divisão 75

Verificação da multiplicação 75

Verificação da divisão 75

Expressões numéricas com as quatro operações 77

Pequeno Cidadão – Planejamento financeiro 78

Unidade 5 – Sentenças matemáticas 80

Cálculo do valor de um termo desconhecido 80

Pequeno Cidadão – Pequenas ações, grandes resultados 83

Unidade 6 – Múltiplos e divisores 90

Múltiplos de um número natural 90

Divisores de um número natural 94

Critérios de divisibilidade 97

Divisibilidade por 2 98

Divisibilidade por 3 98

Divisibilidade por 5 98

Divisibilidade por 6 98
Divisibilidade por 9 99
Divisibilidade por 10 99
Números primos e números compostos 100
Reconhecimento de um número primo ... 101
Fatoração – decomposição em fatores primos 103
Máximo divisor comum 106
Decomposição em fatores primos 106
Divisões sucessivas 107
Mínimo múltiplo comum 109

Unidade 7 – Frações 112
Leitura de frações 113
Frações de um número 117
Tipos de frações 120
Números mistos 123
Frações equivalentes 125
Simplificação de frações 128
Comparação de frações 131
Frações com numeradores e denominadores diferentes 132

Unidade 8 – Operações com frações 134
Adição de frações 134
Subtração de frações 143
Multiplicação de frações 146
Multiplicação de fração por fração 146
Inverso de uma fração 147
Divisão de frações 151
Expressões com frações 154

Unidade 9 – Números decimais 156
Leitura de um número decimal 157
Comparação de números decimais ... 157

O centésimo 159
O milésimo 162

Unidade 10 – Operações com decimais 164
Adição 164
Subtração 167
Multiplicação 170
Multiplicação por 10, 100 e 1000 172
Divisão 174
Divisão por 10, 100 e 1000 178
Porcentagem 179
Pequeno Cidadão – Formação do preço de venda de uma mercadoria 183

Unidade 11 – Sistema monetário 184
Operações com dinheiro 184

Unidade 12 – Gráficos 188
Gráfico de colunas e de barras 189
Gráficos de setores 190
Gráficos de linhas 190

Unidade 13 – Medidas de tempo 194
Mudança de unidade 197
Pequeno Cidadão – É difícil ganhar, mas fácil gastar 201

Unidade 14 – Medidas de temperatura 202

Unidade 15 – Medidas de massa 208
Mudança de unidade 211

Unidade 16 – Medidas de comprimento 216
Leitura de medidas de comprimento ...218

Pequeno Cidadão – Reciclagem 219
Mudança de unidade 220
Perímetro 223

Unidade 17 – Medidas de área 226
Mudança de unidade 227
Área e perímetro 232
Área das figuras geométricas planas 234

Unidade 18 – Volume e capacidade 238
Medida de volume 238
Mudança de unidade 240
Medida de capacidade 243
Mudança de unidade 244
Relação entre as medidas de capacidade e as de volume 247
Volume dos sólidos geométricos 250

Unidade 19 – Geometria 256
Ponto, reta e plano 257
Semirreta e segmento de reta 258

Ângulos 258
Localização e movimentação no plano 260
Sólidos geométricos 262
Planificação da superfície de sólidos 264
Polígonos 265
Pequeno Cidadão – Embalagens e sustentabilidade 267
Ampliação e redução de figuras poligonais em malhas quadriculadas 268

Unidade 20 – Probabilidade e estatística 272
Probabilidade 272
Registro de informações em tabelas e gráficos 278
Pequeno Cidadão – Inflação 280

Brinque mais 281

VAMOS BRINCAR

1 Há muitos desafios numéricos que envolvem operações e figuras geométricas. Tente fazer a atividade a seguir.

Preencha os aros que formam os lados do triângulo com os nove primeiros números pares, de modo que a soma dos números de cada um dos três lados do triângulo seja sempre a mesma.

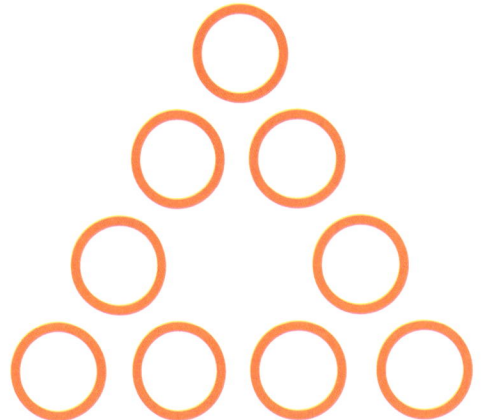

2 Observe o relógio a seguir e complete os números que faltam usando a numeração romana. Depois, desenhe os ponteiros marcando o horário: 19h45min.

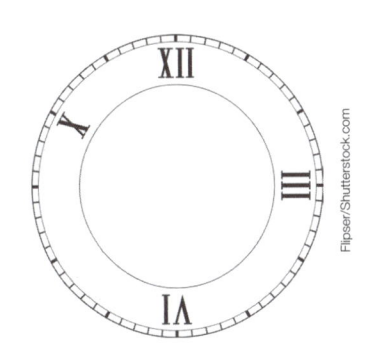

3 Complete as frases e faça o que se pede.

a) Frações que representam a mesma parte do inteiro são denominadas.

_____

b) Represente cada uma das três frações $\frac{4}{8}$, $\frac{2}{2}$, e $\frac{2}{4}$ nos círculos abaixo e escreva como se lê as duas frações que são equivalentes.

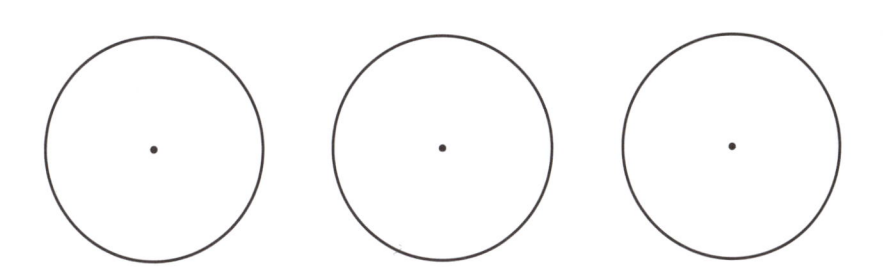

_____

4 Vamos jogar o "dominó das operações"!

Instruções

Número de participantes: de 2 a 4.

1. Recorte as peças do jogo que estão na próxima página.
2. Embaralhe as peças com as operações voltadas para baixo.
3. Cada participante deve pegar 7 peças e não pode ver as peças dos colegas.
4. Inicia o jogo o participante que tiver a maior peça dobrada. As peças dobradas são (6, 6), (5, 5), (4, 4), (3, 3), (2, 2), (1, 1) e (0, 0). Para descobrir se você tem peça dobrada, faça as operações apresentadas nas peças. Caso ninguém tenha peça dobrada, inicia quem tiver a peça com mais pontos, por exemplo (6, 5), colocando-a no centro da mesa.
5. Joga-se no sentido horário. Cada jogador, em sua vez, deve colocar uma de suas peças em uma das extremidades de uma das peças que estão colocadas na mesa. O resultado da operação da extremidade da peça que será colocada deve ser igual ao resultado da operação de uma das extremidades da peça que está na mesa. Por exemplo:

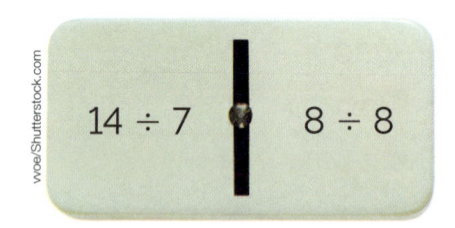

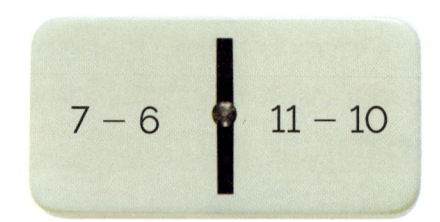

| 14 ÷ 7 | 8 ÷ 8 | | 7 − 6 | 11 − 10 |

O resultado de 8 ÷ 8 é igual ao resultado de 7 − 6.

6. Se o jogador, em sua vez, não tiver peça para colocar, deve "comprar" uma do monte de peças que sobraram – caso sejam menos de 4 participantes. Assim, ele pega uma peça desse monte e verifica se ela se encaixa no jogo. Se não se encaixar, ele continua comprando até que a peça se encaixe ou até que o monte acabe.
7. Se, mesmo comprando, ele não tiver peça para colocar na mesa, deve passar a vez para o próximo.
8. Quando não houver mais monte, o jogador que não tiver uma peça para encaixar passa diretamente a vez para o próximo.
9. Ganha o jogo o primeiro que conseguir colocar todas as suas peças na mesa.

ENCARTES

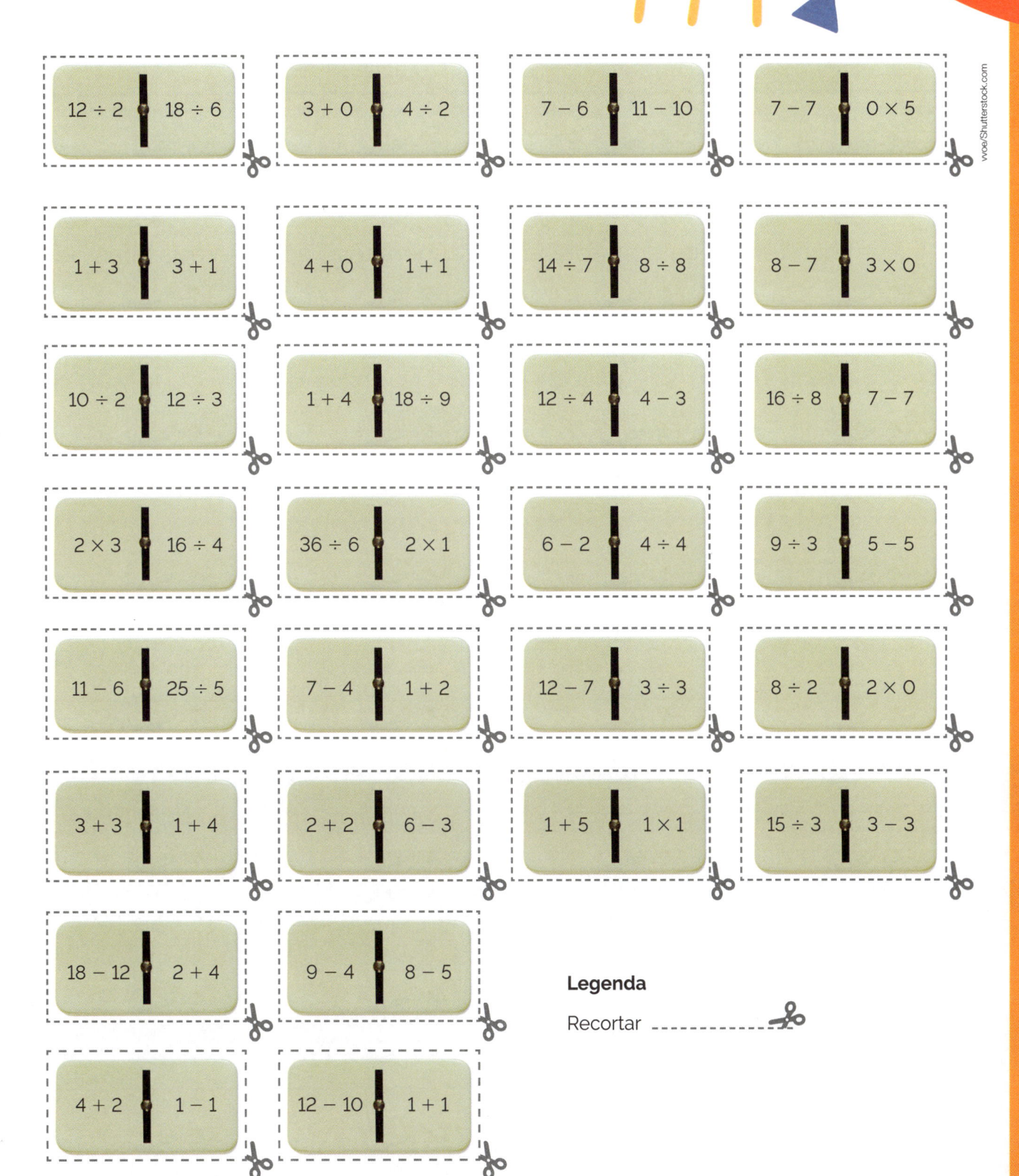

| 12 ÷ 2 | 18 ÷ 6 | | 3 + 0 | 4 ÷ 2 | | 7 − 6 | 11 − 10 | | 7 − 7 | 0 × 5 |

| 1 + 3 | 3 + 1 | | 4 + 0 | 1 + 1 | | 14 ÷ 7 | 8 ÷ 8 | | 8 − 7 | 3 × 0 |

| 10 ÷ 2 | 12 ÷ 3 | | 1 + 4 | 18 ÷ 9 | | 12 ÷ 4 | 4 − 3 | | 16 ÷ 8 | 7 − 7 |

| 2 × 3 | 16 ÷ 4 | | 36 ÷ 6 | 2 × 1 | | 6 − 2 | 4 ÷ 4 | | 9 ÷ 3 | 5 − 5 |

| 11 − 6 | 25 ÷ 5 | | 7 − 4 | 1 + 2 | | 12 − 7 | 3 ÷ 3 | | 8 ÷ 2 | 2 × 0 |

| 3 + 3 | 1 + 4 | | 2 + 2 | 6 − 3 | | 1 + 5 | 1 × 1 | | 15 ÷ 3 | 3 − 3 |

| 18 − 12 | 2 + 4 | | 9 − 4 | 8 − 5 |

Legenda

Recortar ✂

| 4 + 2 | 1 − 1 | | 12 − 10 | 1 + 1 |

5 Observe os números representados com o Material Dourado e escreva-os em algarismos.

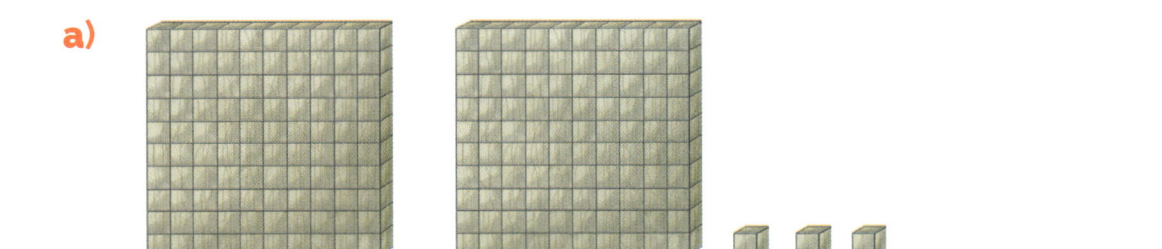

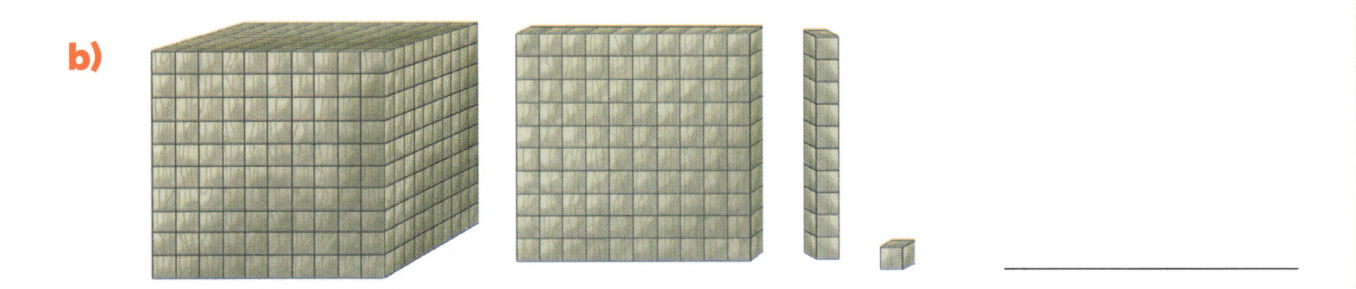

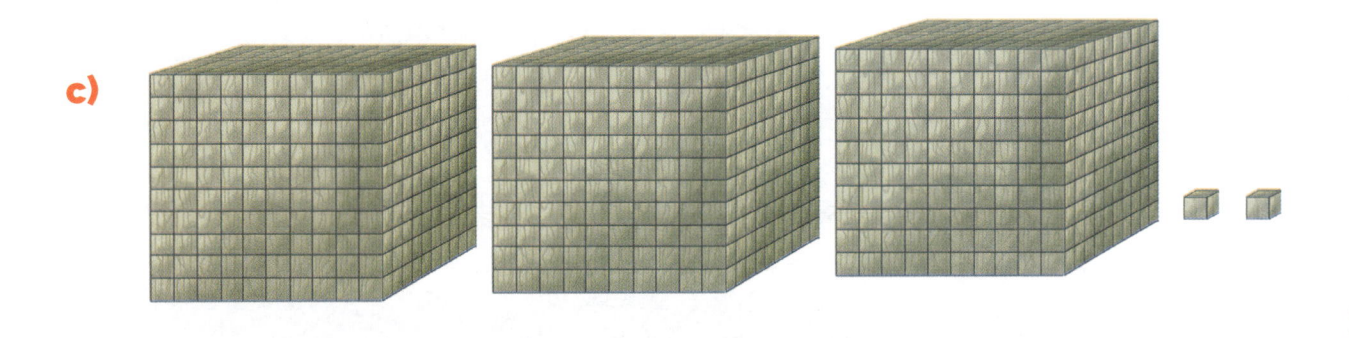

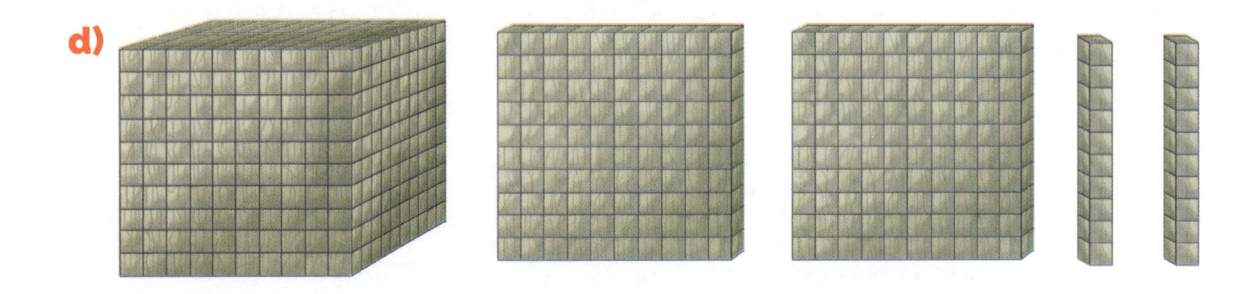

a) _____

b) _____

c) _____

d) _____

6 Agora vamos brincar com o jogo "tabuleiro das operações".

Instruções

Número de participantes: de 2 a 4.

1. Você precisará de um dado numerado com 6 faces e tampinhas para servir de peões.
2. A ordem de jogada dos participantes pode ser definida com o dado: joga primeiro quem tirar o número maior; depois, o segundo número maior, e assim por diante.
3. A cada rodada, os jogadores lançam o dado e andam no tabuleiro a quantidade de casas indicada no dado. Para permanecer, o jogador deve resolver corretamente, em até 10 segundos, a operação mostrada. Caso não a resolva em 10 segundos ou erre, ele volta para a casa anterior. Ganha quem alcançar a chegada primeiro.

CHEGADA

7 + 5 − 3

4 × 15 ÷ 10

11 × 3 − 4

35 ÷ 7 − 6

Avance 2 casas

Volte 2 casas

Fique 1 vez sem jogar

15 − 5 + 7

13 − 9

5 + 4 + 7

60 ÷ 10 + 12

Volte 3 casas

22 × 2 − 6

12 + 13

12 + 1 × 6

Avance 2 casas

45 − 2 + 6

8 + 4 × 2

LARGADA

12 × 2 + 3

45 ÷ 9 + 2

12 + 3 − 6

7 Observe as figuras que representam inteiros repartidos em partes iguais e escreva a fração representada pelas partes pintadas.

a) Fração: _____

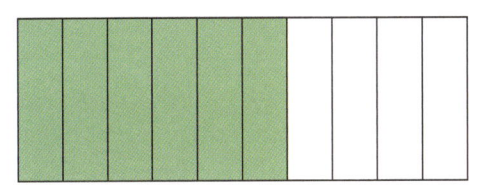

b) Fração: _____

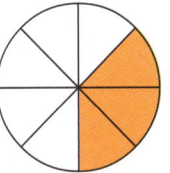

c) Fração: _____

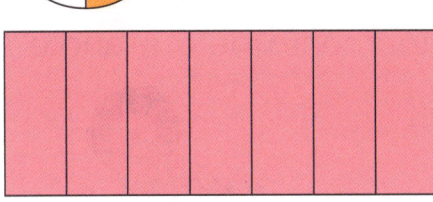

8 Agora, utilize as figuras abaixo para representar cada fração indicada, fazendo a repartição do inteiro em partes iguais e pintando as partes necessárias.

a) $\dfrac{4}{4}$

b) $\dfrac{3}{12}$

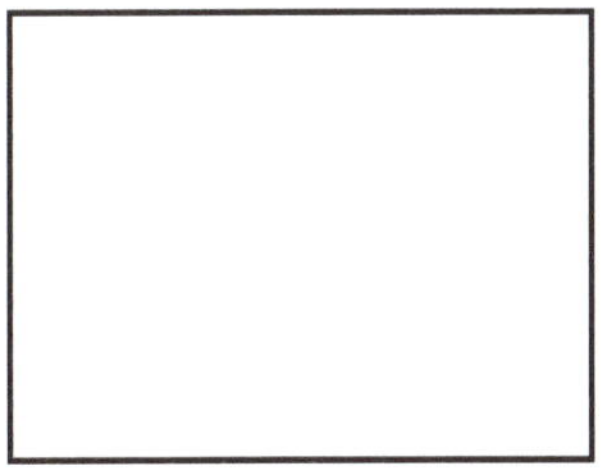

c) $\dfrac{5}{6}$

d) $\dfrac{2}{3}$

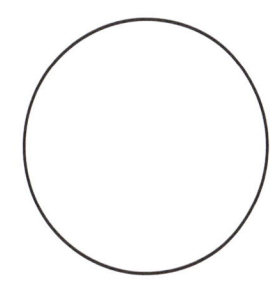

9 No espaço ao lado, desenhe uma casinha formada apenas por segmentos de reta.

10 Em uma cartolina ou folha de papel sulfite, faça o contorno de seu pé. Em seguida, meça com uma régua o comprimento dele e anote a medida como se pede a seguir.

a) Em centímetros: _____.

b) Em milímetros: _____.

c) Em metros: _____.

Verifique, no quadro, se a medida de seu pé, em centímetros, está de acordo com o quanto você calça.

Comprimento em centímetros	22,1 a 22,5	22,6 a 23,0	23,1 a 23,5	23,6 a 24,0	24,1 a 24,5	24,6 a 25,0	25,1 a 25,5	25,6 a 26,0	26,1 a 26,5	26,6 a 27,0	27,1 a 27,5
Numeração	32	33	34	35	36	37	38	39	40	41	42

11 Paula separou a quantia de R$ 1.293,00 para pagar uma dívida. Desenhe no espaço abaixo cédulas e moedas que ela pode ter usado para compor essa quantia.

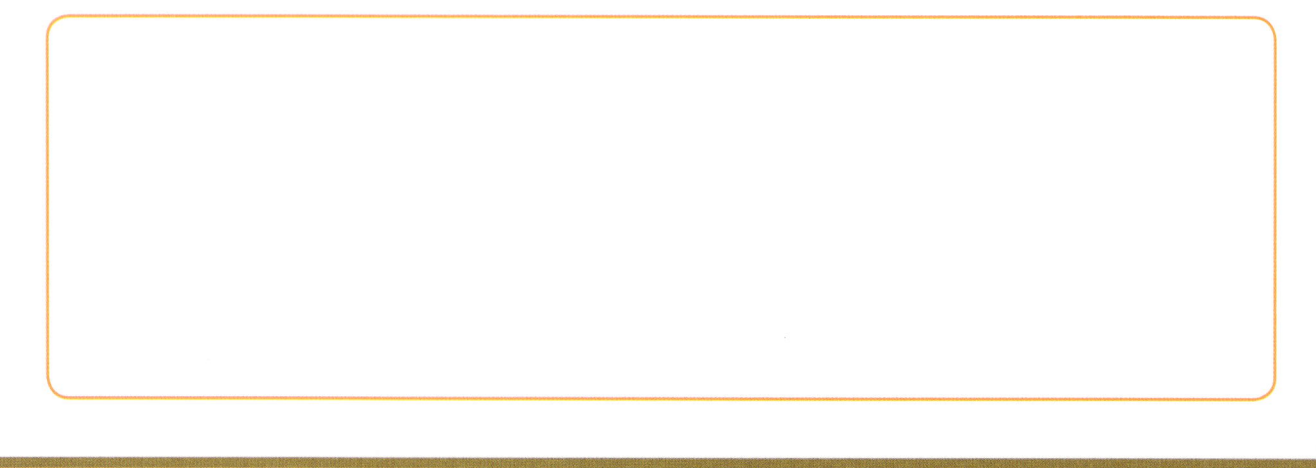

UNIDADE 1
NUMERAÇÃO ROMANA

Você já ouviu falar da virada do século? Esse fato ocorre quando iniciamos um novo século (período de 100 anos) em nosso calendário.

A última virada do século ocorreu na passagem do ano 2000 (do século XX) para o ano 2001 (do século XXI). Essa virada é especial porque, além de mudar o século, mudamos também o milênio (período de 1 000 anos): iniciamos o terceiro milênio em 1º de janeiro de 2001.

Note como estão grafados os séculos: XX e XXI (20 e 21). Os registros foram feitos com números romanos. Você os conhece?

O sistema romano de numeração desenvolveu-se há mais de 2 mil anos na Roma Antiga e foi utilizado em todo o Império Romano, que durou cinco séculos (de 27 a.C. a 476 d.C.) e abrangeu boa parte da Europa, além de partes da Ásia e da África.

A notação romana para os números usa letras do alfabeto romano, também chamado de latino. Veja:

I	V	X	L	C	D	M
1	5	10	50	100	500	1000

Depois da criação do sistema de numeração decimal, os números romanos deixaram de ser utilizados. Atualmente, a numeração romana é usada em poucas situações, como no complemento do nome de reis e imperadores e na indicação de séculos e capítulos de livros. Eles também são encontrados nos mostradores de alguns relógios analógicos e em nomes de ruas e avenidas.

Atenção!
Quando um símbolo de menor valor estiver logo após um símbolo de maior valor, adicionamos seus valores. Se um símbolo de menor valor estiver antes de um símbolo de maior valor, subtraímos o valor menor do maior.

Conforme a explicação dada pelo soldado romano, o sistema de numeração romano tem algumas regras. Veja a seguir.

Os símbolos **I**, **X**, **C** e **M** podem ser repetidos até três vezes. Quando isso acontece, seus valores são adicionados.

I = 1	X = 10	C = 100	M = 1000
II = 2	XX = 20	CC = 200	MM = 2000
III = 3	XXX = 30	CCC = 300	MMM = 3000

Um símbolo colocado **à direita** de outro símbolo de valor maior representa a **adição** dos valores.

VII	7 = 5 + 1 + 1	XII	12 = 10 + 1 + 1
VIII	8 = 5 + 1 + 1 + 1	XXII	22 = 10 + 10 + 1 + 1
XI	11 = 10 + 1	XXV	25 = 10 + 10 + 5

> Um símbolo colocado **à esquerda** de outro símbolo de valor maior representa a **subtração** dos valores.

IV	4 = 5 − 1	CD	400 = 500 − 100
IX	9 = 10 − 1	CM	900 = 1000 − 100
XL	40 = 50 − 10	XIX	19 = 10 + 10 − 1

> Um traço acima do símbolo indica que o número está multiplicado por 1 000.

Exemplos:

$\overline{VI} = 6\,000$ $\overline{C} = 100\,000$ $\overline{D} = 500\,000$

$\overline{X} = 10\,000$ $\overline{XII} = 12\,000$ $\overline{XV} = 15\,000$

Com essas regras, é possível escrever todos os números que registram uma contagem diferente de zero na numeração romana. Veja alguns exemplos.

I	1	XX	20	CCC	300
II	2	XXX	30	CD	400
III	3	XL	40	D	500
IV	4	L	50	DC	600
V	5	LX	60	DCC	700
VI	6	LXX	70	DCCC	800
VII	7	LXXX	80	CM	900
VIII	8	XC	90	M	1000
IX	9	C	100	MM	2000
X	10	CC	200	MMM	3000

Observe na tabela acima que não há símbolo que corresponda ao zero nesse sistema.

ATIVIDADES

1 Represente os números indicados abaixo na numeração romana.

a) 1 222 ⟶ _____

 819 ⟶ _____

 444 ⟶ _____

 999 ⟶ _____

b) O ano da proclamação da República no Brasil.

_____

c) A data da independência brasileira. _____/_____/_____

d) A data de início do século XXI. _____/_____/_____

2 Considere os números romanos a seguir e faça o que se pede.

DCCCLIX, DXXVII, CDXCIX, $\overline{IV}$, CMXXIV, $\overline{XIX}$, CXLIX, CMXLIX

a) Qual é o maior e o menor número dentre eles?

_____

_____

b) Organize esses números em ordem crescente.

_____

_____

3 Organize as palavras, escreva a frase corretamente registrando os números com algarismos indo-arábicos e complete com o termo que falta.

a) abril morreu de MDCCXCII Tiradentes em de.

_____

b) A igual de IX é soma a XI é com.

_____

_____

4 Escreva os números romanos em ordem decrescente.

IX   XL   CDLX   MDX   DCIV   XCIII   XII

_____

_____

5 Escreva com símbolos romanos o número que vem imediatamente antes de:

a) _____ → CXCIV   b) _____ → CDIX   c) _____ → XL

DESAFIO

1 Usando os números de 1 a 9 registrados em números romanos, complete o triângulo mágico abaixo para que a soma em cada um dos lados seja XVII.

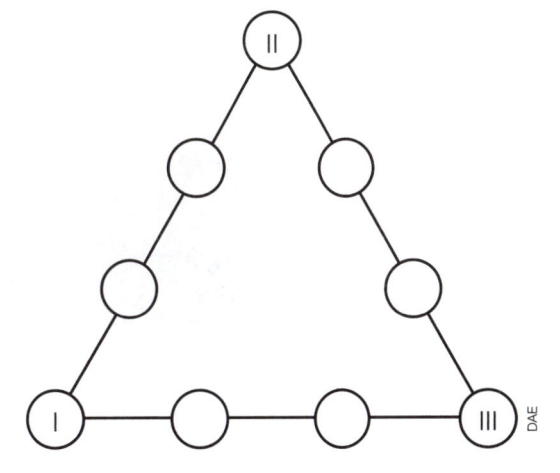

SAIBA MAIS

Os algarismos indo-arábicos foram aceitos em toda a Europa somente a partir de 1800. Seu uso foi proibido durante um grande período no comércio europeu porque considerava-se que eles podiam ser falsificados com mais facilidade do que os números romanos. Alterar 1979, por exemplo, seria mais fácil do que alterar MCMLXXIX.

UNIDADE 2
NÚMEROS NATURAIS

Os números povoam nosso cotidiano de diversas maneiras. Estão presentes em praticamente todas as atividades humanas: quando fazemos uma contagem, ao olharmos o horário no relógio e o número do documento de identidade, ao verificarmos em uma balança quanto pesamos, ao digitarmos a senha bancária, ao verificarmos quanto temos de dinheiro na carteira ou o preço de um produto, para indicarmos ordem ou classificação em uma competição etc.

Os números utilizados para registrar contagens são chamados de **números naturais**. Por exemplo, a quantidade de pessoas que frequentam um restaurante por quilo em um dia ou a quantidade de veículos produzidos em uma cidade em certo mês do ano.

Ao longo da história, cada civilização criou sua própria maneira de contar a quantidade em uma criação de animais, a quantidade de determinado alimento, de populações etc. Atualmente, para representar os números, usamos os **algarismos indo-arábicos**, que foram inventados pelos indianos e difundidos pelos árabes. Esses algarismos são formados por dez símbolos:

0 1 2 3 4 5 6 7 8 9

Sucessor e antecessor de um número

O *grid* de largada do Grande Prêmio Brasil de Fórmula 1 de 2019 teve o holandês Max Verstappen (Red Bull) na *pole position* (primeira posição), seguido do alemão Sebastian Vettel (Ferrari), que por sua vez precedeu o britânico Lewis Hamilton (Mercedes).

Grid de largada de Fórmula 1, Interlagos, São Paulo (SP), 5 novembro de 2010.

Quando trabalhamos com números naturais, utilizamos as palavras **antecessor** e **sucessor** para identificar o número natural que está imediatamente antes e imediatamente depois de outro número natural, respectivamente.

> O número natural que vem imediatamente antes de outro número natural é chamado de **antecessor**.
> O número natural que está imediatamente depois de outro número natural é chamado de **sucessor**.
> A sequência dos números naturais começa no zero e é infinita.
> 0, 1, 2, 3, 4, 5, 6, 7, 8, 9, 10, 11, 12,...

Todo número natural tem um **sucessor**, ou seja, aquele que tem **uma unidade a mais** que esse número.

Exemplo: o sucessor de 46 é 47, que é 46 + 1.

Já o **antecessor** de um número natural é aquele que tem **uma unidade a menos** que esse número.

Exemplo: O antecessor de 14 é o 13, que é 14 − 1.

Todo número natural tem um antecessor, exceto o zero.

ATIVIDADES

1 Responda:

a) Qual é o menor número natural, se existir? _____

b) Qual é o maior número natural, se existir? _____

c) Todos os números naturais têm antecessores? Por quê?
_____

d) Todos os números naturais têm sucessores? Por quê?
_____
_____

2 Complete o quadro.

Antecessor	Número	Sucessor
	99	
	124	
387		
		1103
		752

3 Complete tornando cada esquema verdadeiro.

a) ( ) ← (2111) → ( )

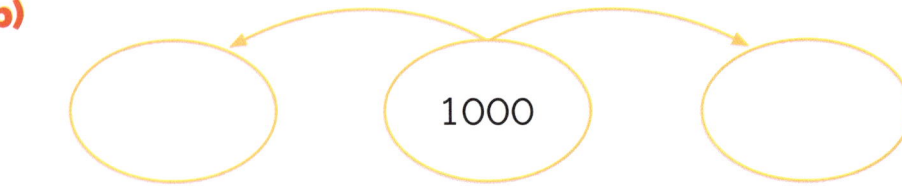

b) ( ) ← (1000) → ( )

BRINCANDO

1 Mágica não, Matemática!

O número 1089 é considerado um número especial. Observe:

- Escolha qualquer número de três algarismos distintos, por exemplo, 654.
- Agora escreva esse número de trás para a frente. Você terá, agora, dois números.
- Subtraia o menor do maior:
654 − 456 = 198
- Inverta o resultado e faça a soma.
198 + 891 = **1089**

O resultado é nosso número especial!

SAIBA MAIS

Você já ouviu falar em palíndromo? Palíndromos são palavras que podem ser lidas da mesma maneira da esquerda para a direita e da direita para a esquerda, por exemplo, **ovo**, **osso** ou **radar**. Na Matemática, também há números palíndromos. Veja alguns exemplos a seguir. Depois, elabore você mesmo outros palíndromos e divirta-se lendo-os com os colegas.

1331   589 985   10 233 201

Ordem crescente e ordem decrescente

Podemos ordenar os números em:
- **ordem crescente** — do menor para o maior: 2 < 3 < 5 < 8 < 10;
- **ordem decrescente** — do maior para o menor: 10 > 8 > 5 > 3 > 2.

Para representar os números em ordem crescente usamos, entre eles, o sinal < **(menor que)**. Em ordem decrescente, o sinal é > **(maior que)**.

ATIVIDADES

1 Descubra os números e registre-os em ordem crescente.
- O menor número natural de três algarismos diferentes.
- Os sucessores dos números naturais entre 300 e 303.
- O maior número natural de dois algarismos diferentes.

_____

2 Complete a sequência de números de modo que ela seja crescente.

_____ 12 _____ _____ 59 128 340 _____ 506 999 _____

PEQUENO CIDADÃO

Consumo consciente

Hoje em dia muito se fala de consumo consciente e responsável. Você já pensou ou conversou sobre isso?

Atitudes de consumo responsável podem impactar as finanças das pessoas e promover a sustentabilidade.

1 Marque um **X** nas atitudes que favorecem um consumo consciente e responsável.

a) ☐ Poupar antes de gastar.

b) ☐ Reutilizar antes de descartar.

c) ☐ Reduzir os impulsos consumistas.

d) ☐ Fazer um controle de gastos.

2 Escreva o que você pensa sobre consumo consciente e responsável e cite algumas atitudes com as quais você pode contribuir nesse aspecto.

_____

BRINCANDO

1 Complete o diagrama. Cada símbolo corresponde a uma letra.

a) O número natural imediatamente anterior a outro número natural.

b) A sequência dos números naturais é...

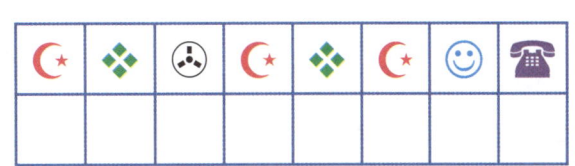

c) Símbolos usados para representar números.

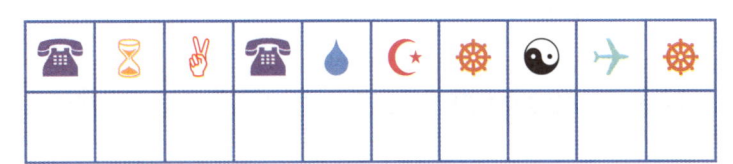

d) O número natural imediatamente posterior a outro número natural.

2 Determine o morador e pinte as casas conforme as pistas a seguir.

- Priscila mora ao lado da casa verde.
- A casa de Simone fica entre as casas de Carla e Paulo.
- A casa amarela é a primeira da esquerda para a direita e está ao lado da casa de Paulo.
- Roberto mora ao lado da casa azul.
- A casa marrom está em uma das pontas.
- Paulo mora em uma casa azul.
- A casa vermelha está ao lado da casa azul.

Números ordinais

Utilizamos os números ordinais para classificar.

Por exemplo, para indicar os três primeiros colocados no Grande Prêmio do Brasil em 2019: o alemão Max Verstappen (Red Bull) venceu a corrida, ficando em **primeiro lugar**. O **segundo colocado** foi o francês Pierre Gasly (Toro Rosso) e, em **terceiro**, ficou o espanhol Carlos Sainz Jr. (McLaren).

A comemoração do piloto alemão.

Números ordinais são aqueles que dão a ideia de ordem, lugar ou posição.

Os números ordinais são frequentemente empregados para designar o primeiro dia de cada mês, numerar artigos de lei, capítulos de livros, séries de papas, reis etc.

Veja a seguir alguns exemplos de números ordinais.

1º	primeiro	11º	décimo primeiro	100º	centésimo
2º	segundo	12º	décimo segundo	200º	ducentésimo
3º	terceiro	20º	vigésimo	300º	tricentésimo
4º	quarto	30º	trigésimo	400º	quadringentésimo
5º	quinto	40º	quadragésimo	500º	quingentésimo
6º	sexto	50º	quinquagésimo	600º	sexcentésimo
7º	sétimo	60º	sexagésimo	700º	septingentésimo
8º	oitavo	70º	septuagésimo	800º	octingentésimo
9º	nono	80º	octogésimo	900º	nongentésimo
10º	décimo	90º	nonagésimo	1000º	milésimo

ATIVIDADES

1 Escreva como se lê:

a) 77º ⟶ _____

b) 105º ⟶ _____

c) 559º ⟶ _____

d) 1211º ⟶ _____

2 Em um teatro, as cadeiras são indicadas pela letra da fileira e pelo número da posição na fileira.

Com base nisso, responda:

a) Como devemos indicar a cadeira que está na fileira E, na quadragésima quinta posição?

_____

b) A cadeira H37 fica em que posição da fileira?

_____

c) Se são 50 cadeiras por fileira e há dois setores: azul e vermelho, que dividem cada fileira pela metade, qual é a posição da última cadeira de cada fileira do setor da esquerda (o azul, pelo qual começa a numeração)?

_____

3 Identifique o número ordinal correspondente.

a) O número é lido assim: sexcentésimo septuagésimo oitavo. _____

b) Havia 500 pessoas na frente de Ângela na classificação do concurso. Em que lugar Ângela ficou?

_____

c) Um projeto de engenharia propõe um edifício comercial de 245 andares incluindo o térreo (recepção) e dois subsolos (garagem). Qual é a ordem do último andar de escritórios desse edifício?

_____

Sistema de numeração decimal

> Meu pai tem uma criação com 13 542 peixes, separados por tamanho!

10 000 peixes   3 000 peixes   500 peixes   40 peixes   2 peixes

Usamos o **sistema de numeração decimal** em nosso cotidiano para contar quantidades e escrever números.

Nesse sistema, as quantidades são organizadas de **dez** em **dez** e, para registrá-las, são utilizados os **algarismos indo-arábicos**.

0   1   2   3   4   5   6   7   8   9

Com esses algarismos, podemos representar qualquer número, por maior que ele seja.

No **sistema de numeração decimal**, o valor do algarismo depende da posição que ele ocupa na escrita numérica.

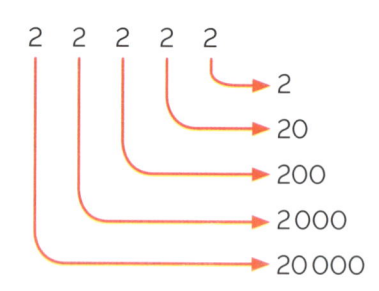

2 2 2 2 2
→ 2
→ 20
→ 200
→ 2 000
→ 20 000

O **zero** (0) indica a ausência de elementos, mas também é indispensável para identificar uma posição em que há ausência de quantidade na escrita de um número.

Quando, porém, for colocado à esquerda de um número, o zero não tem valor.

Exemplos:

04 = 4   036 = 36

Valor relativo e valor absoluto dos números

"Olha, mãe, podemos comprar muitas coisas com 7 reais!"

"Não, filho, o número 7 está presente no preço dos três produtos, mas em cada um ele representa um valor diferente."

PROMOÇÕES
PORTA CDS 7 REAIS
MOCHILA 70 REAIS
COMPUTADOR PORTÁTIL 770 REAIS

Os algarismos usados para escrever um número podem ser classificados por dois valores: o **valor relativo** (ou valor de posição) e o **valor absoluto**.

Valor relativo, ou valor de posição, é o valor do algarismo conforme a posição que ele ocupa no número.

Por exemplo, vejamos quais são os valores relativos de cada um dos algarismos que compõem o número 3 745:

3 7 4 5
valor relativo do 5: 5
valor relativo do 4: 40
valor relativo do 7: 700
valor relativo do 3: 3 000

8? 80? 800? 8000?

Valor absoluto é o valor próprio do algarismo e não depende de sua posição no número.

Agora vejamos os valores absolutos dos algarismos desse mesmo número:

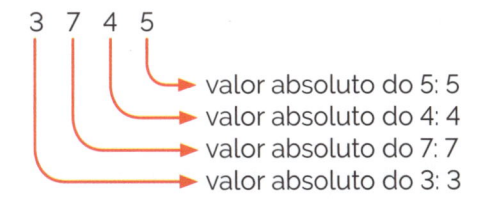

3 7 4 5
valor absoluto do 5: 5
valor absoluto do 4: 4
valor absoluto do 7: 7
valor absoluto do 3: 3

ATIVIDADES

1 Para cada número a seguir, escreva o valor relativo e o valor absoluto do algarismo destacado em **vermelho**.

a) 29**3**3   valor relativo: _____   valor absoluto: _____

b) **3**200   valor relativo: _____   valor absoluto: _____

c) 2**3**00 295   valor relativo: _____   valor absoluto: _____

d) 9**1**3   valor relativo: _____   valor absoluto: _____

2 Complete, tornando a sentença verdadeira.

a) O _____ é o valor do algarismo, independentemente da posição que ele ocupa no número.

b) O valor que o algarismo assume conforme a posição que ele ocupa no número denomina-se _____.

3 Responda:

a) Qual é o algarismo de menor valor absoluto no número 1 237? _____

b) No número 2 419, qual é o algarismo de maior valor relativo? _____

c) Qual é o valor relativo do algarismo 4 nos números 402 e 240?
_____

4 Reescreva cada sentença tornando-a verdadeira.

a) O valor relativo do 5 em 5 239 000 é 5 000.

_____
_____

b) Em 2 999 há um algarismo 9 com valor relativo 9 000.

_____
_____
_____

Classes e ordens

No **sistema de numeração decimal**, cada posição de um algarismo na escrita numérica representa uma **ordem**.

Dez **unidades** de uma ordem formam uma unidade de ordem imediatamente superior, já que a **base** do sistema de numeração decimal é **10**.

Assim, temos:

- 10 unidades formam uma dezena;
- 10 dezenas formam uma centena;
- 10 centenas formam uma unidade de milhar;
- 10 unidades de milhar formam uma dezena de milhar;
- 10 dezenas de milhar formam uma centena de milhar;
- 10 centenas de milhar formam um milhão; e assim por diante.

Cada algarismo de um número representa uma ordem, e as ordens são contadas da direita para a esquerda.

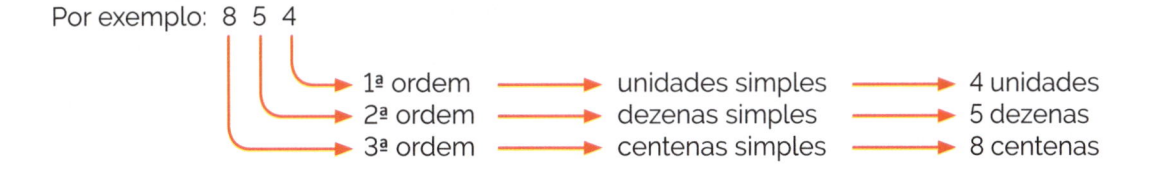

Por exemplo: 8 5 4

- 1ª ordem → unidades simples → 4 unidades
- 2ª ordem → dezenas simples → 5 dezenas
- 3ª ordem → centenas simples → 8 centenas

Observe abaixo o **quadro de ordens**.

9ª ordem	8ª ordem	7ª ordem	6ª ordem	5ª ordem	4ª ordem	3ª ordem	2ª ordem	1ª ordem
centenas de milhão	dezenas de milhão	unidades de milhão	centenas de milhar	dezenas de milhar	unidades de milhar	centenas simples	dezenas simples	unidades simples

Exemplos:
- 196

Usando o quadro de ordens, temos:

C	D	U
1	9	6

196 tem três ordens
1ª ordem: 6 unidades
2ª ordem: 9 dezenas
3ª ordem: 1 centena

- 4 517

UM	C	D	U
4	5	1	7

4 517 tem quatro ordens
1ª ordem: 7 unidades
2ª ordem: 1 dezena
3ª ordem: 5 centenas
4ª ordem: 4 unidades de milhar

- 305 481

CM	DM	UM	C	D	U
3	0	5	4	8	1

305 481 tem seis ordens
1ª ordem: 1 unidade
2ª ordem: 8 dezenas
3ª ordem: 4 centenas
4ª ordem: 5 unidades de milhar
5ª ordem: 0 dezena de milhar
6ª ordem: 3 centenas de milhar

Cada grupo de **três ordens** forma uma **classe**.

As classes são: **unidades simples**, **milhares**, **milhões**, **bilhões**...

Observe o quadro de ordens a seguir.

3ª classe Milhões			2ª classe Milhares			1ª classe Unidades		
9ª ordem	8ª ordem	7ª ordem	6ª ordem	5ª ordem	4ª ordem	3ª ordem	2ª ordem	1ª ordem
centenas de milhão	dezenas de milhão	unidades de milhão	centenas de milhar	dezenas de milhar	unidades de milhar	centenas simples	dezenas simples	unidades simples

Leitura dos números até a classe dos milhões

Para ler um número, fazemos assim:
- os algarismos que compõem o número devem ser colocados no quadro de ordens, da direita para a esquerda;
- separamos os algarismos em classes;
- lemos cada classe da esquerda para a direita.

Exemplo: 28 328 050

Milhões			Milhares			Unidades simples		
centenas	dezenas	unidades	centenas	dezenas	unidades	centenas	dezenas	unidades
	2	8	3	2	8	0	5	0

Lemos como: vinte e oito milhões, trezentos e vinte e oito mil e cinquenta. Não é necessário ler a palavra **unidades** na classe das unidades simples. Veja a seguir outra forma de escrita possível.

- 67 052 007

Milhões		Milhares			Unidades simples		
D	U	C	D	U	C	D	U
6	7	0	5	2	0	0	7

67 milhões, 52 mil e 7 unidades

- 12 008 000

Milhões		Milhares			Unidades simples		
D	U	C	D	U	C	D	U
1	2	0	0	8	0	0	0

12 milhões e 8 mil

ATIVIDADES

1 Escreva **V** para verdadeiro e **F** para falso.

a) ☐ A terceira classe é a classe dos milhares.

b) ☐ O número 18 304 tem 2 classes e 5 ordens.

c) ☐ Dez unidades de uma ordem formam uma unidade de ordem imediatamente superior.

d) ☐ O algarismo da 5ª ordem do número 72 318 é o 7.

2 Complete o quadro.

Número	Decomposição do número
7 818	7 000 + 800 + 10 + 8
15 222	
29 456	
	90 000 + 1 000 + 600 + 60 + 9

3 Escreva os números indicados abaixo no quadro de ordens a seguir.

- 4 centenas, 2 dezenas e 5 unidades
- sete mil novecentos e noventa
- 2 dezenas de milhar e sessenta unidades
- 30 000 + 4 000 + 700 + 50 + 2
- 82 mil e 96 unidades

Classe dos milhares			Classe das unidades		
C	D	U	C	D	U

4 Forme todos os números possíveis de 4 algarismos diferentes com os algarismos dados a seguir e responda.

2   5   0   3

a) Quantos números você obteve? _____

b) Quais são o maior e o menor desses números?

_____

PESQUISANDO

1 Pesquise as 5 maiores populações entre os países do mundo.

a) Escreva essas populações no quadro de ordens a seguir.

País	Bilhões			Milhões			Milhares			Unidades simples		
	C	D	U	C	D	U	C	D	U	C	D	U
1º												
2º												
3º												
4º												
5º												

b) Escreva o ano da estimativa da população. _____

c) Escreva por extenso a maior população encontrada.

_____

d) Escreva quantas ordens e classes há no número que representa a maior população. _____

UNIDADE 3
ADIÇÃO E SUBTRAÇÃO

Pai, quero comprar um jogo de futebol e outro de corrida.

Conte o dinheiro de seu cofrinho e veja se é suficiente.

Cada jogo R$ 56,00. Desconto de R$ 10,00 no segundo jogo!

Tenho 50 + 20 + 20 + 10 + 5. Acho que dá!

Viu só como foi bom você ter economizado?

Valor de 2 jogos: 56 + 56 = 112 ⟶ 112 reais
Desconto de 10 reais no segundo jogo.
Valor total: 112 − 10 = 102 ⟶ 102 reais

Adição

Eu tinha 45 cards e ganhei mais 12!

Eu tinha 51 cards e ganhei mais 5!

Com quantos *cards* cada um ficou?
Para obter essa resposta, é necessário fazer uma adição.

Adição é a operação usada para **juntar**, **somar** ou **reunir** quantidades.

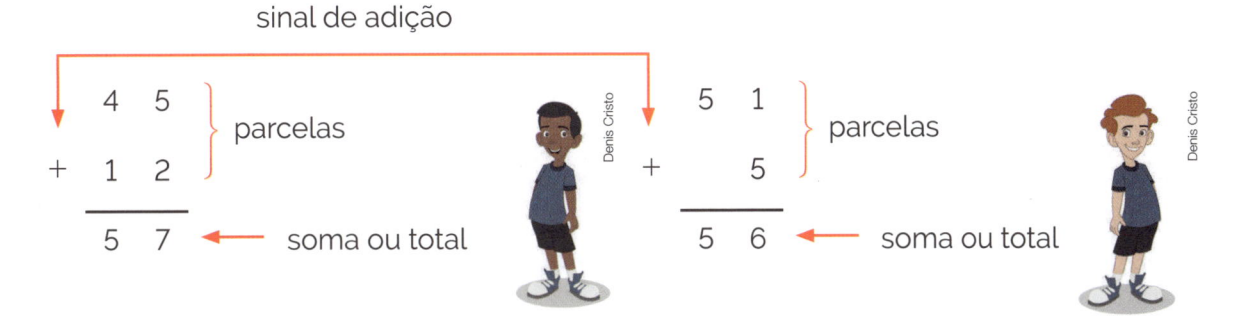

```
      sinal de adição
         4  5  ⎫                    5  1  ⎫
      +  1  2  ⎬ parcelas         + 5     ⎬ parcelas
        ─────  ⎭                    ─────  ⎭
         5  7  ← soma ou total      5  6  ← soma ou total
```

Na adição, utilizamos o sinal **+**, que se lê **mais**.

As parcelas são as quantidades que somamos. Soma ou total é o resultado da adição.

Parcelas e **soma** ou **total** são os termos da adição.

Propriedades da adição

Fechamento

A soma de dois ou mais números naturais também é um número natural.

Exemplo: 8 + 4 = 12
- número natural
- número natural
- número natural

Comutativa

A ordem das parcelas não altera a soma.

Exemplo:
3 + 2 = 5 e 2 + 3 = 5

Note que temos os mesmos cartões, somente em ordem trocada.

Elemento neutro

Zero é o elemento neutro da adição. O zero adicionado a qualquer número resulta no próprio número.

Exemplos:

$\begin{cases} 5 + 0 = 5 \\ 0 + 5 = 5 \end{cases}$
$\begin{cases} 25 + 0 = 25 \\ 0 + 25 = 25 \end{cases}$
$\begin{cases} 162 + 0 = 162 \\ 0 + 162 = 162 \end{cases}$

Associativa

A soma de três ou mais parcelas é a mesma, qualquer que seja o modo pelo qual essas parcelas são associadas.

Exemplo:

(2 + 3) + 4 = 5 + 4 = 9 e 2 + (3 + 4) = 2 + 7 = 9
Logo: (2 + 3) + 4 = 2 + (3 + 4)

Atenção!
Na Matemática, os parênteses ( ) indicam associação. Os cálculos que estão entre parênteses devem ser efetuados em primeiro lugar.

ATIVIDADES

1 Complete as lacunas com o valor que mantém a igualdade verdadeira.

a) (5 + 2) + 3 = _____ + (2 + 3)

b) 3 + 6 + 8 + _____ = 17

c) _____ + 3 = 12

d) 8 + 3 = _____ + 8

2 Complete o quadro adicionando o elemento de cada linha com o elemento de cada coluna.

		f	g	h	i	j	k	l	m	n	o
	+	0	1	2	3	4	5	6	7	8	9
a	0			2							
b	1										
c	2										
d	3						8				
e	4			6							

3 Com base no quadro da atividade anterior, faça o que se pede a seguir.

a) Dê um exemplo de propriedade comutativa usando as adições do quadro.

_____

b) A adição do número da linha **e** com o da coluna **f** representa que propriedade da adição?

_____

4 Efetue as adições associando as parcelas de duas maneiras diferentes, como no exemplo.

7 + 9 + 3 =   7 + 9 + 3 =
= (7 + 9) + 3 = ou = 7 + (9 + 3) =
= 16 + 3 = 19   = 7 + 12 = 19

a) 3 + 4 + 8 = _____

b) 8 + 3 + 7 = _____

5 Complete as sentenças tornando-as verdadeiras.

a) Associando as parcelas de modo diferente, a soma _____.

b) O _____ é o elemento neutro da adição.

c) Em uma adição, a ordem das _____ não altera a _____.

6 Leia as afirmações a seguir e identifique a propriedade que está aplicada.

a) Somei dois números e, depois, com os mesmos números, fiz uma nova soma mudando a ordem das parcelas para verificar o resultado. _____

b) Para saber a pontuação final do jogo, eu tinha de somar os números 213, 26 e 8. Portanto, achei mais fácil somar primeiro 26 com 8 e depois somar o resultado com 213. _____

7 Calcule mentalmente as adições a seguir e registre o resultado obtido.

a) 11 + 7 + 9 = _____

b) 25 + 5 + 15 + 5 = _____

c) 92 + 17 + 3 + 8 = _____

d) 26 + 14 + 2 + 18 = _____

Agora, reúna-se com um colega e explique como você pensou ao efetuar cada adição.

8 Classifique cada igualdade como verdadeira (**V**) ou falsa (**F**) e corrija se for falsa.

a) ☐ 1200 + 812 = 812 + 1200 _____

b) ☐ 0 + 2002 = 2002 + 0 = 0 _____

c) ☐ (17 + 19) + 40 + 18 = 17 + (19 + 40) + 18 _____

d) ☐ 7 + (55 + 3) + 10 = (7 + 3) + 55 + 10 _____

PROBLEMAS

1. Em um cinema, foram vendidos 56 ingressos no sábado e 63 no domingo. Estime a quantidade de ingressos vendidos nesse fim de semana. Depois, resolva no caderno e verifique se fez uma boa estimativa. Quantos ingressos foram vendidos?

2. Clóvis tem 19 figurinhas de animais selvagens coladas no álbum. Para completá-lo, precisará de outras 31 figurinhas. Quantas figurinhas tem o álbum todo?

3. Felipe, Fábio e Francisco são irmãos. Quando Fábio nasceu, Felipe tinha 7 anos e, quando Francisco nasceu, Fábio tinha 5 anos. Quantos anos Felipe é mais velho que Francisco?

4. Clarice vende salgadinhos. Na segunda-feira, ela vendeu 52 salgadinhos; na terça-feira, 25. Na quarta-feira, vendeu a quantidade dos dois dias anteriores juntos. Na quinta-feira e na sexta-feira, vendeu 35 salgadinhos cada dia. Quantos salgadinhos Clarice vendeu nessa semana?

5. João tem as seguintes cédulas na carteira: 6 de 5 reais, 4 de 10 reais, 3 de 20 reais e 3 de 100 reais. Com essas cédulas, de quantas maneiras diferentes João consegue formar 50 reais? E 150 reais?

6 Carlos nasceu em 2010. Três anos depois, nasceu seu irmão, Pedro, e sete anos depois de Pedro, nasceu Antônio. Em que anos nasceram Pedro e Antônio?

_____

7 Durante a manhã, 1200 pessoas visitaram um museu e, à tarde, outras 700 pessoas. Quantos visitantes estiveram no museu nesse dia?

_____

8 Vera tinha R$ 184,00. Paula deu a ela mais R$ 46,00, sua prima lhe deu R$ 65,00, e ela ainda ganhou R$ 160,00 de Lia. Calcule quanto Vera tem agora.

_____

9 Cirilo queria comprar um tênis para jogar bola. O pai dele fez um acordo: daria toda quarta-feira uma parte em dinheiro do valor do tênis. Na primeira quarta-feira, o pai deu a ele 42 reais; na segunda quarta-feira, deu o dobro do que havia dado na primeira; na terceira, deu o que tinha dado na segunda semana menos 54 reais; e, na quarta semana, deu mais 20 reais. Sabendo que o tênis custa 171 reais, Cirilo conseguiu comprar o tênis? Faltou ou sobrou dinheiro? Quanto?

_____

10 Um *site* recebeu 3 475 visitas na segunda-feira e 4 008 no dia seguinte. Adicionando esses dois dias, os administradores perceberam que a quantidade de visitantes foi de 1 321 a mais do que a de sábado e domingo juntas. Quantas visitas o *site* recebeu nos quatro dias?

_____

_____

_____

_____

11 Rafael comprou um aparelho de som e pagou em quatro prestações. Na primeira, pagou R$ 35,00; na segunda, R$ 25,00 a mais que na primeira; na terceira, R$ 85,00 e, na quarta, pagou R$ 15,00 a mais do que na terceira. Calcule quanto Rafael pagou pelo aparelho de som.

___

___

BRINCANDO

1 Vamos brincar de "quadrado mágico"?

Você deve escrever os números de 1 a 16, um em cada célula, de modo que o total das linhas, colunas e diagonais seja sempre igual a 34. No quadrado, já há alguns números. Complete-o com os que faltam!

16			13
9	6		
			1

2 Complete o triângulo numérico. Cada bloco é a soma dos dois blocos inferiores.

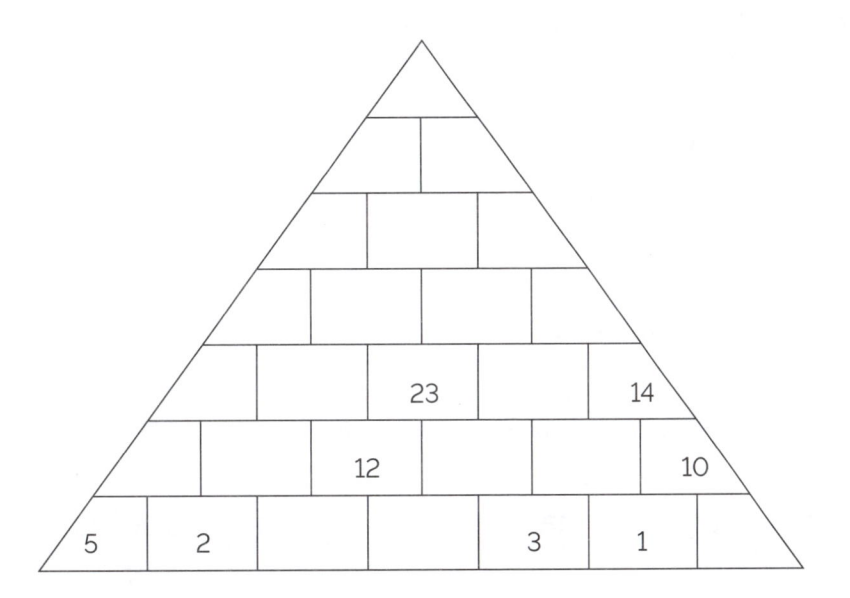

			23		14	
		12				10
5	2			3	1	

Subtração

Na escola de Paula, estão matriculados 1500 alunos. Desses, 850 são meninas. Quantos meninos estão matriculados?

1500 − 850 = 650

Estão matriculados 650 meninos.

No álbum de figurinhas de Rodrigo, cabem 400 figurinhas. Ele já colou 315. Quantas figurinhas faltam para ele completar o álbum?

400 − 315 = 85

Faltam 85 figurinhas para Rodrigo completar o álbum.

Juliana tem 10 anos e seu pai, 38 anos. Quantos anos o pai de Juliana tem a mais que ela?

38 − 10 = 28

O pai de Juliana tem 28 anos a mais que ela.

Nas situações que você acabou de ler, foram feitas subtrações.

Subtração é a operação associada às ideias de **quanto sobra**, **quanto falta** ou **quanto tem a mais**.

O sinal da subtração é **−**, que se lê **menos**.

```
  1 5 0 0  → minuendo
−   8 5 0  → subtraendo
    6 5 0  → resto ou diferença
```

Minuendo, **subtraendo** e **resto** ou **diferença** são os termos da subtração. Na subtração de números naturais:

Minuendo é o termo de maior valor – o primeiro termo.
Subtraendo é o termo de menor valor – o segundo termo.
Resto ou **diferença** é o resultado da subtração.

Em uma subtração, a diferença (ou o resto) adicionada ao subtraendo é igual ao minuendo.

> diferença + subtraendo = minuendo

Exemplo: 1500 − 850 = 650 ⟶ 650 + 850 = 1500

> Só podemos encontrar a diferença entre dois números naturais quando o minuendo é maior ou igual ao subtraendo.

As propriedades da adição **não** são aplicáveis na subtração. Observe a seguir.

A subtração não tem a propriedade do **fechamento**:
10 − 6 = 4 ⟶ É possível no conjunto dos números naturais.
8 − 9 = ⟶ Não é possível no conjunto dos números naturais.
A diferença entre dois números naturais nem sempre é um número natural.

A subtração não tem a propriedade **comutativa**:
8 − 2 = 6
2 − 8 = ⟶ Não é possível no conjunto dos números naturais.
Não é possível alterar a ordem dos termos da subtração sem alterar o resultado.

A subtração não tem a propriedade **associativa**:

(7 − 3) − 2 =   7 − (3 − 2) =
= 4 − 2 =   = 7 − 1 =
= 2   = 6

Como os resultados são diferentes (2 é diferente de 6), a propriedade associativa não se aplica.

A subtração não tem **elemento neutro**:
5 − 0 = 5, mas 0 − 5 não é possível (não é um número natural). Por isso, a subtração não tem elemento neutro no conjunto dos números naturais.

> A subtração é a **operação inversa** da adição.

ATIVIDADES

1 Classifique como verdadeira (**V**) ou falsa (**F**) cada sentença abaixo.

a) ☐ 459 − 12 ≠ 12 − 459

b) ☐ (200 − 20) − 10 = 200 − (20 − 10)

c) ☐ 1295 − 15 = 1280

d) ☐ Se 2000 − 50 = 1950, então 1950 + 50 = 2000

2 No caderno, arme as contas e efetue a subtração. Depois, escreva a adição associada a cada subtração, resolva-a e comprove se a subtração está correta. Complete as lacunas abaixo.

a) 765 − 324 = _____ Adição: _____

b) 1349 − 211 = _____ Adição: _____

c) 4021 − 3999 = _____ Adição: _____

d) 1000 − 285 = _____ Adição: _____

3 Complete as operações de forma a tornar a igualdade verdadeira.

a) 634 − 364 = _____

b) 555 − _____ = 333

c) _____ − 123 = 123

d) _____ − _____ = 401

PROBLEMAS

1 Um empreiteiro comprou um lote de 3500 tijolos. Já foram usados 2550.

Quantos tijolos sobraram desse lote?

_____

_____

2 O animal mais rápido do mundo é a ave de rapina falcão-peregrino, que atinge 320 quilômetros por hora em um voo. Em terra, o mais veloz é o guepardo, mamífero que alcança cerca de 115 quilômetros por hora.

Fonte: https://www.terra.com.br/noticias/ciencia/animais/voce-sabia-qual-e-o-animal-mais-veloz-do-planeta,7d8a8b15a55a6e4d8aa0cb8eb19535c5vnyxfr5w.html. Acesso em: 8 abr. 2020.

Falcão-peregrino.

Guepardo, também chamado de chita.

Qual é a diferença da velocidade máxima atingida entre o falcão-peregrino e o guepardo?

_____

3 Clóvis tem uma coleção de 300 chaveiros, e Luís, uma de 190. Quantos chaveiros faltam para Luís ter a mesma quantidade de chaveiros que Clóvis?

_____

4 O Império no Brasil iniciou-se em 1822 com a proclamação da independência. Houve dois monarcas: Dom Pedro I, que governou até 1831, e Dom Pedro II, que governou desde sua coroação em 1840, com 14 anos, até 1889. Dom Pedro II governou quantos anos a mais que seu pai?

_____

_____

_____

_____

_____

D. Pedro I.

D. Pedro II.

5 No início de uma festa, havia 55 pessoas. Depois, chegaram outras 15 pessoas e, em seguida, saíram 19. Nesse momento, quantas pessoas ainda estavam na festa?

_____

_____

6 Um quitandeiro tem 5 embalagens de 1 dúzia de ovos. Se ele vendeu 3 dessas embalagens, quantos ovos ele ainda tem?

_____

_____

7 Em uma adição, uma das parcelas é 63 e a soma é 91. Qual é a outra parcela?

_____

_____

8 Em um teatro, cabem 350 pessoas. Na plateia já havia 200 pessoas e chegaram outras 60. Quantas pessoas faltam para lotar o teatro?

_____

9 Um número subtraído de 1001 resulta em 101. Que número é esse?

_____

10 Pense em um número. Adicione a ele duas vezes o número pensado. Do resultado, subtraia o número que você pensou e, depois, calcule a metade do resultado obtido. Que número você obteve? Pergunte aos colegas o número que eles obtiveram.

_____

Verificação da adição e da subtração

Verificação da adição

Podemos verificar a adição usando a operação inversa: a subtração.

Na adição com duas parcelas, basta subtrair uma das parcelas do total e encontramos a outra parcela. Por exemplo:

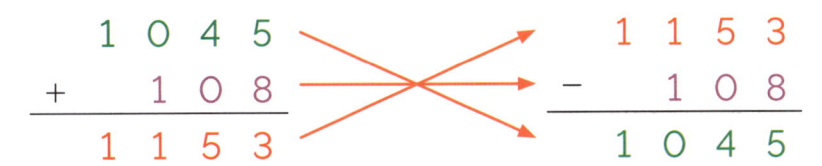

```
   1 0 4 5              1 1 5 3
+    1 0 8           -    1 0 8
   1 1 5 3              1 0 4 5
```

Verificação da subtração

Para verificar se uma subtração está correta, utilizamos a operação inversa: a adição. Por exemplo:

```
     5 0                  3 4
  -  1 6               +  1 6
     3 4                  5 0
```

ATIVIDADES

1 Efetue os cálculos e depois faça a verificação utilizando a operação inversa.

a)
```
   2 6 1
+  1 3 8
```

b)
```
   6 0 1
+  2 7 3
```

c)
```
   9 2 5
-  4 0 5
```

d)
```
   3 8 4
-  1 5 2
```

2 Complete cada operação tornando-a verdadeira.

a) Se 41 − 19 = _____, então 22 + _____ = _____.

b) Se 79 + _____ = _____, então 120 − 41 = _____.

c) Se _____ − _____ = 44, então 44 + _____ = 99.

3 Em uma adição:

a) de duas parcelas, obteve-se soma 130. Se uma parcela é 31, qual é a outra?

b) de três parcelas, o total é 111. Uma das parcelas é 45, outra é 21. Qual é o valor da terceira parcela?

4 Em uma subtração:

a) obteve-se a diferença igual a 59. Se o minuendo é 209, qual é o valor do subtraendo?

b) o subtraendo é 5 e o resto é 1200. Qual é o valor do minuendo?

5 As parcelas de uma adição são 15 e 30. Qual é a diferença entre a soma obtida e a parcela menor? Explique como você pensou.

6 Cada pé de milho de uma plantação dá 10 espigas. Há 20 pés de milho. Essa plantação será suficiente para atender duas encomendas: uma de 150 espigas e outra de 70? Faltarão ou sobrarão espigas?

7) Observe a tabela a seguir e responda às questões.

Situação dos reservatórios de água da Grande São Paulo (SP), com valores (aproximados) em litros, em 30 de março de 2020		
Sistema	**Capacidade**	**Volume disponível**
Cantareira	982 bilhões	631 bilhões
Alto Tietê	520 bilhões	463 bilhões
Guarapiranga	171 bilhões	141 bilhões
Rio Grande	112 bilhões	99 bilhões
Alto Cotia	17 bilhões	17 bilhões
Rio Claro	16 bilhões	16 bilhões
São Lourenço	89 bilhões	88 bilhões
Total	1907 bilhões*	1455 bilhões

*1000 bilhões = 1 trilhão   Fonte: https://www.nivelaguasaopaulo.com/. Acesso em: 30 mar. 2020.

a) Os números apresentados para os sistemas ocupam que classe no quadro de ordens? E os totais?

_____

_____

b) Qual é a diferença entre o que cabe de água nos reservatórios (ao todo) e o que havia em 30 de março de 2020?

_____

_____

c) Quantos bilhões de litros são necessários para que o reservatório Cantareira fique cheio?

_____

_____

DESAFIO

1 Cada letra ou símbolo na operação representa um único valor, diferente dos demais. Descubra a operação realizada e faça a verificação no caderno.

a)
```
    ● 0 ■ ●
  +   ● ● 8
  ─────────
    ● 2 0 ■
```

b)
```
    A B C
  + C D B
  ───────
    B 9 5
```

Expressões numéricas com adição e subtração

> **Expressão numérica** é uma sequência de números associados por operações.

Observe o exemplo a seguir.

Paula tinha R$ 40,00. Ela comprou uma camiseta de R$ 18,00 e pagou a excursão da escola com R$ 15,00. Depois, recebeu R$ 10,00 que havia emprestado a seu amigo Eduardo. Quanto Paula tem agora?

Representamos o problema com a seguinte expressão numérica:

$$40 - 18 - 15 + 10 =$$

Quando, em uma expressão numérica, há operações de adição e subtração, elas devem ser feitas na ordem em que aparecem: da esquerda para a direita.

Paula tem R$ 17,00.

$$40 - 18 - 15 + 10 =$$
$$= 22 - 15 + 10 =$$
$$= 7 + 10 =$$
$$= 17$$

Observe estas expressões numéricas resolvidas:

a) $6 + 3 - 4 =$
$= 9 - 4 =$
$= 5$

b) $18 - 13 + 2 =$
$= 5 + 2 =$
$= 7$

c) $14 + 8 - 12 + 6 =$
$= 22 - 12 + 6 =$
$= 10 + 6 =$
$= 16$

! SAIBA MAIS

A calculadora é uma ferramenta útil para resolução de expressões numéricas porque a digitação da expressão segue a mesma ordem da leitura e das regras de cálculo que acabamos de ver. Leia as etapas a seguir e verifique o resultado utilizando uma calculadora.

Etapas:

1. Digite 45.
2. Aperte a tecla −.
3. Digite 28.
4. Aperte a tecla +.
5. Digite 12.
6. Aperte a tecla =.

$$45 - 28 + 12 = 29$$

ATIVIDADES

1 Efetue as expressões numéricas.

Usamos sinais de associação em expressões numéricas. São eles:
( ) parênteses [ ] colchetes { } chaves

Para efetuar as operações, devemos eliminar os sinais obedecendo à seguinte ordem:

1º) eliminação de parênteses;
2º) eliminação de colchetes;
3º) eliminação de chaves.

Observe os exemplos a seguir.

a) 3 + 8 + (6 − 3) = ⟶ Eliminamos os parênteses.
= 3 + 8 + 3 =
= 11 + 3 = 14

b) {4 + [(3 + 4) + (6 − 4)]} = ⟶ Eliminamos os parênteses.
= {4 + [7 + 2]} = ⟶ Eliminamos os colchetes.
= {4 + 9} = 13 ⟶ Eliminamos as chaves.

2 Resolva as expressões numéricas.

a) 90 + (95 + 62) + 31 =

b) 875 + {213 − [58 + (69 − 17)]} =

c) 20 + [10 + (3 + 1) + 3] − 6 =

d) 946 − [683 + (98 + 33 − 29)] =

PROBLEMAS

1) Para participar da Feira das Nações da escola, o pai de Breno fez 677 pastéis para vender: 182 de carne, 276 de queijo e o restante de palmito.

Às 13 horas, os pastéis já tinham acabado, e a mãe de Breno trouxe outros 400: 212 de queijo, 180 de carne e o restante de palmito. Quantos pastéis de palmito foram feitos?

_____

_____

_____

2) Ângela fez um desafio a sua amiga Natália. Ela disse: Determine o número que falta na expressão: 63 − 41 + 76 − ⬜ = 49

a) Marque um **X** na expressão que mostra o procedimento de resolução.

☐ 63 − 41 + 76 + 49

☐ 63 − 41 + 76 − 49

☐ 49 − 63 − 41 + 76

b) Ajude Natália e determine o número que falta na expressão.

_____

PESQUISANDO

1) Faça uma pesquisa na biblioteca ou na internet sobre a invenção da calculadora. Procure informações sobre os diferentes tipos de calculadora que existem e para que eles servem. Registre no caderno um resumo das informações coletadas e compartilhe-as com a turma.

UNIDADE 4
MULTIPLICAÇÃO E DIVISÃO

Uma empresa ocupa 5 andares de um prédio. Em cada andar, há 112 funcionários. Quantos funcionários há nessa empresa?

Para responder a essa questão, precisamos fazer uma multiplicação.

$$5 \times 112 = 560$$
Há 560 funcionários nessa empresa.

Os andares dessa empresa são divididos em estações de trabalho. Se em cada estação de trabalho há 4 funcionários, quantas estações há em cada andar?

Para responder a essa questão, precisamos fazer uma divisão.

$$112 \div 4 = 28$$
Há 28 estações de trabalho em cada andar.

Multiplicação

Jorge faz doces para festas. Por dia, ele produz 212 brigadeiros.

Em uma semana, trabalhando de segunda a sábado, Jorge produzirá quantos brigadeiros?

> Quando precisamos somar parcelas iguais, fazemos uma multiplicação.

212 + 212 + 212 + 212 + 212 + 212 = 1272 ⟶ 6 × 212 = 1272
A multiplicação é indicada pelo sinal · ou ×, que se lê **vezes**.

> Os termos da multiplicação são: **multiplicando**, **multiplicador** e **produto**.
> O multiplicando e o multiplicador são os **fatores** da multiplicação.

6 × 98 = 588

- produto
- multiplicando
- multiplicador

$$\begin{array}{r} 9\ 8 \\ \times\ \ \ 6 \\ \hline 5\ 8\ 8 \end{array}$$ ⟶ multiplicando / multiplicador / produto

> O multiplicando e o multiplicador são os **fatores** da multiplicação.

Por exemplo:
4 × 20 = 20 + 20 + 20 + 20 = 80

Propriedades da multiplicação

As propriedades da multiplicação estão descritas a seguir.

Fechamento

O produto de dois números naturais é sempre um número natural.

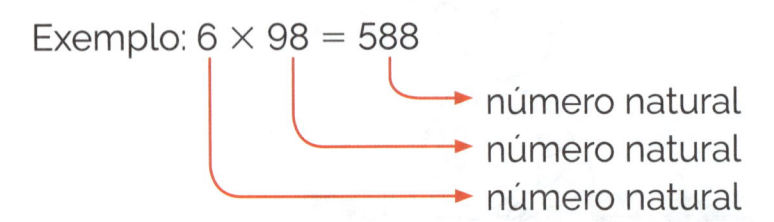

Exemplo: 6 × 98 = 588
→ número natural
→ número natural
→ número natural

Comutativa

A ordem dos fatores não altera o produto.

Exemplo:
2 × 3 = 6 e 3 × 2 = 6

Elemento neutro

O número 1 é o elemento neutro da multiplicação: multiplicando qualquer número natural por 1, esse número não se altera.

Exemplos:
- 7 × 1 = 7 e 1 × 7 = 7
- 9 × 1 = 9 e 1 × 9 = 9

Associativa

A multiplicação de três números naturais pode ser feita associando-se dois fatores e multiplicando seu produto pelo outro fator.

Exemplo:

(2 × 4) × 3 = 8 × 3 = 24
2 × (4 × 3) = 2 × 12 = 24
Logo: (2 × 4) × 3 = 2 × (4 × 3)

Distributiva em relação à adição

Na multiplicação de um número natural por uma soma, multiplica-se esse número por cada parcela.

Exemplo:

4 × (5 + 3) = 4 × 8 = 32
4 × 5 + 4 × 3 = 20 + 12 = 32
Logo: 4 × (5 + 3) = 4 × 5 + 4 × 3

Também é válido que:

> Multiplicando-se qualquer número por 0 (zero), o produto é igual a zero.

Exemplo:
9 × 0 = 0 ⟶ 0 × 0 × 0 × 0 × 0 × 0 × 0 × 0 × 0 = 0

ATIVIDADES

1 Quebra-cuca.

"Para eu entrar 4 vezes em um lugar, quantas vezes tenho de sair?"

Resposta: _____

2 Observe a figura formada com palitos e faça o que se pede.

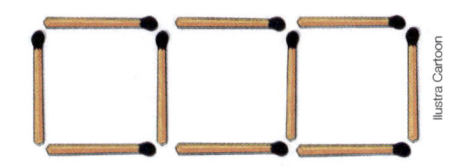

a) Quantos quadrados foram formados? _____
b) Quantos palitos foram usados? _____
c) Quantos palitos são necessários para formar um quadrado? _____
d) Complete o quadro a seguir.

Quantidade de quadrados	1	2	3						10
Quantidade de palitos	4	7	10						

e) Observe o quadro e verifique que: 10 = 4 + 3 + 3 = 4 + 2 × 3.

Quantos palitos serão usados para formar 20 quadrados?

3 Observe o painel abaixo e faça o que se pede.

Painel de azulejos na Estação Ferroviária de São Bento, Porto, Portugal.

a) Represente, por meio de uma multiplicação, a quantidade de azulejos utilizados para montar o painel.

_____

b) Quantos azulejos foram utilizados nesse painel?

_____

4 Escreva o nome da propriedade que está sendo usada em cada igualdade a seguir.

a) 53 × 1 = 53 _____

b) (8 × 6) × 2 = 48 × 2 _____

c) 48 × 6 = 6 × 48 _____

d) 7 × (2 + 9) = 7 × 2 + 7 × 9 _____

5 Arme e resolva as multiplicações abaixo.

a) 813 × 4

c) 3 527 × 6

e) 412 × 18

b) 754 × 9

d) 296 × 24

f) 7 531 × 64

6 Jonas pretende comprar quatro livros para presentear seus sobrinhos. Veja como ele pensou para calcular quanto pagaria pelos livros e faça o que se pede.

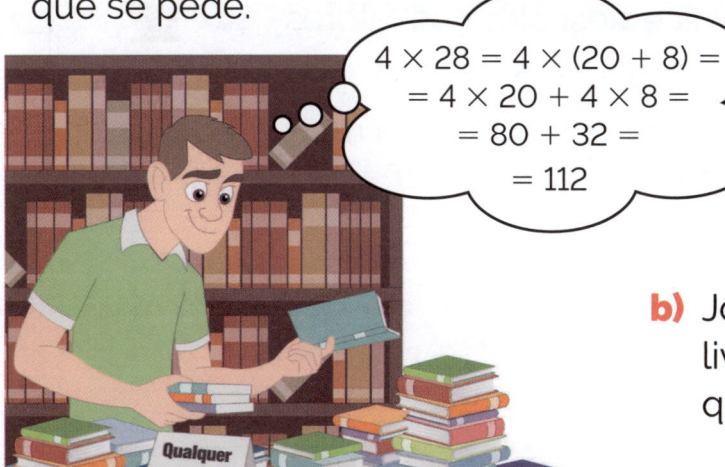

4 × 28 = 4 × (20 + 8) =
= 4 × 20 + 4 × 8 =
= 80 + 32 =
= 112

Qualquer livro R$ 28,00

a) Que propriedade da multiplicação ele utilizou?

_____

_____

b) Jonas resolveu comprar mais três livros. Calcule, da mesma forma que ele calculou, o total a ser pago.

PROBLEMAS

1) Um caminhão transporta 59 caixas de laranjas. Cada caixa acondiciona 5 dúzias. Quantas laranjas esse caminhão está transportando?

_____

_____

2) Um televisor custa, à vista, 1500 reais. Para pagamento a prazo, há uma entrada de 250 reais e o restante é pago em 6 prestações iguais de 300 reais. Quanto se paga a mais no valor a prazo?

_____

_____

BRINCANDO

1) Adivinhando os fatores!

Alice e Diogo inventaram uma brincadeira. Cada um, em sua vez, escreve em uma folha o resultado de uma multiplicação que pensou e mostra ao oponente. Em outra folha, escreve quatro números, entre os quais apenas dois são os fatores da multiplicação pensada. O outro jogador, por sua vez, deve descobrir os fatores do produto indicado na folha. Vence o jogo quem conseguir descobrir os fatores em menos tempo. Na primeira rodada, Alice descobriu os fatores da multiplicação pensada por Diogo: **49 × 9 = 441**.

27
49
13
9

a) Agora é sua vez! Tente descobrir os fatores da multiplicação pensada por Alice.

9 012

751
26
962
12

b) Junte-se a um colega e brinque de adivinhar os fatores.

Multiplicação por 10, 100 e 1000

```
      1 0              1 0 0              1 0 0 0
  ×   1 8          ×     1 8          ×       1 8
      8 0              8 0 0              8 0 0 0
  + 1 0 0          + 1 0 0 0          + 1 0 0 0 0
    1 8 0            1 8 0 0            1 8 0 0 0
```

Ao multiplicar um número natural por **10**, **100** ou **1000**, acrescentamos, à direita do número, **um**, **dois** ou **três** zeros, respectivamente.

ATIVIDADES

1 Complete cada operação tornando a igualdade verdadeira.

a) 45 × 10 = _____

b) 73 × _____ = 73 000

c) 1278 × 1000 = _____

d) _____ × _____ = 100 000

PROBLEMAS

1 Um hortifrúti vende ovos em bandejas com 3 dezenas em cada uma.

Em um dia, foram vendidas 1000 bandejas de ovos. Quantos ovos foram vendidos nesse dia?

_____

_____

2 A cada 10 minutos, 7 pessoas utilizam um caixa eletrônico. Se esse caixa eletrônico fica disponível 10 horas por dia, quantas pessoas usaram esse caixa no final do dia?

_____

_____

_____

Dobro, triplo, quádruplo, quíntuplo e sêxtuplo

6 é o dobro de 3
12 é o triplo de 4
20 é o quádruplo de 5
30 é o quíntuplo de 6
42 é o sêxtuplo de 7

> Para encontrar o **dobro** de um número, basta multiplicá-lo por **2**.

Exemplo:
Encontre o **dobro** dos números a seguir.
- 7 ⟶ 2 × 7 = 14
- 9 ⟶ 2 × 9 = 18

> Para encontrar o **triplo** de um número, basta multiplicá-lo por **3**.

Exemplo:
Encontre o **triplo** dos números a seguir.
- 5 ⟶ 3 × 5 = 15
- 8 ⟶ 3 × 8 = 24

> Para encontrar o **quádruplo** de um número, basta multiplicá-lo por **4**.

Exemplo:
Encontre o **quádruplo** dos números a seguir.
- 5 ⟶ 4 × 5 = 20
- 6 ⟶ 4 × 6 = 24

> Para encontrar o **quíntuplo** de um número, basta multiplicá-lo por **5**.

Exemplo:
Encontre o **quíntuplo** dos números a seguir.
- 6 ⟶ 5 × 6 = 30
- 7 ⟶ 5 × 7 = 35

> Para encontrar o **sêxtuplo** de um número, basta multiplicá-lo por **6**.

Exemplo:
Encontre o **sêxtuplo** dos números a seguir.
- 8 ⟶ 6 × 8 = 48
- 9 ⟶ 6 × 9 = 54

! SAIBA MAIS

Para multiplicar os números, os egípcios aplicavam o recurso de dobrar as quantidades; por exemplo, no cálculo de 11 × 13, eles escolhiam um dos fatores para dobrar. Nesse caso, vamos escolher o 13:

13	→	26	→	52	→	104	→	208
(1 × 13)		(2 × 13)		(2 × 2 × 13)		(2 × 2 × 2 × 13)		(2 × 2 × 2 × 2 × 13)
1 × 13 = 13		**2** × 13 = 26		**4** × 13 = 52		**8** × 13 = 104		**16** × 13 = 208

Agora, buscamos nos multiplicadores acima os números que, somados, resultem em 11, ou seja, o número que está multiplicando o 13 na conta que estamos tentando resolver. Depois, somamos os resultados das contas com os números escolhidos. Observe:

1	+	2	+	8	+	11
1 × 13	+	**2 × 13**	+	**8 × 13**	+	**11 × 13**
13	+	**26**	+	**104**	+	**143**

ATIVIDADES

1 Escreva as sentenças a seguir em forma de expressão matemática e calcule no caderno o que se pede. Veja o exemplo:

	Expressão matemática	Resultado
O triplo de 24 mais 9.	3 × 24 + 9	81
O quádruplo de (79 + 56).		
O sêxtuplo de 9 menos o dobro do triplo de 9.		
O dobro de 144 menos o quíntuplo de 55.		

2 Calcule mentalmente e escreva a resposta nas lacunas.

a) o dobro de 45 _____

b) o triplo de 70 _____

c) o dobro do triplo de 50 _____

d) o quíntuplo de 12 _____

e) o dobro do sêxtuplo de 5 _____

3 Calcule por estimativa o valor do sêxtuplo de 199 e explique aos colegas o raciocínio que usou para chegar a esse resultado.

_____

PROBLEMAS

1 Um mercado vendeu 550 frutas no sábado e, no domingo, o dobro dessa quantidade. Quantas frutas foram vendidas nesse fim de semana?

_____

2 Paulo começou um novo jogo de *video game* e já fez 30 pontos. Para passar de fase, é preciso o quádruplo desse número de pontos. Qual é a pontuação necessária para passar de fase?

_____

3 Quando Lúcia era estagiária, recebia 937 reais por mês. Hoje, após alguns anos de experiência e investimento na carreira, seu salário é o sêxtuplo do inicial. Quanto ela recebe por mês?

_____

4 Paulo e Cristina foram ao supermercado. O valor da compra de Paulo foi o quádruplo do valor da compra de Cristina. Sabendo que, juntos, gastaram 100 reais, quanto Paulo gastou?

_____

Contagem

A professora de Arte do 5º ano organizou os alunos em grupos e propôs que cada grupo fizesse um painel usando apenas duas figuras geométricas: quadrado ou círculo, cada uma combinada com: triângulo, pentágono ou hexágono. De quantas formas diferentes os grupos poderão compor o painel? Veja como Juliana e Felipe indicaram essas possibilidades.

Juliana indicou por meio de um diagrama de árvore. Observe.

Felipe usou uma tabela. Veja a tabela que ele fez.

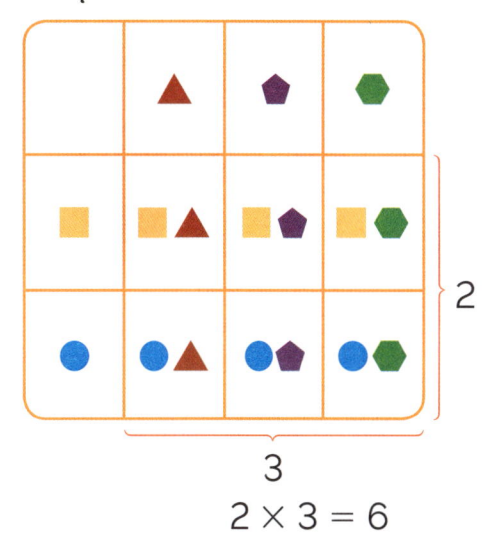

2 × 3 = 6

2 × 3 = 6

ATIVIDADES

1 A professora organizou uma mesa com maçãs, peras, bananas e sucos de laranja e de uva. Solicitou aos alunos que pegassem um suco e um tipo de fruta para levar ao passeio que fariam. No caderno, elabore um diagrama de árvore para indicar as escolhas que os alunos puderam fazer.

2 Em um campeonato organizado pelas turmas do 4º e do 5º anos, 6 times foram formados e deveriam jogar "um contra todos". Complete a tabela a seguir para indicar que times jogariam em cada partida.

	4º ano A	4º ano B	4º ano C
5º ano A		5º ano A × 4º ano B	
5º ano B	5º ano B × 4º ano A		
5º ano C			5º ano C × 4º ano C

Divisão

Jorge precisa embalar seus doces para colocá-los à venda. Ele fez 336 doces, que serão embalados em caixas em que cabem 24 doces cada.

Quantas embalagens serão necessárias para Jorge acondicionar todos os doces?

Devemos fazer uma divisão para descobrir.

$$336 \div 24 = 14$$

Processo longo

```
  3 3 6 | 24
 - 2 4  | 14
    9 6
  - 9 6
    0 0
```

Processo breve

```
  3 3 6 | 24
    9 6 | 14
      0
```

Serão necessárias 14 embalagens.

Divisão é a operação que utilizamos para **repartir** ou **distribuir** algo em **partes iguais**.

A divisão é a operação inversa da multiplicação.
$336 \div 24 = 14$, porque $14 \times 24 = 336$
O **sinal da divisão** é $\div$, que se lê **dividido por**.

Os termos da divisão são: dividendo, divisor, quociente e resto.
Dividendo é o número que será dividido.
Divisor é o número pelo qual se divide.
Quociente é o resultado da divisão.
Resto é o número que sobra na divisão e é menor que o divisor.

Observe:

```
dividendo ⟶  3 3 6 | 24  ⟵ divisor
               9 6 | 14  ⟵ quociente
    resto ⟶    0
```

Essa divisão é **exata** porque o **resto** é **zero**.

Em uma **divisão exata**, o quociente multiplicado pelo divisor é igual ao dividendo.

quociente × divisor = dividendo
14 × 24 = 336

Observe agora esta outra divisão:

```
8 0 | 9
  8   8
```

Essa divisão **não é exata**, porque o resto é diferente de zero. Na divisão **não exata**, o dividendo é igual ao quociente multiplicado pelo divisor mais o resto.

dividendo = quociente × divisor + resto
80 = 9 × 8 + 8

Atenção!

- Em uma divisão, o resto é sempre menor que o divisor.
- O resultado da divisão de zero por qualquer número diferente de zero é zero.
  Exemplo: 0 ÷ 5 = 0 porque 0 × 5 = 0.
- Não existe a divisão por zero. Exemplo: Não efetuamos 5 ÷ 0 porque nenhum número multiplicado por 0 obtém produto igual a 5.

ATIVIDADES

1) Resolva a divisão pelo processo breve e complete-a com o nome dos termos da divisão.

⟶ 9 8 7 0 | 6 ⟵
_____

2) Resolva as divisões no caderno e anote os resultados a seguir.

a) 69 722 ÷ 71 = _____   **b)** 1060 ÷ 53 = _____   **c)** 95 186 ÷ 26 = _____

3 Em uma divisão com números naturais:

a) se o divisor é 12, qual é o maior resto possível? _____

b) se o dividendo é o dobro do divisor, qual é o quociente? _____

c) quando o quociente é zero? _____

d) se o divisor é 15, o quociente é 40 e o resto é zero, quanto vale o dividendo? _____

4 Complete as sentenças tornando-as verdadeiras.

a) Em uma divisão, o _____ é sempre menor que o _____

b) O _____ é o resultado de uma divisão.

c) Em uma divisão não exata, o resto é _____

d) Em uma divisão, quando o divisor é 9, os possíveis restos são: _____

5 Resolva cada divisão no caderno, registre o quociente e o resto aqui e verifique se é exata.

a) 7 048 ÷ 9 = _____

b) 7 048 ÷ 31 = _____

c) 501 ÷ 3 = _____

d) 222 ÷ 22 = _____

e) 9 ÷ 13 = _____

f) 0 ÷ 102 = _____

6 Classifique cada afirmação em verdadeira (**V**) ou falsa (**F**).

a) ☐ Se 200 ÷ 20 = 10, então 10 × 20 = 200.

b) ☐ Se o dividendo é 77, o divisor é 11, o quociente é 7, a divisão é exata.

c) ☐ Se 4 × 23 + 9 = 101, então 101 ÷ 4 dá 23 e resto 9.

d) ☐ Se 5 × 19 + 10 = 105, então 105 ÷ 19 dá 5 e resto 10.

e) ☐ O resto não pode ser maior do que o quociente.

7 Veja como Celso resolveu a divisão.

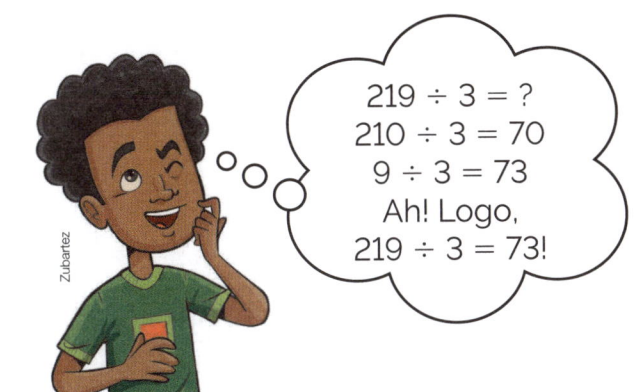

Celso (pensando):
219 ÷ 3 = ?
210 ÷ 3 = 70
9 ÷ 3 = 73
Ah! Logo,
219 ÷ 3 = 73!

Faça como Celso e calcule mentalmente:

a) 357 ÷ 7 = _____

b) 969 ÷ 3 = _____

c) 4 088 ÷ 8 = _____

d) 927 ÷ 9 = _____

e) 12 808 ÷ 4 = _____

8 Cada símbolo representa um único valor, diferente dos demais.

```
  1 3 ■ 2 | 13
  − ▲ ■     1▲●
  ─────
      ■ 2
      ▲
```

a) Determine o valor de cada símbolo, de modo que a divisão fique correta.

▲ = _____   ● = _____   ■ = _____

b) Essa divisão é exata? Por quê? _____

c) Qual é o dividendo e o quociente dessa divisão?

_____

9 Em uma divisão, o dividendo é 409, o quociente é 81 e o resto é 4. Qual é o divisor?

_____

10 A tecla de divisão (÷) de uma calculadora está quebrada.

a) Explique a um colega como você pode efetuar a divisão de 450 por 125 nessa calculadora.

_____

b) Qual é o quociente e o resto dessa divisão?

_____

PROBLEMAS

1) Isabel distribuiu igualmente seus 328 livros em 8 prateleiras. Quantos livros ficaram em cada prateleira?

___

2) Uma loja de chocolates faz bombons e os acondiciona em caixas sempre com a mesma quantidade. Um lote de 1224 bombons foi distribuído em caixas com 6 bombons cada uma. Quantas dessas caixas foram utilizadas?

___

3) Luísa foi ao mercado e gastou 294 reais. Na semana seguinte, ela resolveu planejar a compra. Fez uma lista dos itens necessários e pesquisou o preço de vários produtos, observando as promoções. Dessa forma, gastou três vezes menos do que na semana anterior.

a) Quanto Luísa economizou com essa atitude?

___

b) Converse com os colegas sobre como podemos economizar fazendo uma compra bem planejada.

___

4) Maria separou as 387 galinhas do seu sítio igualmente em três galinheiros. Calcule quantas galinhas ficaram em cada galinheiro.

___

5) O valor de uma excursão escolar é de 375 reais, que será repartido igualmente entre os 17 participantes. No dia marcado, faltaram 2 alunos. Que valor coube a cada participante do passeio?

___

6 Rita precisa sacar 1250 reais e quer metade em cédulas de 20 reais e metade em cédulas de 50. O caixa eletrônico só tem cédulas de 20, 50 e 100 reais.

a) Quantas cédulas de 20 reais ela conseguiu? E de 50?

_____

_____

b) Quanto faltou para Rita sacar os 1250 reais que queria?

_____

7 Caio comprou uma bicicleta de 840 reais e pagou em 12 parcelas iguais. Qual é o valor de cada parcela?

_____

8 Vanessa comprou 216 garrafas de suco de uva embaladas em caixas com 6 garrafas em cada uma.

a) Quantas caixas Vanessa comprou?

_____

b) Vanessa quer distribuir igualmente essas caixas entre seus 12 primos. Quantas caixas de suco de uva cada primo receberá?

_____

9 Maria trabalhou 56 semanas fora do Brasil. Considerando que 1 mês tem 4 semanas, quantos meses Maria trabalhou em outro país? Ela ficou fora do Brasil mais de 1 ano ou menos de 1 ano?

_____

DESAFIO

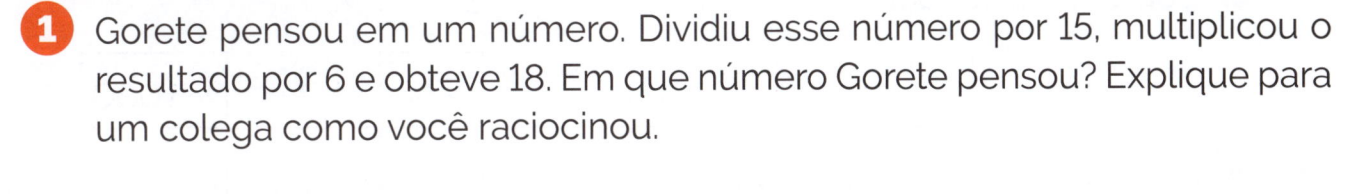

1 Gorete pensou em um número. Dividiu esse número por 15, multiplicou o resultado por 6 e obteve 18. Em que número Gorete pensou? Explique para um colega como você raciocinou.

_____

Divisão por 10, 100 e 1000

Quando o dividendo e o divisor terminam em zero, elimina-se a mesma quantidade de zeros dos dois termos. Em outras palavras, dividimos os dois termos por **10**, **100** ou **1000**.

Exemplos:

```
5 0 | 10        4 5 0 0 | 100        5 0 0 0 | 100        5 6 0 0 0 0 | 1000
 0    5          0 5        45        0 0        50        0 6              560
                   0                    0 0
```

ATIVIDADES

1) Efetue as operações a seguir.

a) 70 ÷ 10 = _____

b) 920 ÷ 10 = _____

c) 45 500 ÷ 100 = _____

d) 8 100 ÷ 100 = _____

e) 187 000 ÷ 1000 = _____

f) 80 000 ÷ 1000 = _____

g) 95 100 ÷ 10 = _____

h) 4 870 ÷ 10 = _____

i) 235 000 ÷ 10 = _____

j) 10 000 ÷ 100 = _____

2) Faça o que se pede.

a) Explique como a sequência é formada e complete-a.

3 000 000 — — 30 000 — — — —
— 300 000 — — — — — —

_____

b) Complete a sequência.

45 000 000 → ÷ 10 → ÷ 100 → × 2 → ÷ 1000

Verificação da multiplicação e da divisão

Verificação da multiplicação

Podemos verificar se a multiplicação está correta aplicando sua **operação inversa**: a **divisão**.

Exemplo:

```
      2 9    → multiplicando       4 3 5 | 29        4 3 5 | 15
  ×   1 5    → multiplicador       1 4 5   15        1 3 5   29
  ———————                              0                 0
      1 4 5
  + 2 9 0
  ———————
      4 3 5
```

Observamos que:
- dividindo o produto pelo multiplicando, encontramos o multiplicador;
- dividindo o produto pelo multiplicador, encontramos o multiplicando.

Verificação da divisão

Agora, para verificar se uma divisão exata está correta, usamos sua operação inversa: a **multiplicação**.

- Divisão exata (resto = 0)

$$27 \div 3 = 9 \longrightarrow 9 \times 3 = 27$$

Multiplicamos o quociente pelo divisor e obtemos o dividendo.

- Divisão não exata (resto ≠ 0)

```
dividendo → 2 9 | 3  ← divisor       3 → divisor        2 7
           − 2 7   9  ← quociente   × 9 → quociente    +   2  → resto
           ———————                  ———————            ———————
resto  →     0 2                      2 7                2 9  → dividendo
```

$$29 \div 3 = 9 \text{ e resto } 2 \longrightarrow 9 \times 3 + 2 = 29$$

Multiplicamos o quociente pelo divisor e somamos o resto. O resultado é igual ao dividendo.

ATIVIDADES

1) Efetue as divisões no caderno e verifique cada uma delas.

a) 42 ÷ 2 = _____

b) 756 ÷ 4 = _____

c) 2 782 ÷ 26 = _____

d) 888 ÷ 14 = _____

e) 1 560 ÷ 24 = _____

f) 27 074 ÷ 43 = _____

2) Utilize as divisões e multiplicações do quadro abaixo para descobrir, sem efetuar cálculos, o resultado das expressões a seguir.

| 8 784 ÷ 12 = 732 | 9 550 ÷ 25 = 382 | 61 × 105 = 6 405 |

a) 25 × 382 = _____

b) 732 × 12 = _____

c) 6 405 ÷ 61 = _____

d) 9 550 ÷ 382 = _____

e) 8 784 ÷ 732 = _____

f) 6 405 ÷ 105 = _____

3) Complete o quadro com os valores adequados.

Multiplicando	489		182	452	81
Multiplicador	19	36			
Produto		12 636	683 592	2 260	22 599

DESAFIO

1) Descubra o número que está dentro do envelope.

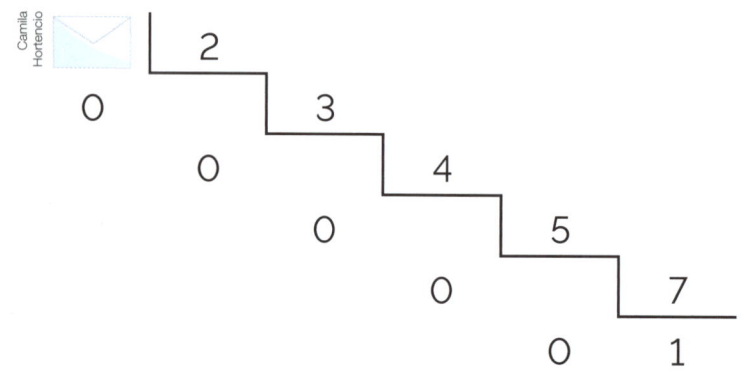

Expressões numéricas com as quatro operações

Quando, em uma expressão numérica, aparecem as quatro operações – **adição**, **subtração**, **multiplicação** e **divisão** –, resolvemos assim:

1º) as **multiplicações** e **divisões** devem ser efetuadas primeiro, obedecendo à ordem em que aparecem;

2º) as **adições** e **subtrações** são efetuadas em seguida, também obedecendo à ordem em que aparecem.

Exemplo:

$$4 + 6 \div 3 - 1 \times 3 =$$
$$= 4 + 2 - 3 =$$
$$= 6 - 3 = 3$$

Importante

Se nas operações aparecerem os sinais de associação – **parênteses ( )**, **colchetes [ ]** e **chaves { }** –, eliminaremos esses sinais obedecendo à seguinte ordem:

1º) efetuamos as operações que estiverem entre parênteses;

2º) efetuamos as operações que estiverem entre colchetes;

3º) efetuamos as operações que estiverem entre chaves.

Exemplos:

- $\{30 - [(5 \times 3) + 7]\} =$
  $= \{30 - [15 + 7]\} =$
  $= \{30 - 22\} = 8$

- $40 + \{3 \times [8 + (14 \div 2) - 5]\} =$
  $= 40 + \{3 \times [8 + 7 - 5]\} =$
  $= 40 + \{3 \times [15 - 5]\} =$
  $= 40 + \{3 \times 10\} =$
  $= 40 + 30 = 70$

PEQUENO CIDADÃO

Planejamento financeiro

Quando Felipe fez 11 anos, seu pai resolveu dar a ele uma mesada de 50 reais para que aprendesse a administrar e usar bem o dinheiro.

No primeiro mês que recebeu a mesada, Felipe ficou tão feliz que comprou tudo o que encontrou pela frente e, ao final da primeira semana, já não tinha mais dinheiro.

Ao dar a segunda mesada, o pai de Felipe conversou com ele sobre como organizar os gastos.

> Todo mês, separe uma parte do dinheiro para comprar algo que realmente você deseja e divida o restante pelas quatro semanas do mês. Assim, saberá o quanto poderá gastar por semana e terá dinheiro até o final do mês.

> Ah, então vou guardar 10 reais todo mês para comprar um jogo de *video game* que quero muito e terei 10 reais para gastar por semana. Se eu economizar em uma semana, poderei gastar mais em outra ou guardar para comprar o jogo mais rápido.

Suponha que você receba uma mesada de 50 reais como a de Felipe.

1 Escreva algo que você deseja muito comprar e indique o valor.
_____

2 Como você organizaria seus gastos para comprar o produto desejado?
_____

3 Quanto tempo você levaria para comprar o que deseja?
_____

4 Qual é a importância de planejar os gastos?
_____

ATIVIDADES

1 Complete cada operação tornando a igualdade verdadeira. Faça os cálculos mentalmente.

a) 450 ÷ 10 − _____ = 30

b) 18 × _____ ÷ 2 = 90

c) 200 ÷ 2 ÷ 2 × _____ = 150

d) _____ × 2 ÷ 2 = 502

2 Resolva cada expressão numérica a seguir.

a) [200 ÷ (47 − 22)] × 9 =

b) 30 + [5 × (12 + 88) − 200 ÷ 4] ÷ 150 =

PROBLEMAS

1 Carlos contratou um pintor para pintar sua casa por 4700 reais. Deu 1200 reais para o material e vai pagar o restante em 4 parcelas iguais, sem acréscimo. Qual é o valor de cada parcela?

Escreva uma expressão que represente essa situação, resolva-a e dê a resposta.

_____

_____

2 O estacionamento **A** tem o triplo da quantidade de carros do estacionamento **B**. Juntos, eles têm 436 carros nesse momento. Quantos carros há em cada estacionamento?

UNIDADE 5
SENTENÇAS MATEMÁTICAS

Cálculo do valor de um termo desconhecido

Em muitas situações nos deparamos com operações em que não conhecemos o valor de um dos termos. Acompanhe o exemplo.

Carlito e Márcio têm juntos 44 bolinhas de gude. Márcio tem o triplo da quantidade de bolinhas de gude de Carlito. Quantas bolinhas de gude Carlito tem?

Note que não sabemos as quantidades de bolinhas de gude que os garotos têm, mas conhecemos algumas relações entre essas quantidades.

Observe na sentença matemática a seguir que o termo desconhecido, representado por ●, é a quantidade de bolinhas de gude de Carlito.

$$3 \times ● + ● = 44$$

$$● + ● + ● + ● = 44$$

Então, $4 \times ● = 44$. Para determinar esse valor, usamos a operação inversa da multiplicação, que é a divisão.

● = 44 ÷ 4
● = 11

De fato, 3 × 11 + 11 = 44.

Observe outros exemplos de sentenças matemáticas em que há um termo desconhecido:

a) 1 + ● = 10   b) ● − 6 = 12   c) ● × 9 = 72   d) ● ÷ 2 = 15

Para encontrar o valor dos termos, basta aplicar a operação inversa. Observe a resolução das sentenças a seguir.

a) 1 + ● = 10
   ● = 10 − 1
   ● = 9

b) ● − 6 = 12
   ● = 12 + 6
   ● = 18

> A operação inversa da adição é a subtração; e a operação inversa da subtração é a adição.

c) ● × 9 = 72
   ● = 72 ÷ 9
   ● = 8

d) ● ÷ 2 = 15
   ● = 15 × 2
   ● = 30

> A operação inversa da multiplicação é a divisão; e a operação inversa da divisão exata é a multiplicação.

! SAIBA MAIS

Uma das relíquias da Matemática é o Papiro de Rhind. Esse documento foi comprado por um egiptólogo escocês chamado Henry Rhind e posteriormente vendido para o Museu Britânico. O papiro data de 1650 a.C. e tem 85 problemas matemáticos. O texto retrata a matemática desenvolvida no Egito naquela época. Entre os problemas, há alguns em que a solução está em determinar um termo desconhecido.

Howard Eves. *Introdução à história da matemática*. Campinas: Unicamp, 2005. p. 69 e 70.

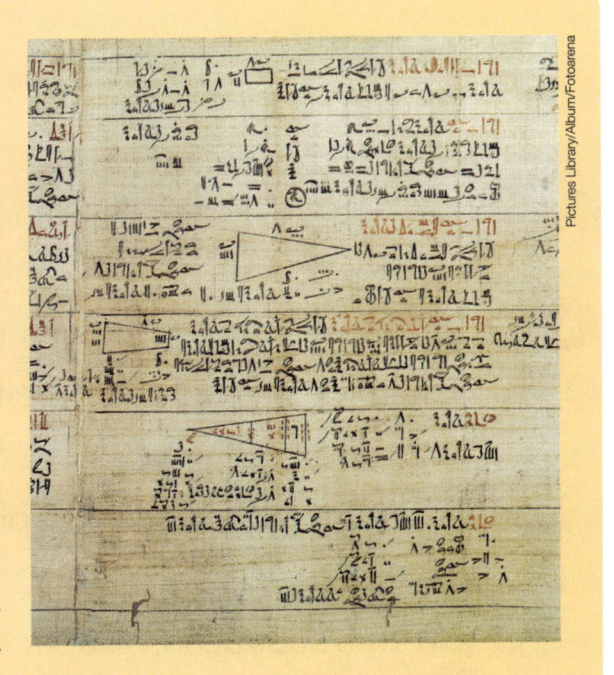

ATIVIDADES

1 Relacione a primeira coluna à segunda.

a) $8 \times \bullet = 24$

b) $\bullet \div 5 = 125$

c) $42 \times \bullet = 210$

d) $\bullet \times 7 = 1\,624$

e) $\bullet \div 9 = 3$

f) $\bullet \div 13 = 200$

g) $\bullet \div 29 = 322$

h) $6 \times \bullet = 312$

☐ 5
☐ 2 600
☐ 52
☐ 3
☐ 9 338
☐ 232
☐ 27
☐ 625

2 Nas sentenças matemáticas a seguir, aplique a operação inversa para encontrar o termo desconhecido.

a) $\bullet \times 202 = 2\,222$

b) $\bullet \div 21 = 63$

c) $\bullet \div 15 = 15$

d) $\bullet - 47 = 12$

e) $908 + \bullet = 1\,717$

f) $5 \times \bullet = 1\,125$

3 Complete as sentenças para torná-las verdadeiras.

a) Se um número adicionado a 601 resulta em 761, então esse número corresponde a 761 − _____, ou seja, é _____.

b) O produto de um número por 9 é 126. Então, esse número é _____, porque _____ ÷ 9 = _____.

c) Em uma subtração, o subtraendo é 12 e o resto é 1. Então, o minuendo é _____, porque _____.

PEQUENO CIDADÃO

Pequenas ações, grandes resultados

Você já observou como geramos muito lixo? As embalagens das mercadorias que compramos (sacolinhas de plástico, garrafas, caixas, latas etc.), coisas usadas que são trocadas por novas e descartadas (celulares, eletrodomésticos etc.), entre outros, tudo vai para o lixo. Mas para onde vai todo esse lixo? Esse processo nunca acaba, pois cada vez compramos mais e mais e mais. Nosso planeta não "aguenta" mais.

Qual é a saída? Reflita e converse com os colegas e o professor.

Precisamos gerar menos lixo, consumir menos e com mais responsabilidade.

Separar os materiais (papel, metal, vidro e plástico) que vamos descartar e encaminhar para serem reciclados e transformados em coisas novas contribui para diminuir o lixo. Ou, ainda, reutilizar caixas, por exemplo, ou restaurar um móvel usado, doar ou trocar brinquedos, entre tantas outras atitudes que podemos adotar para ajudar o meio ambiente e nossa própria vida.

1 Veja a tabela e responda às perguntas.

	Decomposição de alguns materiais					
Material	papel	pano	madeira pintada	metal	plástico	vidro
Tempo	de 3 a 6 meses	de 6 meses a 1 ano	mais de 13 anos	mais de 100 anos	mais de 400 anos	mais de 1 000 anos

Fonte: BRASIL. Ministério do Meio Ambiente. Ministério da Educação. Instituto Brasileiro de Defesa do Consumidor. *Consumo sustentável: Manual de educação*. Brasília: Consumers International; MMA; MEC; IDEC, 2005.

a) Quais desses materiais é menos agressivo para o meio ambiente? Por quê? _____

b) De que material o tempo de decomposição do plástico é o quádruplo do tempo? _____

PROBLEMAS

1 Em uma loja, o metro de um tecido custa 35 reais. Se o cliente pagou 700 reais, quantos metros desse tecido ele levou?

_____

2 Do total da arrecadação de uma festa junina, metade foi para um lar de idosos, que recebeu a quantia de 26 500 reais. Quanto foi arrecadado nessa festa?

_____

3 Hoje, a soma da idade das trigêmeas Ana, Lori e Kate é 72 anos. Quantos anos cada irmã tem hoje?

_____

4 Cauã foi à padaria e gastou 51 reais. Com que quantia Cauã pagou a compra se recebeu de troco 49 reais?

_____

5 De uma urna foram retiradas 13 bolas azuis, restando nela apenas 17 bolas verdes. Quantas bolas havia na urna inicialmente, antes da retirada?

_____

6 Resolva os problemas a seguir de acordo com o modelo.

O dobro de um número mais 3 é igual a 37. Qual é esse número?

● ⟶ número desconhecido
2 × ● ⟶ dobro do número desconhecido
2 × ● + 3 ⟶ dobro do número desconhecido mais 3
2 × ● + 3 = 37
2 × ● = 37 − 3 ⟶ Aplicamos a operação inversa da adição.
2 × ● = 34
● = 34 ÷ 2 ⟶ Aplicamos a operação inversa da multiplicação.
● = 17

O número é 17.

a) O dobro de um número mais 6 é igual a 504. Qual é esse número?

_____

b) Pensei em um número e calculei seu dobro. Do resultado obtido, subtraí 14 e obtive 20. Em que número pensei?

_____

7 Resolva as operações a seguir no caderno e complete o quadro de acordo com o exemplo. Dica: o dobro de um número mais o triplo desse mesmo número é igual a seu quíntuplo.

O triplo de um número mais onze é igual a quarenta e quatro.	3 × ● + 11 = 44	● = 11
O quádruplo de um número menos cinco é igual a setenta e nove.		● = 21
O dobro de um número mais o triplo desse número é igual a cento e vinte e cinco.		
O quíntuplo de um número menos o dobro do número mais cinco é igual a duzentos e oitenta e sete.		

8 Observe outro tipo de problema e resolva os demais conforme o modelo.

A idade de Ana e a de Paulo somam 42 anos.

Ana tem o dobro da idade de Paulo. Qual é a idade de cada um?

● ⟶ idade de Paulo

2 × ● ⟶ idade de Ana

● + 2 × ● = 42 ⟶ idade de Ana e de Paulo somadas

3 × ● = 42 ⟶ ● + 2 × ● = 3 × ●

● = 42 ÷ 3 ⟶ Aplicamos a operação inversa da multiplicação.

● = 14

Idade de Paulo: 14.   Idade de Ana: 2 × ● = 2 × 14 = 28.

Paulo tem 14 anos de idade e Ana tem 28 anos.

a) Bernardo e Leandro têm, juntos, 48 conchas. Bernardo tem o triplo das conchas de Leandro. Quantas conchas tem cada um?

_____

b) Numa turma de 48 alunos o número de meninas é três vezes o de meninos. Quantos meninos e quantas meninas há nessa turma?

_____

9 Um pai deixou uma herança de R$ 1.098.000,00 para três filhos. O mais velho vai receber o triplo da quantia destinada ao filho do meio, e o filho do meio vai receber o dobro da quantia destinada ao filho mais novo. Quanto vai receber cada filho?

_____

10 Observe o modelo e resolva os problemas a seguir.

Marta e Leila compraram juntas 48 flores para um arranjo. Leila comprou 18 flores a mais que Marta. Quantas flores cada uma comprou?

● ⟶ quantidade total de flores de Marta
● + 18 ⟶ quantidade total de flores de Leila
● + ● + 18 ⟶ quantidade total de flores de Marta e Leila
2 × ● + 18 = 48
2 × ● = 48 − 18 ⟶ Aplicamos a operação inversa da adição.
2 × ● = 30
● = 30 ÷ 2
● = 15 ⟶ quantidade de flores de Marta
● + 18 = 15 + 18 = 33

Marta comprou 15 flores e Leila comprou 33 flores.

a) No semestre passado, Juca leu 4 livros a mais do que Jairo. Juntos eles leram 12 livros. Quantos livros cada um leu?

b) Joana e Paula estão lavando roupas na lavanderia do prédio onde moram. Joana levou 5 peças a menos que Paula, e juntas elas levaram 25 peças para lavar. Quantas peças cada uma lavou?

DESAFIO

1 Complete o quadro a seguir com o que se pede.

	O triplo do quádruplo do número	O dobro do sêxtuplo do número	O quádruplo do dobro do número	O triplo do dobro do quíntuplo do número
0				
1		12		
3			24	
5				150
10				
11				
20				

2 Lúcia tem 195 livros ao todo nas categorias de romance, aventura e mistério. Os de romance são 40 livros a mais do que os de aventura, e há 10 livros de aventura a mais do que os de mistério. Quantos livros de cada categoria Lúcia tem?

PESQUISANDO

1 Pesquise na internet a origem da representação de valores desconhecidos por símbolos em uma sentença matemática. Depois, compartilhe o que descobriu e converse com os colegas e o professor sobre isso.

BRINCANDO

1 Uma balança de dois pratos está equilibrada quando nos dois pratos há objetos que pesam igualmente. Neste caso, os pratos ficam na mesma altura. Observe a balança equilibrada a seguir. Os pesinhos indicados são expressos em gramas.

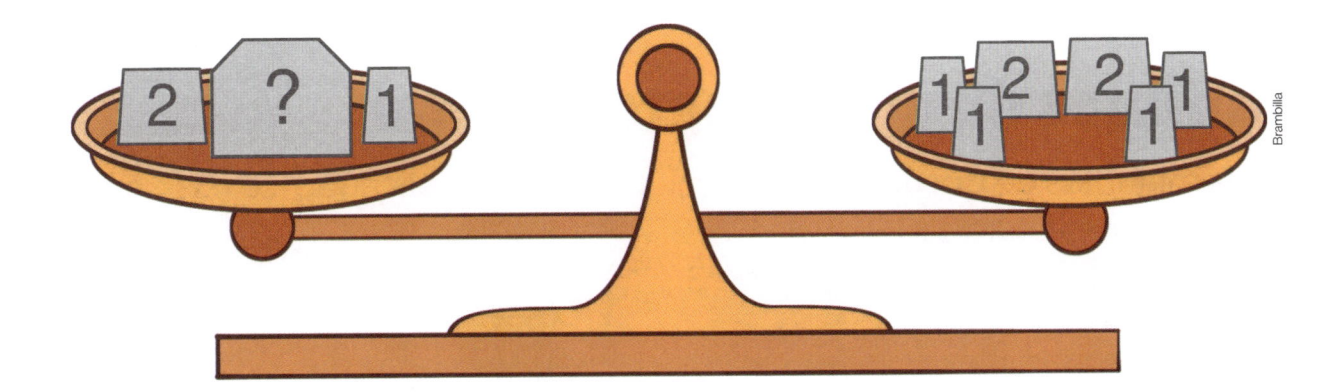

a) Complete a resolução de Maria e descubra quanto o cubo pesa.

1º) Retiro um peso de 2 gramas de cada prato da balança. Assim, ela continua equilibrada.

2º) _____

Conclusão: O cubo pesa _____ gramas.

b) Rui resolveu de outro modo. Observe e complete a resolução dele.

2 + ● + 1 = 1 + 1 + 1 + 2 + 2 + 1

Conclusão: O cubo pesa _____ gramas.

UNIDADE 6

MÚLTIPLOS E DIVISORES

Ao longo da história, o ser humano criou regras para facilitar e agilizar o cálculo. Vamos conhecer algumas regras desenvolvidas para encontrar os múltiplos e os divisores de um número.

Múltiplos de um número natural

Os múltiplos de um número são calculados multiplicando-se esse número pelos números naturais (0, 1, 2, 3, 4, 5, 6, 7, 8, 9, ...).

Veja como obter os múltiplos de 3:

$3 \times 0 = 0$ $3 \times 5 = 15$
$3 \times 1 = 3$ $3 \times 6 = 18$
$3 \times 2 = 6$ $3 \times 7 = 21$
$3 \times 3 = 9$ $3 \times 8 = 24$
$3 \times 4 = 12$ $3 \times 9 = 27$

Portanto, os múltiplos de 3 são:

0, 3, 6, 9, 12, 15, 18, 21, 24, 27, ...

Observe como podemos representar o **conjunto dos múltiplos de 3**:

M(3) = {0, 3, 6, 9, 12, 15, 18, 21, 24, 27, ...}

O conjunto dos múltiplos de um número diferente de zero é **infinito**.

Atenção!

- O zero só tem um múltiplo, que é ele mesmo. Exemplos:
  $0 \times 0 = 0$ $1 \times 0 = 0$ $7 \times 0 = 0$
- O zero é múltiplo de qualquer número natural. Exemplos:
  $0 \times 4 = 0$ $0 \times 12 = 0$ $0 \times 500 = 0$
- Todos os números naturais são múltiplos de 1.
  M(1) = {0, 1, 2, 3, 4, 5, 6, 7, 8, ...}
- Todo número é múltiplo de si mesmo. Exemplos:
  $1 \times 5 = 5$ $1 \times 12 = 12$ $1 \times 500 = 500$

ATIVIDADES

1 Forme conjuntos com os cinco primeiros múltiplos dos números a seguir.

a) M(4) = { _____ }

c) M(15) = { _____ }

b) M(12) = { _____ }

d) M(14) = { _____ }

2 Complete o quadro.

×	0	1	2	3	4	5	6	7	8	9	10
0											
1										9	
2			4								
3						15					
4											
5											
6											
7										63	
8				24							
9											
10											

3 De acordo com o quadro preenchido na atividade 2, determine os múltiplos de:

   a) 7 entre 30 e 65; _____

   b) 6 do 20 ao 30; _____

   c) 8 maiores que 15 e menores que 55. _____

4 Complete as sentenças para torná-las verdadeiras.

   a) Todo número natural é _____ de si mesmo.

   b) Todos os múltiplos de 2 são números _____.

   c) O conjunto dos múltiplos de um número natural diferente de zero é _____.

5 Escreva a sequência dos múltiplos até 100 dos números indicados.

   a) 12 → 0, _____

   b) 15 → 0, _____

   c) 13 → 0, _____

   d) 16 → 0, _____

   e) 30 → 0, _____

6 Observe as sequências que você montou na atividade 5 e responda:

   a) Entre os números indicados, qual tem mais múltiplos até 100?
   _____

   b) Há algum múltiplo de 12 que aparece nas outras sequências? Quais são esses múltiplos e na sequência de qual número eles aparecem?
   _____

7 Em uma urna há bolinhas numeradas com múltiplos de 3, 5 e 7 entre 1 e 50. Bolinhas vermelhas têm números pares e bolinhas verdes têm números ímpares.

   a) É possível tirar uma bolinha vermelha com múltiplo de 3? Por quê?
   _____

b) É possível tirar uma bolinha vermelha que tenha um múltiplo de 3 e de 7? Explique.

_____

_____

c) É possível tirar uma bolinha vermelha que tenha um múltiplo de 3 e de 7? E uma bolinha verde? Explique.

_____

_____

d) Em quantas bolinhas há um número que é múltiplo de 3 e de 5? De que cor são essas bolinhas?

_____

_____

_____

e) Quantas bolinhas estão na urna? E quantas delas são verdes?

_____

_____

_____

8 Considere os números a seguir.

| 16 | 25 | 32 | 34 | 40 | 44 | 60 | 72 | 81 |

a) Entre esses números, circule aqueles que são múltiplos de 4 mas não são múltiplos de 2. _____

b) Quantos números você circulou? _____

c) Você pode dizer que todo múltiplo de 4 também é múltiplo de 2? Por quê? _____

d) Qual é o menor número que é múltiplo de 4 e de 2 diferente de zero?

_____

Divisores de um número natural

Observe as divisões a seguir.

```
12 | 3        12 | 5
 0   4         2   2
resto = 0    resto ≠ 0
```

12 é divisível por 3, logo, 3 é divisor de 12.
12 não é divisível por 5, logo, 5 não é divisor de 12

> Um número é **divisor** de outro se a divisão desse outro pelo número for exata, isto é, se o resto for igual a zero.

2 é divisor de 4 porque 4 ÷ 2 = 2 (resto igual a zero)
Mas não é só 2 que divide exatamente o número 4. Observe:

4 ÷ 1 = 4 → 1 é divisor de 4

4 ÷ 3 → divisão não exata (3 não é divisor de 4)

4 ÷ 2 = 2 → 2 é divisor de 4

4 ÷ 4 = 1 → 4 é divisor de 4

Portanto, os divisores de 4 são 1, 2 e o próprio 4. Vamos representar o conjunto dos divisores de 4 assim: D(4) = {1, 2, 4}.

Os números **1**, **2** e **4** são **divisores** de 4. Assim, dizemos que 4 é **divisível** por 1, 2 e 4, ou seja, 4 é **múltiplo** desses números.

- **4 é múltiplo** de 1, 2 e 4 porque:

  $1 \times 4 = 4$
  $2 \times 2 = 4$
  $4 \times 1 = 4$

- **4 é divisível** por 1, 2 e 4 porque:

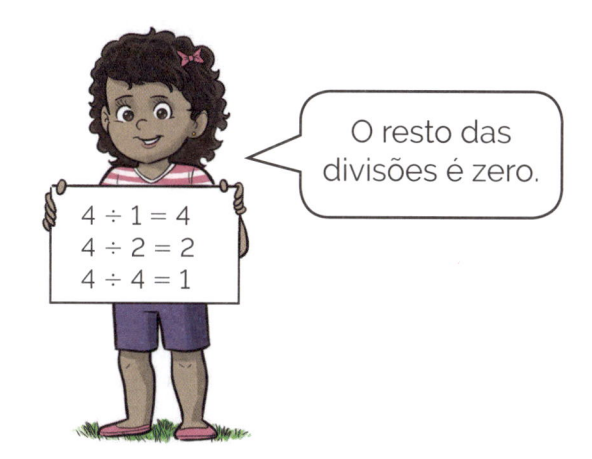

  $4 \div 1 = 4$
  $4 \div 2 = 2$
  $4 \div 4 = 1$

  O resto das divisões é zero.

Atenção!

- O número 1 é divisor de qualquer número natural.
  Exemplos: $2 \div 1 = 2$; $5 \div 1 = 5$; $7 \div 1 = 7$; $0 \div 1 = 0$.
- Todo número natural diferente de zero é divisor de si mesmo.
  Exemplos: $6 \div 6 = 1$; $7 \div 7 = 1$.
- O maior divisor de um número natural diferente de zero é o próprio número.
  Exemplo: D(8) = {1, 2, 4, 8}.
- Nenhum número é divisível por zero.
- O menor divisor de um número natural é 1.
- O conjunto dos divisores de um número natural diferente de zero é finito.

SAIBA MAIS

A base de nosso sistema de numeração é o 10, por isso ele é chamado de sistema decimal. No entanto, nem sempre foi assim. Alguns povos usavam outra base, como os sumérios e babilônios, que escolheram o número 60 como base. A escolha era conveniente porque os números podiam ser divididos por 2, 3, 4, 5, 6, 10, 12, 15, 20 e 30. A base 60 é utilizada, ainda hoje, na divisão de horas em minutos e de minutos em segundos.

Placa suméria em argila.

ATIVIDADES

1 Complete as sentenças para torná-las verdadeiras.

a) _____ é divisor de 40, porque a divisão de _____ por 8 é exata, ou seja, tem resto igual a _____

b) 5 _____ divisor de 51, porque a divisão de _____ não é exata, já que tem resto igual a _____

c) 48 é _____ por 8, porque 48 é múltiplo de 8

d) A divisão de 32 por 5 tem resto _____. Logo, 32 _____ divisível por 5, ou seja, 5 não é _____ de 32.

2 Responda:

a) Qual é o número que é divisor de qualquer número natural? _____

b) Qual é o menor divisor de um número natural? _____

3 Escreva os elementos de cada conjunto de divisores.

a) D(12) = { _____ }

b) D(51) = { _____ }

c) D(11) = { _____ }

d) D(28) = { _____ }

4 Classifique cada afirmação como verdadeira (**V**) ou falsa (**F**).

☐ Os divisores de 21 são 1, 3, 7 e 21.

☐ Os divisores comuns de 21 e 28 são 1 e 7.

☐ O maior divisor comum de 21 e 28 é o 7.

☐ Os divisores de 13 são 1 e 13.

☐ Os divisores comuns de 11 e 13 é apenas o 1.

☐ O maior divisor comum de 11 e 13 é o 11.

☐ O maior divisor comum de 20 e 30 é o 10.

☐ O maior divisor comum de 12, 18 e 24 é o 6.

Critérios de divisibilidade

Bruna quer montar um álbum com 80 fotografias, de modo que cada página do álbum fique com o mesmo número de fotografias. Ela quer que cada página tenha no mínimo 4 e no máximo 10 fotografias. Quais são as maneiras possíveis de Bruna montar esse álbum?

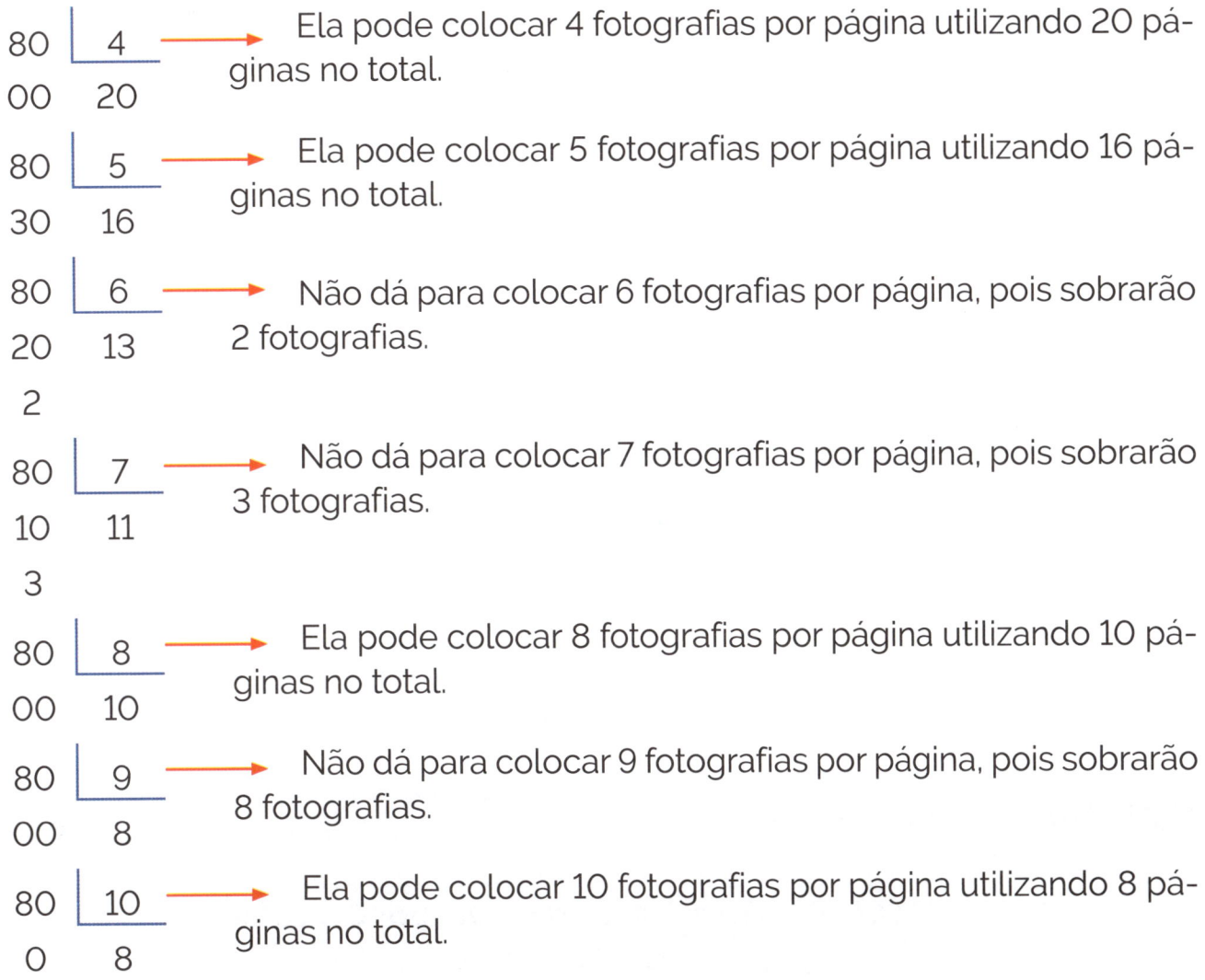

80 | 4
00 | 20

→ Ela pode colocar 4 fotografias por página utilizando 20 páginas no total.

80 | 5
30 | 16

→ Ela pode colocar 5 fotografias por página utilizando 16 páginas no total.

80 | 6
20 | 13
2

→ Não dá para colocar 6 fotografias por página, pois sobrarão 2 fotografias.

80 | 7
10 | 11
3

→ Não dá para colocar 7 fotografias por página, pois sobrarão 3 fotografias.

80 | 8
00 | 10

→ Ela pode colocar 8 fotografias por página utilizando 10 páginas no total.

80 | 9
00 | 8

→ Não dá para colocar 9 fotografias por página, pois sobrarão 8 fotografias.

80 | 10
0 | 8

→ Ela pode colocar 10 fotografias por página utilizando 8 páginas no total.

Com base nos cálculos, podemos perceber que Bruna pode colocar 4, 5, 8 ou 10 fotografias por página sem que haja sobra. Concluímos, então, que **80** é **divisível** por **4**, **5**, **8** e **10**, porque as divisões por esses números são **exatas**, isto é, o resto é igual a zero.

> Um número é divisível por outro quando a divisão entre eles é exata.

Sem efetuar a divisão podemos verificar se um número é divisível ou não por outro número. Observe a seguir.

Divisibilidade por 2

> Um número natural é **divisível por 2** quando é um número **par**, isto é, quando ele termina em **0**, **2**, **4**, **6** ou **8**.

Divisibilidade por 3

> Um número natural é **divisível por 3** quando a soma de seus algarismos é um **número divisível por 3**.

Exemplos:
- 627 é divisível por 3 porque 6 + 2 + 7 = 15, e 15 é divisível por 3.
- 4 312 não é divisível por 3 porque 4 + 3 + 1 + 2 = 10, e 10 não é divisível por 3.

Divisibilidade por 5

> Um número natural é **divisível por 5** quando termina em **0** ou **5**.

Divisibilidade por 6

> Um número natural é **divisível por 6** quando é divisível por **2** e por **3**.

Exemplos:
- 912 é divisível por 6 porque é divisível por 2 e por 3
- 524 não é divisível por 6 porque é divisível por 2, mas não é divisível por 3
- 2 724 é divisível por 6 porque é divisível por 2 e por 3
- 3 333 não é divisível por 6 porque é divisível por 3, mas não é divisível por 2

Divisibilidade por 9

> Um número natural é **divisível por 9** quando a **soma de seus algarismos** é um número divisível por **9**.

Exemplo:
- 2 349 é divisível por 9 porque 2 + 3 + 4 + 9 = 18, e 18 é divisível por 9.

Divisibilidade por 10

> Um número natural é **divisível por 10** quando termina em **0**.

ATIVIDADES

1) Responda às questões a seguir com **sim** ou **não**.

a) 744 568 é divisível por 2? _____

b) 366 354 é divisível por 3? _____

c) 35 505 é divisível por 9? _____

d) 412 é divisível por 5? _____

2) Faça como no modelo.

É divisível por...

	2	3	5	6	9	10
510	X	X	X	X		X
800						
351						
312						

3) Escreva um número de 10 algarismos que seja divisível por 6.

_____

_____

Números primos e números compostos

Observe o quadro dos divisores de 0 a 19.

Número	Divisores
0	1, 2, 3, 4, 5, 6, ...
1	1
2	1, 2
3	1, 3
4	1, 2, 4
5	1, 5
6	1, 2, 3, 6
7	1, 7
8	1, 2, 4, 8
9	1, 3, 9

Número	Divisores
10	1, 2, 5, 10
11	1, 11
12	1, 2, 3, 4, 6, 12
13	1, 13
14	1, 2, 7, 14
15	1, 3, 5, 15
16	1, 2, 4, 8, 16
17	1, 17
18	1, 2, 3, 6, 9, 18
19	1, 19

Note que:
- o zero tem infinitos divisores;
- o número 1 só tem um divisor, que é ele mesmo;
- há números naturais que só são divisíveis por 1 e por eles mesmos: 2, 3, 5, 7, 11, 13, 17, 19...;
- todos os números diferentes de zero e 1 são divisíveis por 1 e por eles próprios;
- há números naturais que, além de serem divisíveis por 1 e por eles mesmos, são divisíveis por outros números: 4, 6, 8, 9, 10, 12, 14, 15, 16, 18...

Números primos são os números naturais que têm apenas dois divisores: 1 e eles mesmos.

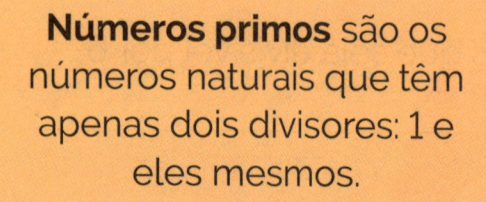

Números compostos são os números naturais diferentes de zero que têm mais de dois divisores.

Atenção!
- O número 0 não é primo, pois ele tem infinitos divisores.
- O número 1 não é primo nem composto, porque tem apenas um divisor, que é ele mesmo.
- O menor número primo é 2.
- O único número par que é primo é o 2.
- O conjunto dos números primos é infinito.

Reconhecimento de um número primo

Para reconhecer se um número é primo, devemos dividi-lo pelos números primos menores que ele até que o quociente seja menor ou igual ao divisor. Se nenhuma das divisões for exata, o número escolhido é primo.

Exemplo:

Vamos verificar se o número 163 é primo.

Para isso, devemos efetuar as divisões conforme as orientações acima.
- 163 não é divisível por 2, pois não é par
- 163 não é divisível por 3, pois 1 + 6 + 3 = 10, e 10 não é divisível por 3
- 163 não termina em 0 ou 5; logo, não é divisível por 5

```
163 | 7         163 | 11        163 | 13
 23   23         53   14         33   12
  2               9               7
```

maior que 7   maior que 11   menor que 13

O quociente 12 é **menor que** o divisor 13 e nenhuma dessas divisões é exata. Logo, 163 é primo.

FESTA DOS PRIMOS

— Quem é aquele? Não me lembro dele. É da família?

— Ele não é da família, é nosso vizinho.

ATIVIDADES

1 Marque com um **X** quando o número for divisível.

Número	Divisível por								
	2	3	4	5	6	9	10	12	15
480									
596									
880									
441									
4 185									

2 Com relação à atividade 1, responda:

a) Qual é o único número divisível por 3, 5 e 9? _____

b) Qual desses números é divisível por mais dos números indicados? _____

3 Qual é o menor número natural que devemos:

a) adicionar a 700 para torná-lo divisível por 9? ____

b) multiplicar por 1090 para torná-lo divisível por 5? ____

c) subtrair de 43 para torná-lo divisível por 4? ____

4 Os números 331 e 823 são números primos.

a) A soma desses dois números é um número primo? Por quê?
_____

b) O produto desses dois números é um número primo? Por quê?
_____

c) Qual é o menor número natural que devemos subtrair de cada um desses números para torná-los divisíveis por 3?
_____

BRINCANDO

1 **Expresso dos números primos**

A turma deve ser organizada em dois grupos, com a mesma quantidade de alunos. A cada rodada, o professor escreverá na lousa uma operação em que sejam usados números primos. Por exemplo: ● + ● = 60. Os alunos devem encontrar os números primos que preenchem corretamente a expressão. Nesse exemplo são os números 29 e 31.

O professor pode usar as operações de adição, subtração e multiplicação.

Para jogar, um dos participantes deve levantar o braço. O grupo em que o aluno levantar o braço primeiro deve preencher a operação na lousa. Se preencher corretamente, ganhará um ponto. Se errar, o outro grupo pontuará.

Ganhará o grupo que fizer 10 pontos primeiro.

Fatoração – decomposição em fatores primos

Há várias formas de representar um número composto por meio de uma multiplicação.

Observe algumas delas:

- 30 = 3 × 10 ou 5 × 6 ou 2 × 15
- 80 = 4 × 20 ou 2 × 10 × 4 ou 4 × 4 × 5

Qualquer que seja a forma de representar um número composto por meio da multiplicação, podemos convertê-lo em uma multiplicação que utiliza apenas fatores primos. Veja:

30	30	30	
3 × 10	5 × 6	2 × 15	30 = 2 × 3 × 5
3 × 2 × 5	**5 × 2 × 3**	**2 × 3 × 5**	

> Todo número natural composto pode ser escrito na forma de uma multiplicação de fatores primos, que é chamada **forma fatorada**.

Para chegar à forma fatorada, utilizamos um processo chamado **fatoração** ou **decomposição** em **fatores primos**. Exemplo:

Vamos decompor o número 80 em fatores primos.
- Escrevemos o número 80 à esquerda de um traço vertical.
- Dividimos 80 por seu menor divisor primo, 2, que deve ser escrito à direita do traço.
- O quociente dessa divisão, 40, deve ser escrito embaixo do 80, do lado esquerdo do traço.
- Dividimos 40 por seu menor divisor primo e continuamos esse processo até chegar ao quociente 1.

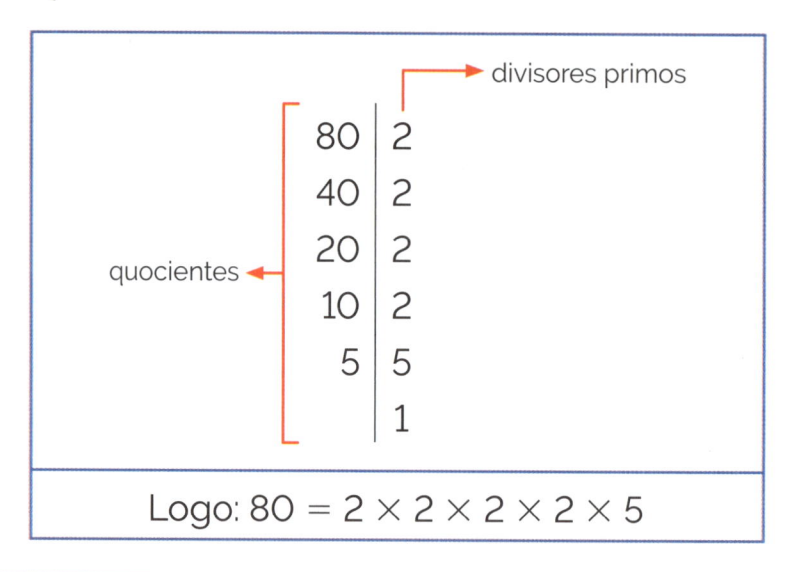

quocientes →
80	2	← divisores primos
40	2	
20	2	
10	2	
5	5	
1		

Logo: $80 = 2 \times 2 \times 2 \times 2 \times 5$

Quando um número aparece mais de uma vez na fatoração, podemos representá-lo uma única vez indicando o número de vezes que aparece, por exemplo: $2 \times 2 \times 2 = 2^3$. Lemos 2 **elevado a** 3.

Então, $80 = 2 \times 2 \times 2 \times 2 \times 5$ ou $80 = 2^4 \times 5$.

Acompanhe a decomposição em fatores primos do número 132:

132	2
66	2
33	3
11	11
1	

$132 = 2 \times 2 \times 3 \times 11 = 2^2 \times 3 \times 11$

ATIVIDADES

1 Faça a decomposição em fatores primos de cada número a seguir, como no exemplo.

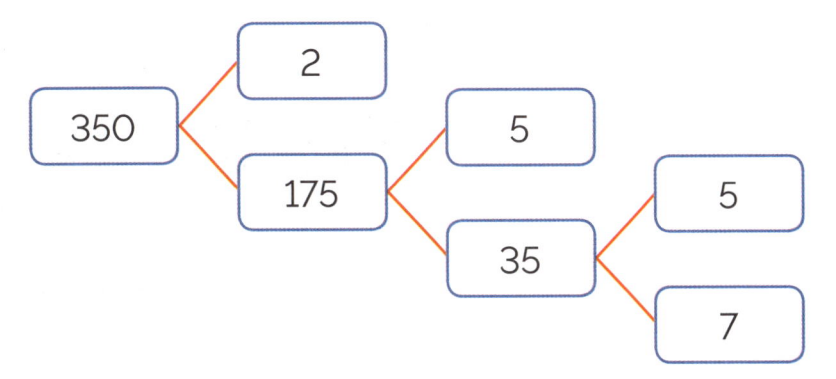

$350 = 2 \times 5^2 \times 7$

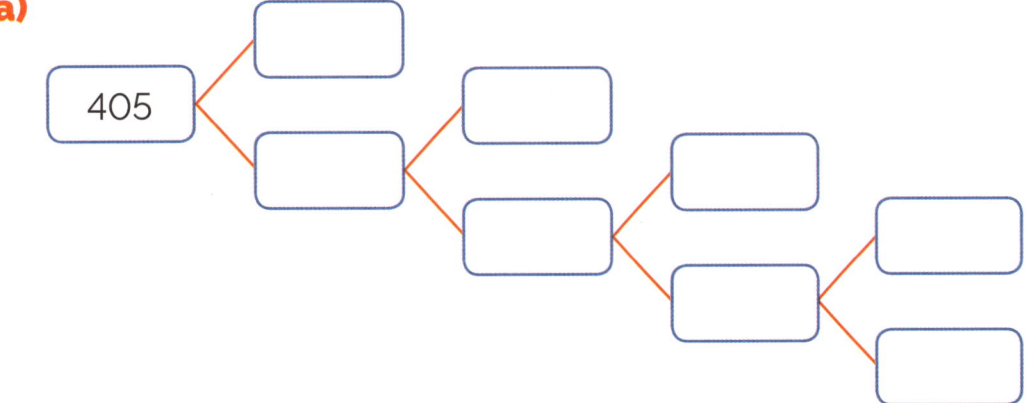

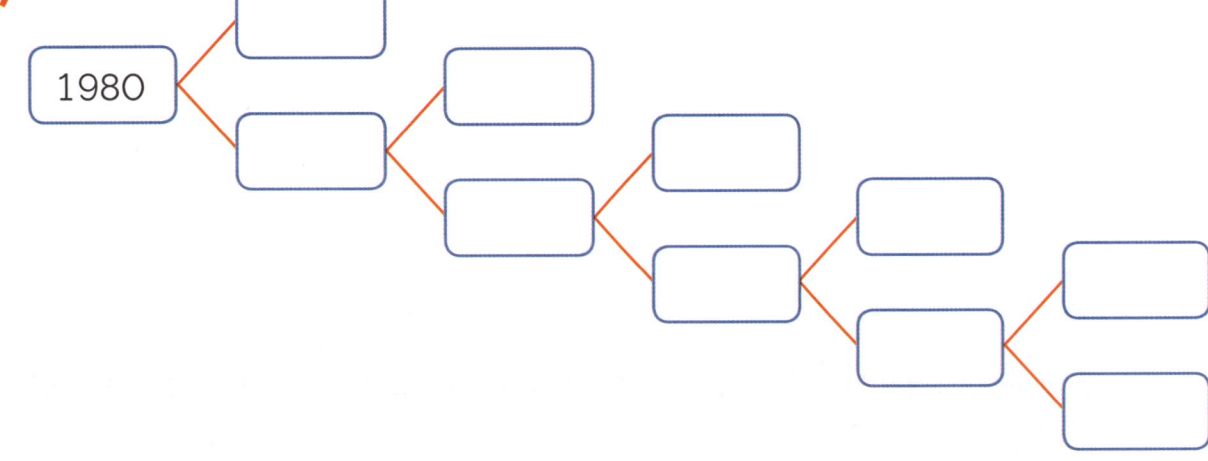

a) 405

_____

b) 1980

_____

Máximo divisor comum

Em uma escola, estão matriculados 48 alunos no 5º ano e 54 no 6º ano. O professor de Educação Física quer organizar os alunos desses dois anos para uma gincana.

Ele quer formar grupos com o mesmo número de integrantes e com o maior número possível de alunos por grupo, mas sem misturar os do 5º com os do 6º ano.

Quantos alunos o professor deve colocar em cada grupo e quantos grupos serão formados no 5º ano e no 6º ano?

Para resolver esse problema, devemos encontrar o maior número que pode dividir 48 e 54, ou seja, precisamos calcular o **máximo divisor comum** de 48 e 54.

> **Máximo divisor comum** é o **maior dos divisores comuns** de dois ou mais números. Usamos a abreviatura **mdc** para representá-lo.

Podemos calcular o mdc de dois ou mais números utilizando:
- decomposição em fatores primos (fatoração);
- divisões sucessivas.

Decomposição em fatores primos

Vamos encontrar o mdc de 48 e 54 decompondo esses números em fatores primos:

48	2		54	2
24	2		27	3
12	2		9	3
6	2		3	3
3	3		1	

> Na decomposição dos números, devemos considerar os fatores primos comuns (que aparecem na mesma quantidade nas duas fatorações) e multiplicá-los para encontrar o mdc.

Entre os números 48 e 54, os fatores primos comuns são 2 e 3, então o mdc de 48 e 54 é 2 × 3 = 6.

$$\text{mdc}(48, 54) = 6$$

Está resolvido o problema: o professor deve montar grupos com 6 alunos; 8 grupos com alunos do 5º ano (48 ÷ 6 = 8) e 9 grupos com alunos do 6º ano (54 ÷ 6 = 9).

Observe mais um exemplo:

Qual é o mdc de 36 e 90?

36	2		90	2
18	2		45	3
9	3		15	3
3	3		5	5
1			1	

Neste caso, o número 2 aparece duas vezes na primeira fatoração e uma vez na segunda, e o número 3 aparece duas vezes em cada fatoração.

Portanto, os fatores primos comuns são 2, 3 e 3. Então, o mdc de 36 e 90 é 2 × 3 × 3 = 18.

mdc (36, 90) = 18

Divisões sucessivas

Agora, veja como determinar o máximo divisor comum por divisões sucessivas.

- Dividimos o número maior pelo menor. Se a divisão for exata, o mdc será o número menor.
- Se a divisão não for exata, divide-se o menor pelo resto, que passa a ser divisor, e assim sucessivamente, até que se chegue a uma divisão exata. O último divisor será o mdc.

	quociente	
dividendo	divisor	
resto		

Exemplo:

Vamos determinar o mdc de 153 e 69.

	2	4	1	2	
153	69	15	9	3	→ mdc
	15	9	6	3	

Logo, mdc (153, 69) = 3.

ATIVIDADES

1) Determine o mdc dos números a seguir pelo método das divisões sucessivas.

a) mdc (184, 76)

b) mdc (78, 96)

2) Utilize a decomposição em fatores primos e determine o mdc em cada caso.

a) mdc (72, 108) =

72	108

b) mdc (70, 42, 28) =

70	42	28

Mínimo múltiplo comum

Em um dia de chuva, Pedro observou que o limpador de para-brisa esquerdo do ônibus estava com velocidade diferente do limpador direito.

Notou também que o limpador direito fazia um ciclo a cada 3 segundos, e o esquerdo fazia um ciclo a cada 2 segundos. Vamos estabelecer que um ciclo de cada limpador significa sair de um canto do vidro e ir para o canto oposto e depois retornar ao local de saída.

Com essa observação, Pedro pensou no problema descrito a seguir.

- Se os limpadores forem acionados ao mesmo tempo e estiverem ambos no canto direito de cada vidro, após quantos segundos eles vão tocar o canto direito novamente ao mesmo tempo?

O limpador direito ⟶ a cada 3 segundos: 0, 3, 6, 9, 12, 15, ...

O limpador esquerdo ⟶ a cada 2 segundos: 0, 2, 4, 6, 8, 10, 12, ...

Note que os números comuns às duas sequências formam o conjunto dos múltiplos de 6 ⟶ M(6) = {0, 6, 12, 18, 24, ...}

Eles tocarão o lado direito ao mesmo tempo a cada 6 segundos.

Para resolver esse problema, devemos encontrar o menor número que é múltiplo de 2 e de 3 excluindo o zero – ou seja, precisamos calcular o **mínimo múltiplo comum** de 2 e 3. Observando os resultados acima, temos que o mínimo múltiplo comum entre 2 e 3 é 6.

Logo, os dois limpadores irão tocar juntos novamente o ponto de partida após 6 segundos do acionamento.

> **Mínimo múltiplo comum** de dois ou mais números é o **menor múltiplo comum diferente de zero** dos números dados. Usamos a abreviatura **mmc** para representá-lo.

Observe este exemplo.
Qual é o mínimo múltiplo comum de 4 e 5?
- M(4) = {**0**, 4, 8, 12, 16, **20**, 24, 28, 32, 36, **40**, ...}.
- M(5) = {**0**, 5, 10, 15, **20**, 25, 30, 35, **40**, ...}.
- Múltiplos comuns de 4 e 5: {0, 20, 40, ...}.

Excluindo o zero, o menor múltiplo comum é 20.
Assim, mmc (4, 5) = 20.

ATIVIDADES

1 Escreva o conjunto dos números naturais que:

a) são múltiplos de 3; { _____ }

b) são múltiplos de 5; { _____ }

c) são múltiplos comuns de 3 e 5. { _____ }

2 Com base na atividade 1, determine o mínimo múltiplo comum dos números 3 e 5.

_____

3 Assinale os números que são múltiplos de 7:

56   35   23   42   17   15   21

4 Em um terminal, a linha de ônibus Cachoeirinha sai de 20 em 20 minutos e a linha Parada de Taipas sai de 35 em 35 minutos. Se as linhas começam a funcionar exatamente às 5 horas, qual será o próximo horário em que as duas linhas sairão juntas novamente?

_____
_____
_____
_____

Nem sempre encontramos o mínimo múltiplo comum nos primeiros múltiplos; por isso, escrever os múltiplos de todos os números envolvidos no cálculo do mmc pode ser muito trabalhoso.

Para facilitar esse trabalho, há uma técnica chamada **decomposição simultânea em fatores primos**, pela qual podemos encontrar ao mesmo tempo os fatores primos dos números envolvidos. O mmc será o produto dos fatores primos encontrados.

Observe estes exemplos.

a) Determine o mmc de 2, 4 e 8.

2, 4, 8	2	→ 2, 4 e 8 são divisíveis por 2
1, 2, 4	2	
1, 1, 2	2	
1, 1, 1		$2 \times 2 \times 2 = 8$

Logo, mmc (2, 4, 8) = 8.

b) Determine o mmc de 4, 5 e 9.

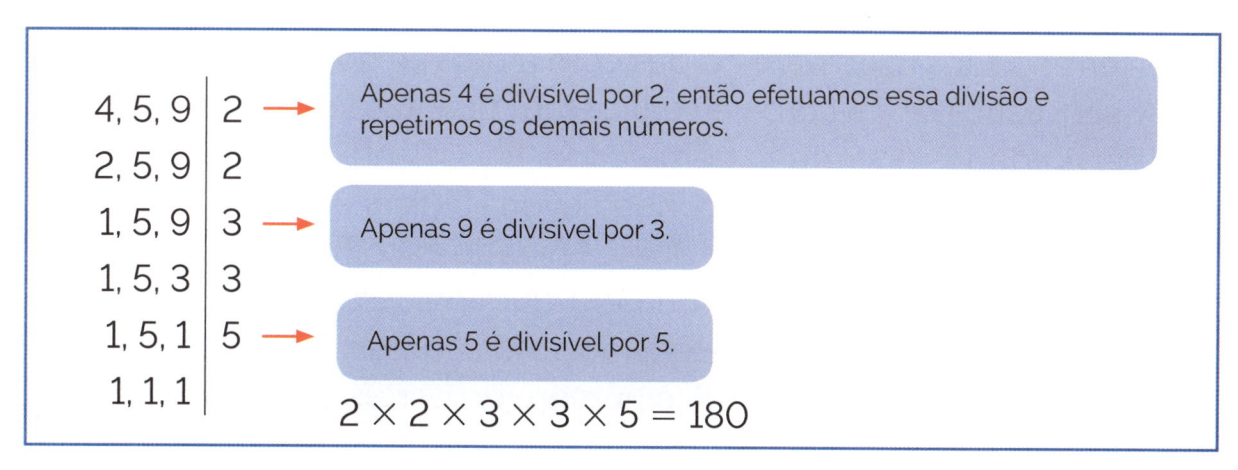

4, 5, 9	2	→ Apenas 4 é divisível por 2, então efetuamos essa divisão e repetimos os demais números.
2, 5, 9	2	
1, 5, 9	3	→ Apenas 9 é divisível por 3.
1, 5, 3	3	
1, 5, 1	5	→ Apenas 5 é divisível por 5.
1, 1, 1		$2 \times 2 \times 3 \times 3 \times 5 = 180$

Logo, mmc (4, 5, 9) = 180.

ATIVIDADES

1 Calcule o mmc dos números abaixo usando a decomposição simultânea em fatores primos. Faça os cálculos no caderno.

a) mmc (20, 15, 25) =

b) mmc (20, 30, 50) =

c) mmc (28, 48) =

d) mmc (5, 10, 15) =

UNIDADE 7

FRAÇÕES

As frações surgiram da necessidade de representar partes de um todo.

Os antigos egípcios já utilizavam números fracionários para representar medições. Tudo começou por volta do ano 3000 a.C., quando o faraó Sesóstris distribuiu terras às margens do Rio Nilo para alguns agricultores. Essas terras eram valiosas porque no mês de junho as águas do rio inundavam a região ao longo das margens e fertilizavam os campos.

Durante as cheias, as marcações das terras eram apagadas. E, em setembro, quando as águas do rio abaixavam, os egípcios remarcavam os limites de cada terreno. Eles utilizavam cordas com marcas e nós como unidade de medida. Assim, esticavam a corda e verificavam quantas vezes essa unidade estava contida nos lados do terreno demarcado. No entanto, raramente essa medição resultava em um número inteiro, que deveria indicar a repetição de quantas vezes o lado do terreno era maior que a unidade escolhida.

A solução foi inventar um número que indicasse os pedaços que sobravam ou faltavam. Esse número teria dois indicadores: um mostraria em quantas partes dividimos o todo; o outro, o número de partes que são usadas durante a medida. Assim, surgiu a fração.

> Uma fração representa uma ou algumas partes de um inteiro que foi dividido em partes iguais.

Observe as partes pintadas de cada figura a seguir e a fração que elas representam.

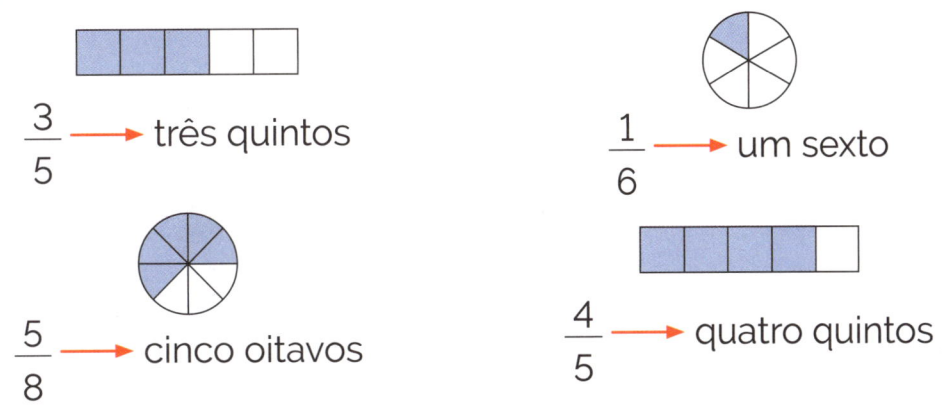

$\dfrac{3}{5}$ → três quintos

$\dfrac{1}{6}$ → um sexto

$\dfrac{5}{8}$ → cinco oitavos

$\dfrac{4}{5}$ → quatro quintos

Os termos da fração são chamados de **numerador** e **denominador**.
Exemplo:

$\dfrac{3}{5}$ → numerador
→ denominador

> O **numerador** indica quantas partes do inteiro foram tomadas.
> O **denominador** indica em quantas partes iguais o inteiro foi dividido.

Curiosidade: os egípcios só usavam frações de numerador 1.
Observe como eles as representavam:

→ $\dfrac{1}{3}$ → $\dfrac{1}{8}$ → $\dfrac{1}{20}$

Leitura de frações

A leitura de uma fração depende de seu denominador.
Quando o **denominador é menor que 10**, lemos o numerador e, em seguida, o denominador **meio** se for 2; **terço** se for 3; ou usamos os números **ordinais** se for de 4 a 9. Exemplos:

$\dfrac{1}{2}$ → um meio

$\dfrac{2}{5}$ → dois quintos

$\dfrac{1}{8}$ → um oitavo

$\dfrac{1}{3}$ → um terço

$\dfrac{1}{6}$ → um sexto

$\dfrac{5}{9}$ → cinco nonos

$\dfrac{1}{4}$ → um quarto

$\dfrac{4}{7}$ → quatro sétimos

Quando o **denominador é maior que 10**, lemos o numerador e, em seguida, o número do denominador acrescido da palavra **avos**.

Exemplos:

$\dfrac{4}{13}$ ⟶ quatro treze avos

$\dfrac{5}{25}$ ⟶ cinco vinte e cinco avos

$\dfrac{7}{30}$ ⟶ sete trinta avos

Quando o **denominador é 10**, **100** ou **1000**, lemos o numerador e acrescentamos a palavra **décimo**, **centésimo** ou **milésimo**, respectivamente.

$\dfrac{3}{10}$ ⟶ três décimos

$\dfrac{2}{100}$ ⟶ dois centésimos

$\dfrac{7}{1000}$ ⟶ sete milésimos

Atenção!
- O denominador nunca pode ser zero (0).
- Numa fração, quando o numerador e o denominador forem iguais, a fração será igual a 1 inteiro.

Exemplos:

$\dfrac{5}{5} = 1$ ⟶ um inteiro

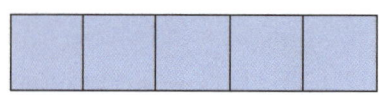

$\dfrac{7}{7} = 1$ ⟶ um inteiro

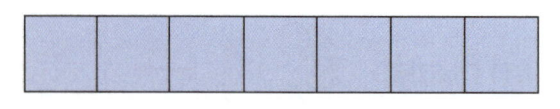

ATIVIDADES

1 Observe cada figura a seguir e indique no quadro a fração representada pela parte colorida e a fração representada pela parte não colorida. Depois, escreva como se lê cada fração indicada. Veja o modelo.

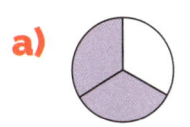

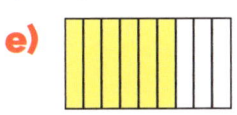

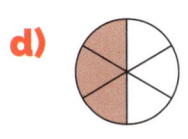

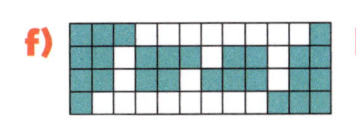

a) b) c) d) e) f) g) h)

Figura	Fração que representa a parte		Como se lê a parte	
	colorida	não colorida	colorida	não colorida
a)	$\dfrac{2}{3}$	$\dfrac{1}{3}$	dois terços	um terço
b)				
c)				
d)				
e)				
f)				
g)				
h)				

2 Escreva uma fração para representar cada situação a seguir.

a) Trabalho 5 dos 7 dias da semana. _____

b) A conta do restaurante foi 150 reais, dos quais paguei 50 reais. _____

c) Dos 12 meses do ano, passo 2 em férias. _____

d) Comi 4 dos 6 pedaços de *pizza*. _____

e) Dos 8 filhos de D. Margarida, 3 são homens. _____

f) Das 24 horas do dia, passo 9 horas no trabalho. _____

g) Da caixa com 16 bombons, comi 5. _____

h) Das 52 pessoas convidadas para uma confraternização, apenas 38 compareceram. _____

3 Observe a imagem dos dentes da segunda dentição e escreva a fração correspondente a cada tipo de dente.

incisivos: _____

caninos: _____

pré-molares: _____

molares: _____

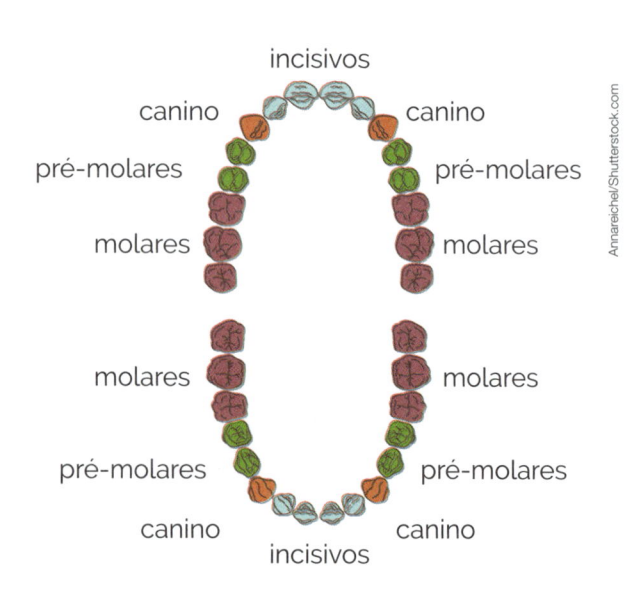

PESQUISANDO

1 Nas receitas culinárias, é comum serem usadas frações para determinar a quantidade dos ingredientes.

Procure em sua casa a receita de um alimento de que você goste muito e na qual haja frações. Traga a receita para a sala de aula e converse com o professor e os colegas sobre o que essas frações significam. Juntem as receitas e montem um livro.

Frações de um número

Em uma receita de bolo, é utilizada a quarta parte de 1 litro de leite. Se 1 litro equivale a 1 000 mililitros, quantos mililitros de leite são usados nessa receita?

quarta parte = $\frac{1}{4}$

$\frac{1}{4}$ de 1000 mililitros

$1000 \div 4 = 250$

$250 \times 1 = 250$ mililitros

Nessa receita, são usados 250 mililitros de leite.

> Para calcular a fração de um número inteiro, basta dividir o número pelo denominador da fração e multiplicar o quociente obtido pelo numerador.

Exemplo:

Quanto é $\frac{2}{5}$ de 20?

Dividimos o total pelo denominador: $20 \div 5 = 4$.

Multiplicamos o resultado pelo numerador: $4 \times 2 = 8$.

$\frac{2}{5}$ de 20 = 8

ATIVIDADES

1 Calcule a fração de cada número no caderno e anote os resultados a seguir.

a) $\frac{3}{4}$ de 320 mL = _____

b) $\frac{1}{5}$ de 1 000 g = _____

c) $\frac{2}{8}$ de 192 reais = _____

d) $\frac{3}{5}$ de 30 dias = _____

e) $\frac{4}{6}$ de 816 páginas = _____

f) $\frac{4}{7}$ de 560 km = _____

2 Pinte a quantidade de quadradinhos nas colunas ao lado, de acordo com as instruções.

a) coluna A: $\frac{2}{3}$ de 18

b) coluna B: $\frac{4}{6}$ do que foi pintado na coluna A

c) coluna C: $\frac{1}{2}$ do que foi pintado na coluna B

d) coluna D: $\frac{6}{6}$ de 18

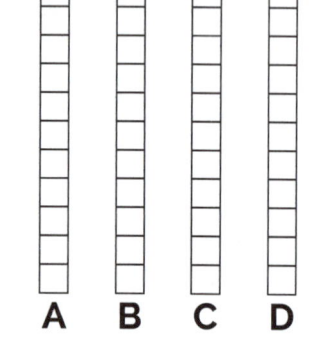

A   B   C   D

3 Cada jogo de carimbos contém 12 unidades. Responda:

a) $\frac{3}{4}$ de um jogo corresponde a mais de 1 jogo ou a menos de 1 jogo de carimbos? A quantos carimbos essa fração corresponde?

_____

b) $\frac{9}{4}$ de um jogo corresponde a mais de 1 jogo ou a menos de 1 jogo de carimbos? A quantos carimbos essa fração corresponde?

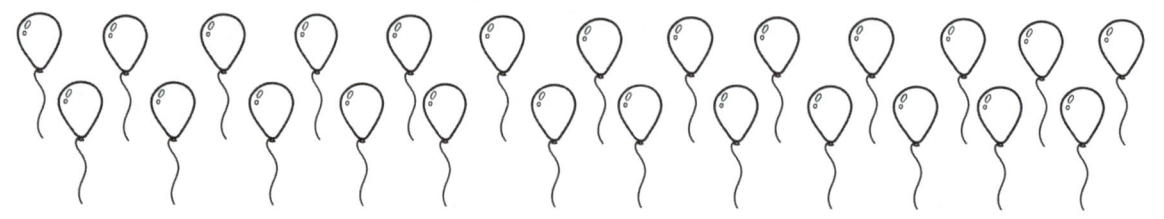

_____

4 Observe os balões a seguir.

a) Pinte $\frac{3}{5}$ deles de amarelo e, depois, metade do restante de azul. Quantos balões foram pintados de azul?

_____

b) Escreva a fração que representa, do total de balões, aqueles que não foram pintados.

_____

PROBLEMAS

1) O período da prova de um concurso é de 6 horas. Lurdes fez a prova em $\frac{2}{3}$ desse tempo e Cláudio fez em $\frac{4}{6}$ do tempo. Quem fez a prova mais rápido?

_____

2) Um pacote de 12 cadernos custa 60 reais. Qual deve ser o preço de $\frac{3}{6}$ desse pacote? Compare sua resolução com a de um colega.

_____

3) Elisa aproveitou uma liquidação e comprou uma blusa de 104 reais por $\frac{3}{4}$ do preço. Ela pagou com uma cédula de 100 reais. Quanto Elisa recebeu de troco?

_____

4) Em uma receita, são utilizados: meio quilograma de farinha de trigo, um quarto de um tablete de manteiga de 500 gramas e dois quintos de um queijo de 600 gramas.

a) Quantos gramas de cada ingrediente são usados?

_____

b) Para obter maior rendimento, o cozinheiro utilizou o dobro da quantidade de cada ingrediente. Nesse caso, quantos gramas de cada ingrediente foram utilizados?

_____

Tipos de frações

De acordo com o valor do numerador e do denominador, as frações são classificadas em:
- próprias;
- impróprias;
- aparentes.

Fração própria é aquela cujo numerador é menor que o denominador.

Exemplos:

$\dfrac{4}{7}$ 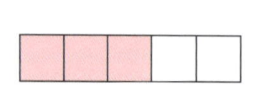 $\qquad$ $\dfrac{3}{5}$ 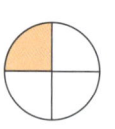 $\qquad$ $\dfrac{1}{4}$

Fração imprópria é aquela cujo numerador é maior que o denominador.

Exemplos:

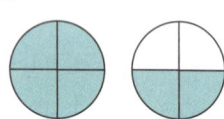

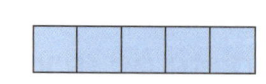

$\dfrac{4}{4} + \dfrac{2}{4} = \dfrac{6}{4}$ 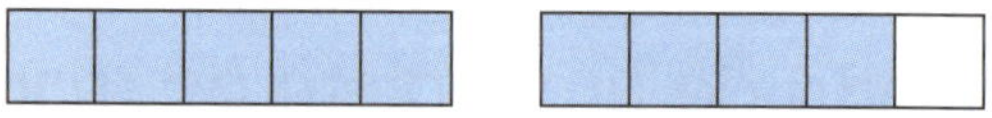 $\qquad$ $\dfrac{5}{5} + \dfrac{4}{5} = \dfrac{9}{5}$

Fração aparente é aquela cujo numerador é divisível pelo denominador.

Exemplos:

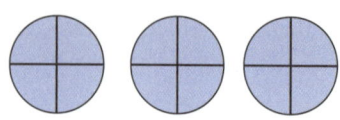

$\dfrac{4}{4} + \dfrac{4}{4} + \dfrac{4}{4} = \dfrac{12}{4} = 3$ → 3 inteiros $\qquad$ $\dfrac{5}{5} + \dfrac{5}{5} = \dfrac{10}{5} = 2$ → 2 inteiros

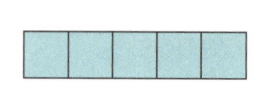

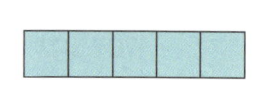

Observe estes outros exemplos de frações aparentes.

- 1 inteiro → $\dfrac{4}{4} = 1$ (4 é múltiplo de 4)

- 2 inteiros → $\dfrac{6}{3} = 1$ (6 é múltiplo de 3)

As frações aparentes são frações impróprias.

Atenção!

- Todo número natural pode ser representado em forma de fração.

    Exemplo: $8 = \dfrac{8}{1}$

- Se uma fração tiver como numerador o zero, seu valor será zero.

    Exemplo: $\dfrac{0}{5} = 0$

- Frações como $\dfrac{2}{0}$ e $\dfrac{3}{0}$ são impossíveis porque não há divisão por zero.

SAIBA MAIS

As frações também são aplicadas na música. Por volta de cinco séculos antes de Cristo, já se sabia que o som gerado pela vibração de uma corda dependia de seu comprimento. Com base nisso, foram sendo desenvolvidas várias relações entre a Matemática e a Música. Uma dessas associações mostra que para certo comprimento de corda, produz-se a nota **dó**. Com $\dfrac{6}{5}$ desse comprimento, emite-se a nota **lá**. Com $\dfrac{4}{3}$, tem-se a nota **sol**. E com $\dfrac{3}{2}$, a nota **fá**.

ATIVIDADES

1 No quadro, marque um **X** na coluna que representa o tipo correto de fração.

Fração	Própria	Imprópria	Aparente
$\dfrac{4}{9}$			
$\dfrac{3}{2}$			
$\dfrac{343}{7}$			

2 Nos itens a seguir, escreva **V** nas sentenças verdadeiras e **F** nas falsas.

☐ Toda fração imprópria é aparente.

☐ Fração imprópria é aquela cujo numerador é menor que o denominador.

☐ Fração própria é aquela cujo numerador é menor que o denominador.

3 Represente as frações abaixo e classifique-as em aparentes, impróprias ou próprias.

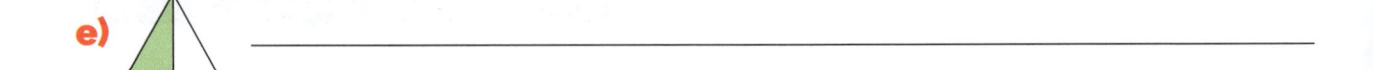

a) _____

b) _____

c) _____

d) _____

e) _____

Números mistos

Toda fração imprópria que não é aparente é maior que a unidade e pode ser transformada em uma parte inteira e uma parte fracionária.

Exemplos:

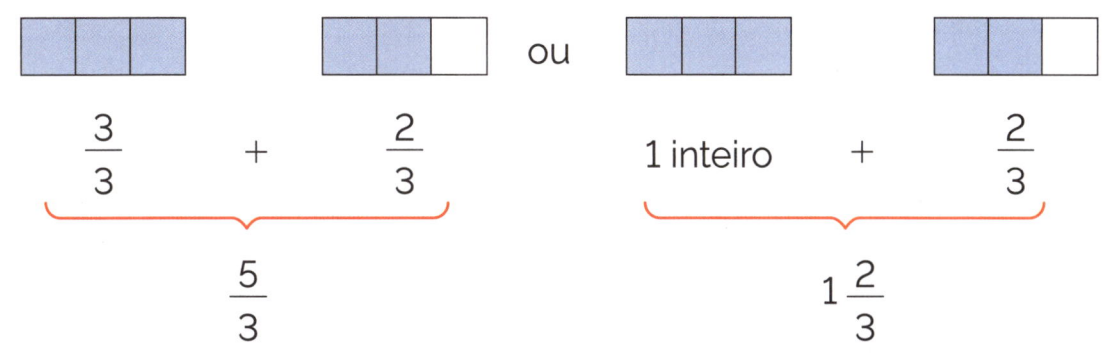

$$\underbrace{\frac{3}{3} + \frac{2}{3}}_{\frac{5}{3}} \quad \text{ou} \quad \underbrace{1 \text{ inteiro} + \frac{2}{3}}_{1\frac{2}{3}}$$

Lê-se: um inteiro e dois terços.

Logo: $\frac{5}{3} = 1\frac{2}{3}$ → número misto.

Número misto é o número formado por uma parte inteira e uma parte fracionária.

Exemplos: $3\frac{1}{4}$ e $5\frac{1}{3}$ são números mistos porque são formados por uma parte inteira e uma parte fracionária.

Para transformar uma **fração imprópria em número misto**, divide-se o numerador pelo denominador. O quociente será a parte inteira e o resto será o numerador de uma nova fração, que terá o mesmo denominador que a fração imprópria.

Exemplo:

$$\underbrace{\frac{5}{5} + \frac{2}{5}}_{\frac{7}{5} = 1\frac{2}{5}}$$

numerador da fração restante ← 2   7 | 5   → denominador
                                   1   → parte inteira

Os números mistos podem ser transformados em frações impróprias. Para transformar um **número misto em fração imprópria**, multiplica-se o inteiro pelo denominador e soma-se o resultado ao numerador. Dessa forma, é encontrado o numerador da nova fração e deve ser conservado o mesmo denominador.

Exemplo:

$3\dfrac{1}{5} = \dfrac{16}{5}$ ⟶ numerador: $3 \times 5 + 1 = 16$
⟶ denominador: permanece o mesmo

ATIVIDADES

1) Complete as frases a seguir.

a) Frações impróprias podem ser transformadas em _____.

b) O número formado por uma parte inteira e uma parte fracionária é chamado _____.

c) A fração imprópria $\dfrac{61}{7}$ pode ser representada pelo número misto _____.

2) Complete o quadro com números mistos e frações impróprias.

Número misto	Fração imprópria
$19\dfrac{2}{3}$	
	$\dfrac{29}{7}$
$1\dfrac{3}{14}$	
	$\dfrac{43}{8}$

3 Observe cada grupo de figuras e escreva ao lado deles o número misto e a fração imprópria correspondente.

a) _____

b) _____

4 Represente a fração a seguir com desenhos.

$3\frac{3}{4}$

Frações equivalentes

Frações equivalentes são as frações que representam a mesma parte do inteiro considerado.

Observe:

$\frac{1}{2}$ $\frac{2}{4}$

Ao observar as figuras, percebemos que são inteiros de mesmo tamanho, portanto, a fração $\frac{1}{2}$ equivale à fração $\frac{2}{4}$, pois as partes coloridas representam a mesma parte do inteiro.

Assim, $\frac{1}{2}$ e $\frac{2}{4}$ são **frações equivalentes**. Indicamos essa relação com o sinal de igual (=) ⟶ $\frac{1}{2} = \frac{2}{4}$, já que as frações indicam partes iguais de um mesmo inteiro.

Para obter frações equivalentes, basta multiplicar ou dividir o numerador e o denominador de uma fração por um mesmo número que não seja zero.

- $\dfrac{4}{5} = \dfrac{8}{10}$ (×2) ⟶ $\dfrac{4}{5}$ e $\dfrac{8}{10}$ são frações equivalentes

- $\dfrac{6}{12} = \dfrac{2}{4}$ (÷3) ⟶ $\dfrac{6}{12}$ e $\dfrac{2}{4}$ são frações equivalentes

ATIVIDADES

1 Escreva a fração que representa a parte colorida de cada inteiro a seguir. Depois, pinte partes do segundo inteiro de forma que represente uma fração equivalente à primeira e registre-a.

a)

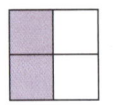

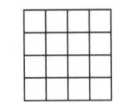

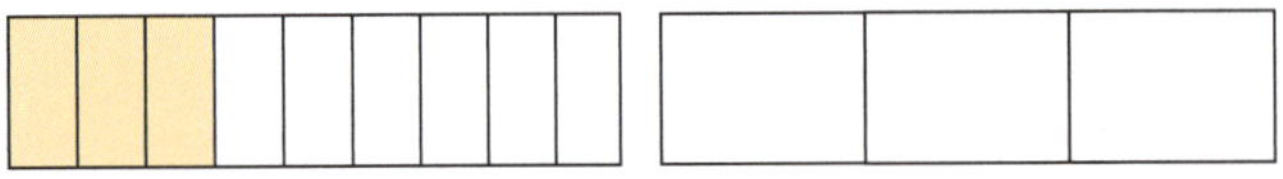

c)

b)

2 Complete os elementos que faltam no esquema para tornar a igualdade verdadeira.

a) $\dfrac{4}{9} =$ _____ (×3)

b) $\dfrac{637}{147} =$ _____ (÷7)

c) $\dfrac{55}{105} =$ _____ (÷5)

3 Complete as fichas do jogo da memória de modo que formem pares de frações equivalentes.

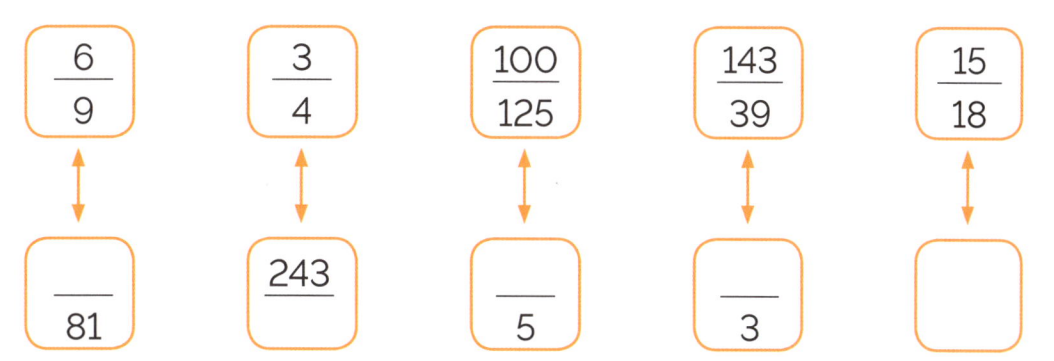

| $\frac{6}{9}$ | $\frac{3}{4}$ | $\frac{100}{125}$ | $\frac{143}{39}$ | $\frac{15}{18}$ |

↕ ↕ ↕ ↕ ↕

| $\frac{}{81}$ | $\frac{243}{}$ | $\frac{}{5}$ | $\frac{}{3}$ | |

PROBLEMAS

1 Em uma praça, $\frac{2}{7}$ da pista de corrida correspondem a 80 metros. Qual é o comprimento da pista?

_____

2 Em um pomar, foram colhidas 1200 frutas, o que corresponde a $\frac{3}{4}$ do total de frutas.

a) Quantas frutas havia no pomar antes da colheita?

_____

b) Complete o quadro a seguir.

Fração das frutas colhidas	$\frac{1}{4}$	$\frac{2}{4}$	$\frac{3}{4}$	$\frac{4}{4}$
Quantidade correspondente			1200	

Simplificação de frações

Simplificar uma fração significa obter uma fração equivalente com **termos cujos valores sejam menores**.

Para simplificar uma fração, basta dividir o numerador e o denominador por um divisor comum diferente de zero e maior que 1.

Exemplos:

- $\dfrac{6}{8} \longrightarrow \dfrac{6}{8} = \dfrac{3}{4}$ (÷2)

- $\dfrac{6}{12} \longrightarrow \dfrac{6}{12} = \dfrac{3}{6} = \dfrac{1}{2}$ (÷2, ÷3)

> Quando uma fração não admite mais simplificação, ela é chamada de **irredutível**.

Nos exemplos acima, $\dfrac{3}{4}$ e $\dfrac{1}{2}$ são frações irredutíveis porque não podem ser mais simplificadas.

Veja mais um exemplo de simplificação de frações.

$$\dfrac{48}{84} = \dfrac{24}{42} = \dfrac{12}{21} = \dfrac{4}{7}$$

(÷2, ÷2, ÷3)

Podemos também simplificar as frações dividindo seus termos (numerador e denominador) uma única vez pelo m.d.c.

Vamos simplificar a fração $\dfrac{48}{84}$ pelo m.d.c.?

Fazemos assim:

	1	1	3
84	48	36	12
36	12	0	

m.d.c.(48,84) = 12

Logo, $\dfrac{48}{84} = \dfrac{4}{7}$ (÷12)

ATIVIDADES

1) Simplifique as frações até obter uma fração irredutível.

a) $\dfrac{204}{244} \longrightarrow$ _____

b) $\dfrac{99}{135} \longrightarrow$ _____

c) $\dfrac{4}{29} \longrightarrow$ _____

d) $\dfrac{42}{252} \longrightarrow$ _____

2) Complete as sentenças para torná-las verdadeiras.

a) A fração $\dfrac{5}{41}$ é _____, porque não é possível _____.

b) As frações $\dfrac{20}{30}$ e $\dfrac{4}{6}$ são _____, porque simplificando cada uma delas chegamos à mesma fração irredutível: _____.

3) Simplifique as frações usando o máximo divisor comum.

a) $\dfrac{15}{50}$

m.d.c. (15, 50) = ___

$\dfrac{15}{50} = $ ___

b) $\dfrac{80}{26}$

m.d.c. (80, 26) = ___

$\dfrac{80}{26} = $ ___

c) $\dfrac{30}{80}$

m.d.c. (30, 80) = ___

$\dfrac{30}{80} = $ ___

d) $\dfrac{196}{28}$

m.d.c. (196, 28) = ___

$\dfrac{196}{28} = $ ___

e) $\dfrac{98}{42}$

m.d.c. (98, 42) = ___

$\dfrac{98}{42} = $ ___

f) $\dfrac{70}{90}$

m.d.c. (70, 90) = ___

$\dfrac{70}{90} = $ ___

BRINCANDO

1 Reúna-se com três colegas, tire cópia das cartas a seguir e recorte-as. Seguindo as mesmas regras do "jogo da memória", associe cada fração redutível à imagem de sua fração irredutível.

Bom jogo!

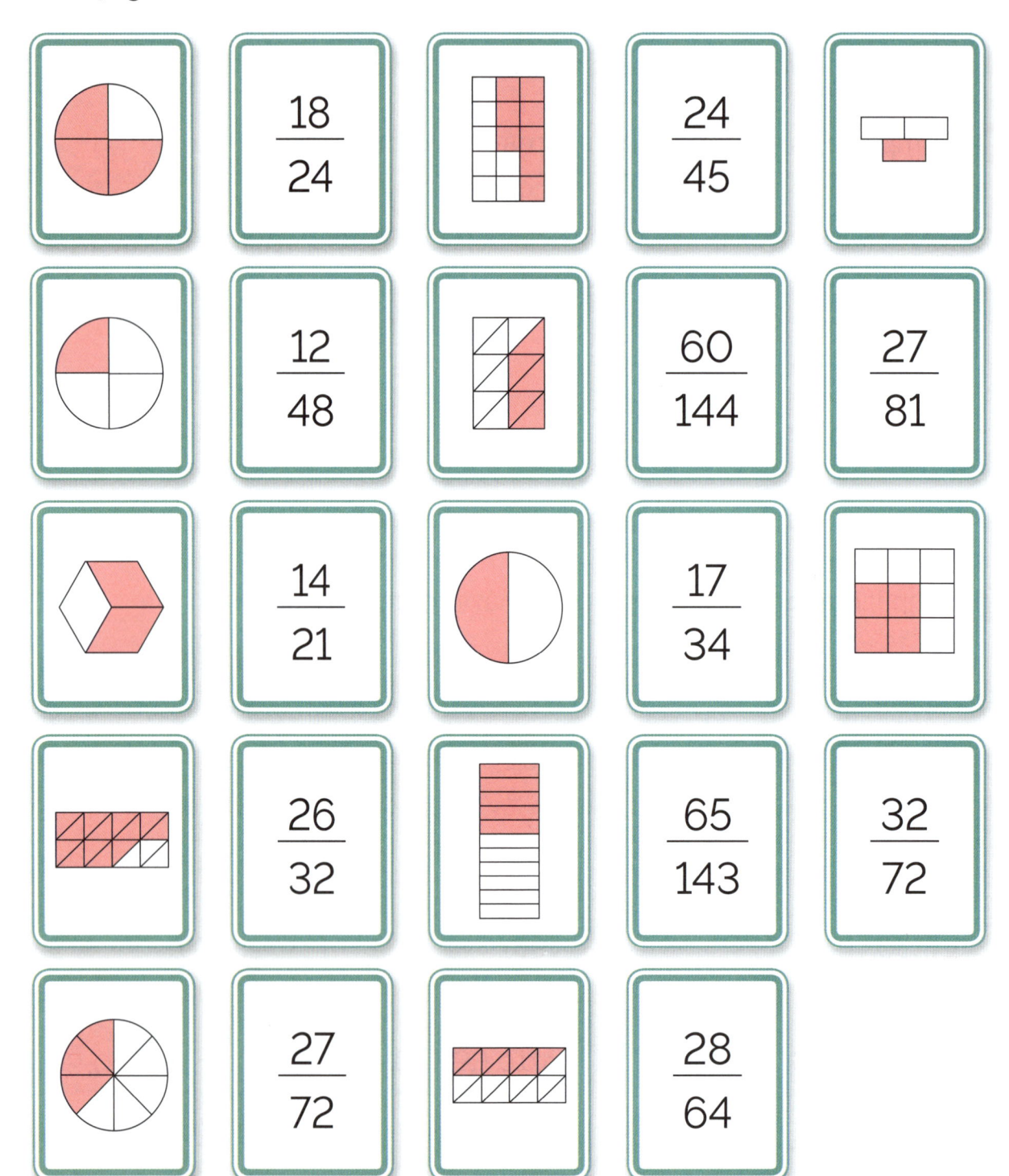

$\dfrac{18}{24}$

$\dfrac{24}{45}$

$\dfrac{12}{48}$

$\dfrac{60}{144}$

$\dfrac{27}{81}$

$\dfrac{14}{21}$

$\dfrac{17}{34}$

$\dfrac{26}{32}$

$\dfrac{65}{143}$

$\dfrac{32}{72}$

$\dfrac{27}{72}$

$\dfrac{28}{64}$

Comparação de frações

Observe as frações a seguir.

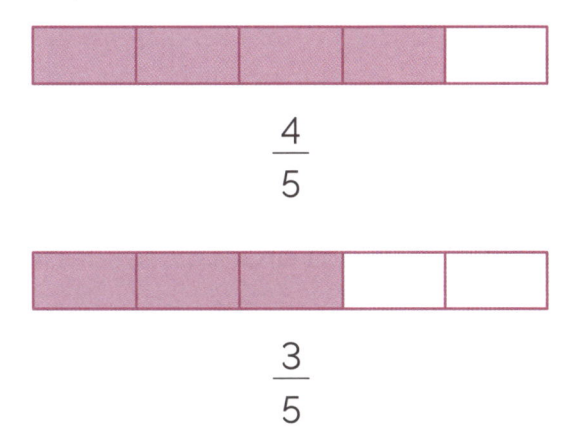

$\dfrac{4}{5}$

$\dfrac{3}{5}$

Essas frações têm o mesmo denominador, mas observe que $\dfrac{4}{5}$ é maior que $\dfrac{3}{5}$ ⟶ $\dfrac{4}{5} > \dfrac{3}{5}$.

> Quando duas frações têm **denominadores iguais**, a fração maior é aquela que tem **maior numerador**.

Observe agora estas outras frações.

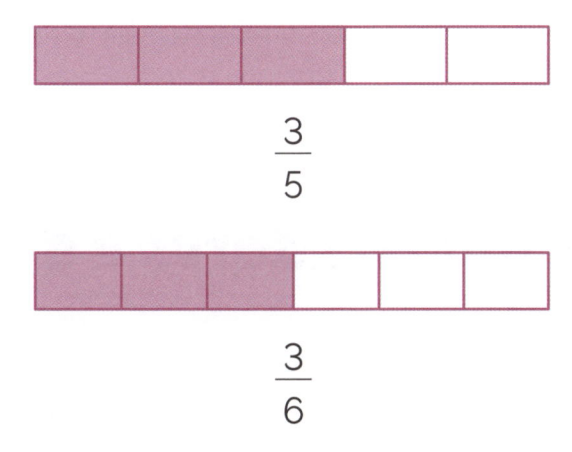

$\dfrac{3}{5}$

$\dfrac{3}{6}$

Note que elas têm os numeradores iguais.

> Quando duas frações têm **numeradores iguais**, a fração maior é aquela que tem **menor denominador**.

Assim, $\dfrac{3}{5} > \dfrac{3}{6}$.

ATIVIDADES

1 Compare as frações utilizando os sinais > (é maior que), < (é menor que) ou = (é igual a).

a) $\dfrac{3}{4}$ _____ $\dfrac{2}{4}$

b) $\dfrac{5}{6}$ _____ $\dfrac{10}{12}$

c) $\dfrac{3}{7}$ _____ $\dfrac{3}{5}$

2 Coloque as frações a seguir em ordem crescente utilizando o sinal <.

$$\dfrac{34}{9} \qquad \dfrac{34}{6} \qquad \dfrac{34}{16} \qquad \dfrac{34}{2} \qquad \dfrac{34}{8}$$

___

DESAFIO

1 Represente as frações a seguir na reta numérica.

Dica: Transforme as frações impróprias em números mistos.

$\dfrac{14}{10} \quad \dfrac{9}{10} \quad \dfrac{26}{10}$

$\dfrac{3}{10} \quad \dfrac{32}{10} \quad \dfrac{17}{10}$

Frações com numeradores e denominadores diferentes

Qual é a maior fração: $\dfrac{3}{4}$ ou $\dfrac{5}{6}$?

Para comparar frações com numeradores e denominadores diferentes, temos de encontrar frações equivalentes às frações dadas que tenham o mesmo denominador.

Vamos multiplicar os numeradores e os denominadores das frações por 2, 3, 4 e 5 para encontrar algumas frações equivalentes:

$\dfrac{3}{4} \longrightarrow \dfrac{6}{8}, \dfrac{9}{12}, \dfrac{12}{16}, \dfrac{3}{4}, \dfrac{15}{20}$

$\dfrac{5}{6} \longrightarrow \dfrac{10}{12}, \dfrac{15}{18}, \dfrac{20}{24}, \dfrac{3}{4}, \dfrac{25}{30}$

Observe que determinamos frações equivalentes com o mesmo denominador.

$$\frac{3}{4} = \frac{9}{12} \qquad \frac{5}{6} = \frac{10}{12} \longrightarrow \frac{9}{12} < \frac{10}{12} \qquad \text{Portanto, } \frac{3}{4} < \frac{5}{6}.$$

Você pode encontrar diretamente as frações equivalentes às frações dadas com mesmo denominador. Veja como fazemos.

1. Calculamos o **mínimo múltiplo comum** dos denominadores.

$$\frac{3}{4} \text{ e } \frac{5}{6}$$

4, 6	2
2, 3	2
1, 3	3
1, 1	$2 \times 2 \times 3 = 12$

m.m.c. (4, 6) = 12 ⟶ denominador comum

2. Dividimos o denominador comum pelo denominador da fração dada e multiplicamos o resultado pelo numerador dessa fração, chegando à fração equivalente.

$$\times \underset{=2}{\overset{=}{\frac{3}{4} \quad \frac{9}{12}}} \qquad \times \underset{=2}{\overset{=}{\frac{5}{6} \quad \frac{10}{12}}}$$

ATIVIDADES

1 Escreva **V** (verdadeiro) ou **F** (falso) nas comparações de frações a seguir.

a) ☐ $\dfrac{6}{7} > \dfrac{8}{15}$

b) ☐ $\dfrac{18}{4} = \dfrac{36}{5}$

c) ☐ $\dfrac{4}{3} > \dfrac{3}{9}$

UNIDADE 8
OPERAÇÕES COM FRAÇÕES

Adição de frações

Na adição de frações devemos considerar dois casos, descritos a seguir.

1º caso – Adição de frações com mesmo denominador

Thalita vai pintar um painel.

Para organizar o trabalho, ela resolveu dividi-lo em seis partes iguais. No primeiro dia, ela pintou uma parte do painel, ou seja, pintou $\frac{1}{6}$ dele. No segundo, pintou três partes do painel, ou seja, pintou $\frac{3}{6}$.

Quanto Thalita pintou do painel nesses dois dias?

Para responder a essa pergunta, devemos calcular:

$\frac{1}{6} + \frac{3}{6} = \frac{4}{6}$ → soma dos numeradores
→ mesmo denominador

Logo, Thalita já pintou $\frac{4}{6}$ do painel.

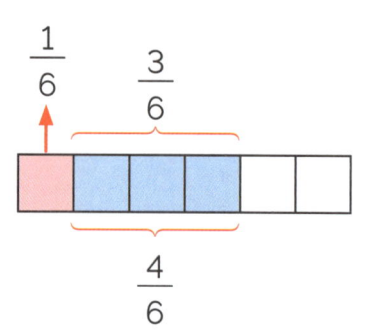

Somamos os numeradores e conservamos o denominador para adicionar frações de mesmo denominador.

Observe outro exemplo.

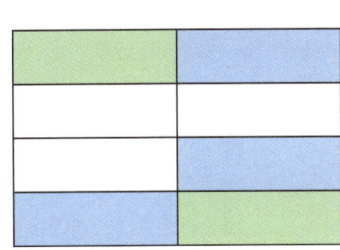

Que fração indica a parte colorida no retângulo?

verde: $\dfrac{2}{8}$ azul: $\dfrac{3}{8}$

$\dfrac{2}{8} + \dfrac{3}{8} = \dfrac{5}{8}$

ATIVIDADES

1 Represente com frações as partes coloridas e depois efetue a adição.

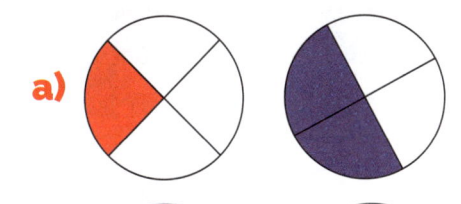

a) _____

b) _____

c) _____

2 Complete as adições com os termos que faltam.

a) $\dfrac{4}{9} + \dfrac{5}{9} = \underline{} = 1$

b) $\dfrac{11}{2} + \underline{} = \dfrac{14}{2} = 7$

c) $\underline{} + \dfrac{5}{6} = \dfrac{8}{6}$

d) $\dfrac{12}{10} + \underline{} = \dfrac{17}{10}$

e) $\underline{} + \underline{}$ ou $\dfrac{0}{5} + \underline{} = \dfrac{2}{5}$

3 Que fração adicionada a $\dfrac{3}{15}$ resulta $\dfrac{10}{15}$?

_____

4 Torne verdadeiras as sentenças abaixo completando-as com o numerador correto.

a) $\dfrac{5}{4} + \dfrac{}{4} = \dfrac{9}{4}$

b) $\dfrac{2}{7} + \dfrac{}{7} = \dfrac{5}{7}$

c) $\dfrac{1}{8} + \dfrac{}{8} = \dfrac{6}{8}$

d) $\dfrac{6}{3} + \dfrac{}{3} = \dfrac{9}{3}$

5 Observe a figura e faça o que se pede.

a) Qual fração representa os quadrados pintados de azul em relação à figura? _____

b) Escreva a adição que representa a soma das partes pintadas de vermelho com as partes pintadas de amarelo.

_____

c) Qual é a fração que representa a adição das partes verdes com as brancas e cinzas? _____

DESAFIO

1 Jonas tem de ler um livro e achou que para facilitar a leitura deveria dividir o número de páginas em 12 partes iguais e ler cada parte em um dia. Na semana passada ele dedicou três dias à leitura e nesta semana, cinco dias.

a) Quanto Jonas leu do livro até agora? _____

b) Quanto falta para Jonas ler o livro? _____

c) Se o livro tem 576 páginas, quantas páginas Jonas leu até o momento?

_____

2º caso – Adição de frações com denominadores diferentes

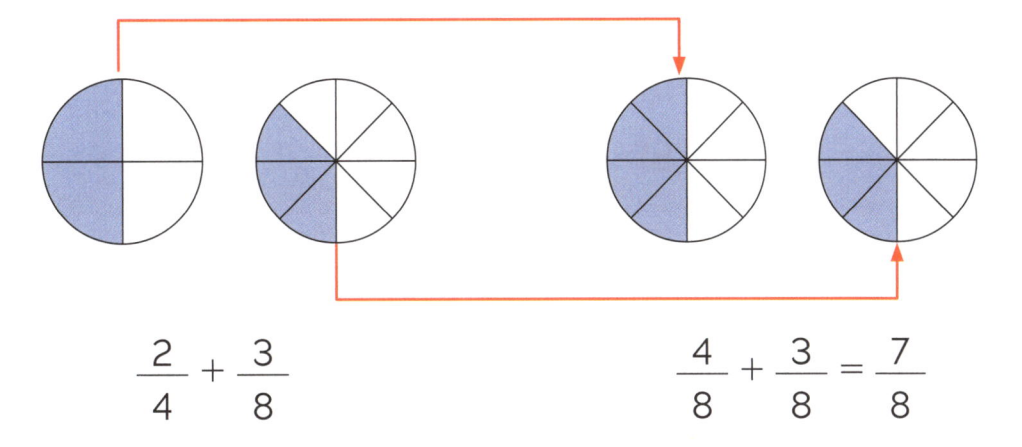

$$\frac{2}{4} + \frac{3}{8} \qquad \frac{4}{8} + \frac{3}{8} = \frac{7}{8}$$

Observe o exemplo a seguir.

Para calcular $\frac{2}{4} + \frac{3}{8}$, fazemos assim:

- Encontramos o **m.m.c.** dos denominadores **4** e **8**, que é **8**.
- Dividimos o denominador comum (8) pelo denominador de cada fração (4 e 8) e multiplicamos esses quocientes pelos respectivos numeradores. O resultado encontrado são frações equivalentes às anteriores, mas com denominadores iguais, assim, podemos somar as frações.

$$\frac{2}{4} = \frac{8 \div 4 \times 2}{8} = \frac{4}{8}$$

$$\frac{4}{8} + \frac{3}{8} = \frac{7}{8}$$

$$\frac{3}{8} = \frac{8 \div 8 \times 2}{8} = \frac{3}{8}$$

Vejamos outro exemplo.

$$\frac{3}{5} + \frac{1}{2} = \frac{6}{10} + \frac{5}{10} = \frac{5}{10}$$

10 é o denominador comum m.m.c. (5, 2) = 10

$$\times \left(\frac{3}{5} = \frac{6}{10}\right) \div \qquad \times \left(\frac{1}{2} = \frac{5}{10}\right) \div$$

Para adicionar frações com denominadores diferentes **obtemos frações equivalentes às originais que tenham o mesmo denominador** e procedemos como no 1º caso.

ATIVIDADES

1 Efetue as adições a seguir.

a) $\dfrac{3}{5} + \dfrac{5}{2} = $ _____

b) $\dfrac{4}{3} + \dfrac{3}{4} = $ _____

c) $\dfrac{2}{7} + \dfrac{1}{5} = $ _____

2 Assinale a alternativa correta em relação às afirmações a seguir.

I. $\dfrac{5}{6} + \dfrac{3}{4} + \dfrac{6}{8} = 2\dfrac{8}{24}$

III. $\dfrac{1}{5} + \dfrac{2}{4} + \dfrac{1}{8} = \dfrac{33}{40}$

II. $\dfrac{3}{2} + \dfrac{6}{4} + \dfrac{2}{3} = 3\dfrac{8}{12}$

IV. $\dfrac{2}{10} + \dfrac{1}{7} + \dfrac{2}{5} = \dfrac{26}{35}$

a) ☐ Apenas a adição **I** está correta.

b) ☐ Apenas as adições **I** e **II** estão corretas.

c) ☐ Todas as adições estão corretas.

3 Leia o texto e faça o que se pede.

A professora Gisele ficou encarregada de cuidar de alguns alunos da escola em um estudo numa aldeia indígena de Rondônia. Ficaram sob sua responsabilidade $\dfrac{4}{12}$ da turma **A** e $\dfrac{3}{12}$ da turma **B**. As turmas têm o mesmo número de alunos.

a) Pinte os quadrados das figuras a seguir para representar a quantidade de alunos da turma **A** e da turma **B** que estão com a professora Gisele.

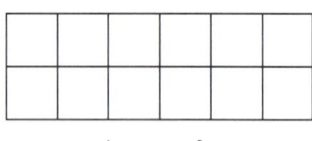

turma **A**

turma **B**

b) Observando as figuras, podemos perceber que $\dfrac{1}{3}$ equivale a $\dfrac{4}{12}$ e que $\dfrac{1}{4}$ equivale a $\dfrac{3}{12}$. Assim, $\dfrac{1}{3} + \dfrac{1}{4} = \dfrac{4}{12} + \dfrac{3}{12} = $ _____. Logo, $\dfrac{1}{3} + $ _____ $= \dfrac{7}{12}$.

Caso a adição envolva números mistos, transformamos esses números em frações impróprias e depois procedemos como no 1º ou no 2º caso.

- $1\dfrac{1}{2} + 1\dfrac{2}{3} = \dfrac{3}{2} + \dfrac{5}{3} =$

  $= \dfrac{9}{6} + \dfrac{10}{6} = \dfrac{19}{6} = 3\dfrac{1}{6}$

- $1\dfrac{1}{4} + 1\dfrac{1}{3} = \dfrac{5}{4} + \dfrac{4}{3} =$

  $= \dfrac{15}{12} + \dfrac{16}{12} = \dfrac{31}{12} = 2\dfrac{7}{12}$

ATIVIDADES

1 Efetue as adições abaixo e dê o resultado em número misto.

a) $1\dfrac{2}{4} + 1\dfrac{1}{3} =$ _____

b) $3\dfrac{1}{3} + 1\dfrac{2}{5} =$ _____

c) $1\dfrac{1}{6} + 1\dfrac{1}{3} =$ _____

d) $3\dfrac{1}{2} + 1\dfrac{2}{3} =$ _____

e) $2\dfrac{1}{3} + 1\dfrac{1}{2} =$ _____

f) $2\dfrac{1}{3} + 2\dfrac{1}{2} =$ _____

DESAFIO

1 Determine o número misto representado pelas figuras a seguir.

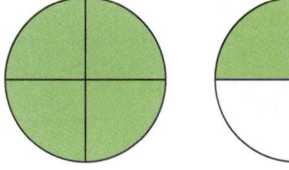

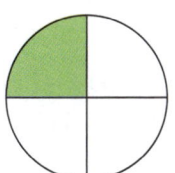

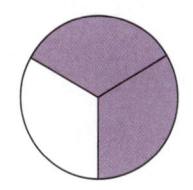

_____

> **Atenção!**
> Quando somamos um número inteiro com uma fração, obtemos um número misto sem precisar efetuar cálculos.

$1 + \dfrac{2}{3} = 1\dfrac{2}{3}$ O número $1\dfrac{2}{3}$ é um número misto.

Como já vimos, esse número misto pode ser representado por uma fração imprópria:

$$1\dfrac{2}{3} = \dfrac{1 \times 3 + 2}{3} = \dfrac{5}{3}$$

PROBLEMAS

1) Um vendedor ganha por comissão. Neste mês, $\dfrac{2}{10}$ do seu salário foram compostos da venda de refrigerantes e $\dfrac{5}{10}$ da venda de sucos.

a) Quanto do salário deste mês foi composto das vendas de refrigerantes e sucos?

_____

b) Se neste mês o salário do vendedor foi de 3 500 reais, quanto dele foi composto da venda de sucos?

_____

2) Uma empresa tem três sócios. $\dfrac{35}{100}$ do capital da empresa vieram do primeiro sócio e $\dfrac{45}{100}$ desse capital vieram do segundo sócio. Esses dois sócios juntos têm o controle da empresa? Por quê?

_____

3 No supermercado, Luísa gastou $\frac{2}{8}$ do valor que tinha com um pacote de 5 quilogramas de arroz e $\frac{2}{4}$ com carne.

a) Quanto do valor que tinha ela gastou com esses dois produtos?

_____

b) O total da compra de Luísa foi 60 reais. Quanto ela pagou pelo pacote de arroz? E qual é o preço de 1 quilograma desse arroz?

_____

4 Uma receita utiliza $\frac{1}{2}$ litro de leite, $\frac{3}{4}$ de um tablete de manteiga e $\frac{7}{8}$ de um pacote de farinha de trigo. Gilda quer dobrar essa receita. Quanto de cada ingrediente será usado na receita dobrada?

Dica: Dobrar um número significa o mesmo número duas vezes. Por exemplo: o dobro de $\frac{1}{3}$ é $\frac{1}{3} + \frac{1}{3} = \frac{2}{3}$.

_____

_____

5 Uma editora encomendou um livro para dois autores. Ficou estabelecido entre eles que cada um faria uma parte do livro. Um dos autores já concretizou $\dfrac{2}{7}$ do trabalho e o outro, $\dfrac{3}{5}$. Quanto eles já fizeram do livro?

_____

6 O senhor Fernando vendeu $6\dfrac{3}{7}$ caixas de laranja no sábado e $7\dfrac{2}{7}$ caixas no domingo. Quantas caixas de laranja o senhor Fernando vendeu nesses dois dias?

_____

7 Um restaurante vendeu $30\dfrac{1}{5}$ kg de comida em um dia e $32\dfrac{3}{5}$ kg no dia seguinte. Quantos quilos de comida o restaurante vendeu nos dois dias?

_____

8 Em um filtro havia $5\dfrac{1}{5}$ litros de água. Foram colocados mais $3\dfrac{2}{6}$ litros. Calcule quantos litros de água há no filtro agora.

_____

Subtração de frações

Márcia está lendo um livro que tem dez capítulos, e cada capítulo tem a mesma quantidade de páginas. Se ela já leu três capítulos, que fração do livro falta para terminar a leitura?

Veja como fazemos para responder a essa questão.

$$1 - \frac{3}{10} = \frac{10}{10} - \frac{3}{10} = \frac{7}{10}$$

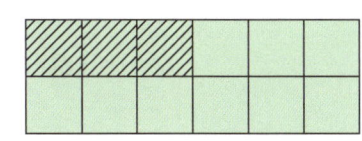

Faltam, portanto, $\frac{7}{10}$ do livro para Márcia terminar a leitura.

Na subtração de frações há também dois casos, como os que já foram estudados na adição.

1º caso – Subtração de frações com o mesmo denominador
2º caso – Subtração de frações com denominadores diferentes

Como a subtração é a operação inversa da adição, procedemos de maneira análoga à adição.

> Caso a subtração envolva números mistos, transformamos esses números em frações impróprias e depois procedemos como no 1º ou no 2º caso.

ATIVIDADES

1 Efetue as subtrações a seguir.

a) $\frac{5}{4} - \frac{2}{4} = $ _____

b) $\frac{8}{3} - \frac{6}{3} = $ _____

c) $\frac{7}{5} - \frac{1}{5} = $ _____

d) $\frac{7}{9} - \frac{1}{3} = $ _____

e) $\frac{2}{8} - \frac{1}{6} = \frac{2}{24} = $ _____

f) $\frac{5}{7} - \frac{1}{3} = $ _____

2 Resolva as operações mentalmente, como nos exemplos. Depois, registre o resultado.

$$1 - \frac{1}{2} = \frac{2}{2} - \frac{1}{2} = \frac{1}{2}$$

$$2 + \frac{1}{2} = 1 + 1 + \frac{1}{2} = \frac{2}{2} + \frac{2}{2} + \frac{1}{2} = \frac{5}{2}$$

a) $1 - \frac{2}{9} =$ _____

b) $1 - \frac{7}{10} =$ _____

c) $2 + \frac{3}{5} =$ _____

d) $1 - \frac{15}{16} =$ _____

3 Complete as sentenças tornando-as verdadeiras.

a) $2 - \frac{1}{5} = \frac{10}{5} - \frac{1}{5} =$ _____

b) $3 - \frac{10}{11} = \frac{33}{11} - \frac{10}{11} =$ _____

c) $2 - \frac{9}{8} =$ _____ $- \frac{9}{8} =$ _____

d) $3 - \frac{1}{2} =$ _____ $- \frac{5}{2} =$ _____

4 Efetue as subtrações no caderno expressando os números mistos em frações impróprias e, depois, anote o resultado.

a) $1\frac{2}{5} - 1\frac{1}{4} =$ _____

b) $3\frac{3}{10} - 2\frac{2}{3} =$ _____

PROBLEMAS

1 Se Josiane fez $\frac{4}{7}$ de um relatório que deve entregar a seu coordenador, quanto falta para ela terminar o trabalho?

_____

2 Clarice já pintou $\frac{5}{6}$ do muro de sua casa. Quanto falta para ela terminar de pintar o muro todo?

_____

3 Carla já guardou $\frac{2}{3}$ dos livros de sua casa e seu irmão Felipe guardou $\frac{2}{7}$ desses livros. O restante dos livros serão guardados no dia seguinte.

a) Quantos livros ficaram para o dia seguinte?

_____

b) Se na casa de Carla há 63 livros, quantos livros ficaram para o dia seguinte?

_____

4 De um prêmio em dinheiro, Sueli ganhou $\frac{7}{10}$ e Beto ganhou $\frac{5}{12}$. Quanto Sueli ganhou a mais do que Beto?

_____

Multiplicação de frações

Observe.

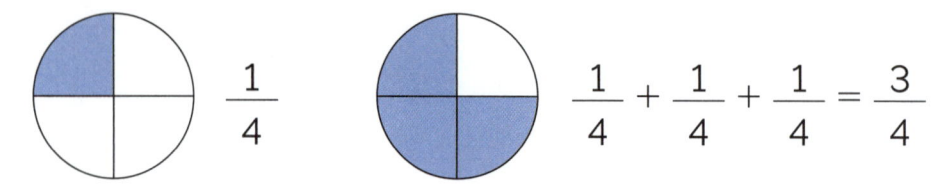

$\dfrac{1}{4}$

$\dfrac{1}{4} + \dfrac{1}{4} + \dfrac{1}{4} = \dfrac{3}{4}$

Fazendo a multiplicação temos: $3 \times \dfrac{1}{4} = \dfrac{3}{4}$

Não se esqueça de que $3 = \dfrac{3}{1}$, portanto: $\dfrac{3}{1} \times \dfrac{1}{4} = \dfrac{3}{4}$

> Para multiplicar um número natural por uma fração, multiplicamos o número natural pelo numerador e conservamos o mesmo denominador.

Vamos observar estes outros exemplos.

- $2 \times \dfrac{2}{3} = \dfrac{2}{1} \times \dfrac{2}{3} = \dfrac{4}{3} = 1\dfrac{1}{3}$

- $4 \times \dfrac{5}{6} = \dfrac{4}{1} \times \dfrac{5}{6} = \dfrac{20}{6} = 3\dfrac{2}{6} = 3\dfrac{1}{3}$

Multiplicação de fração por fração

Observe os exemplos a seguir.

- $\dfrac{1}{4} \times \dfrac{2}{4} = \dfrac{2}{16} = \dfrac{1}{8}$

- $\dfrac{4}{3} \times \dfrac{2}{5} = \dfrac{8}{15}$

- $\dfrac{1}{2} \times \dfrac{1}{3} = \dfrac{1}{6}$

> Para multiplicar uma fração por outra fração, basta multiplicar o numerador pelo numerador e o denominador pelo denominador.

Inverso de uma fração

A fração inversa de uma fração diferente de zero é aquela obtida quando trocamos a posição do numerador com a do denominador.

Exemplos:
- O inverso de $\dfrac{3}{4}$ é $\dfrac{4}{3}$.
- O inverso de $\dfrac{1}{7}$ é 7.
- O inverso de 4 é $\dfrac{1}{4}$.

O produto de um número por seu inverso é 1.

ATIVIDADES

1 Represente o produto nas figuras e dê a resposta. Veja o exemplo.

Determine $\dfrac{3}{4}$ de $\dfrac{2}{3}$.

Primeiro, representamos $\dfrac{2}{3}$ da figura (parte colorida de verde), depois hachuramos $\dfrac{3}{4}$ dos $\dfrac{2}{3}$.

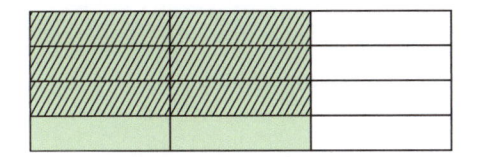

$\dfrac{3}{4}$ de $\dfrac{2}{3}$ é igual a $\dfrac{6}{12}$

a) Determine $\dfrac{2}{5}$ de $\dfrac{1}{3}$.

b) Determine $\dfrac{5}{8}$ de $\dfrac{3}{4}$.

2 Calcule as multiplicações mentalmente e simplifique o produto.

a) $4 \times \dfrac{2}{11} = $ _____

b) $\dfrac{5}{3} \times 2 = $ _____

c) $3 \times \dfrac{5}{3} = $ _____

d) $\dfrac{2}{10} \times 4 = $ _____

3 Explique o que devemos fazer para:

a) multiplicar uma fração por outra fração;

_____

b) obter o inverso de uma fração diferente de zero.

_____

4 Complete o quadro com os termos que faltam nas multiplicações.

Fator	Fator	Produto
$1\dfrac{1}{10}$	$2\dfrac{1}{5}$	
$\dfrac{1}{7}$		$\dfrac{2}{63}$
$\dfrac{5}{4}$	$\dfrac{36}{45}$	

Fator	Fator	Produto
$\dfrac{9}{7}$	$\dfrac{7}{9}$	
$\dfrac{10}{2}$	$\dfrac{2}{10}$	
	$\dfrac{8}{3}$	1

5 Faça conforme o modelo:

$$\dfrac{1}{2} \text{ de } \dfrac{2}{5} = \dfrac{1}{2} \times \dfrac{2}{5} = \dfrac{2}{10} = \dfrac{1}{5}$$

a) $\dfrac{2}{3}$ de $2 = $ _____

b) $\dfrac{3}{10}$ de $\dfrac{2}{5} = $ _____

c) $\dfrac{5}{4}$ de $\dfrac{5}{6} = $ _____

d) $\dfrac{8}{5}$ de $\dfrac{5}{8} = $ _____

BRINCANDO

Vamos brincar de chefe de cozinha?

Torta de banana
Ingredientes:

- 1 $\frac{1}{2}$ xícara (chá) de amido de milho;
- 1 $\frac{1}{2}$ xícara (chá) de farinha de trigo;
- $\frac{1}{2}$ colher (sopa) de fermento em pó;
- 1 xícara (chá) de açúcar;
- 2 colheres (sopa) de margarina;
- 1 dúzia de bananas nanicas cortadas em fatias;
- 100 g de uvas-passas;
- 3 ovos;
- 1 xícara (chá) de leite;
- canela em pó para polvilhar.

Modo de fazer

1. Misture a farinha de trigo, o amido de milho, a margarina e o fermento em pó até formar uma farofa.
2. Unte uma forma com margarina e polvilhe-a com farinha de trigo e canela.
3. Faça uma camada com $\frac{1}{3}$ da farofa e uma camada de banana e uvas-passas. Repita a operação com mais $\frac{1}{3}$ da farofa, banana e uvas-passas. Faça a última camada apenas de farofa.
4. Bata os ovos com o leite e a canela até formar um líquido homogêneo. Coloque-o uniformemente sobre a torta.
5. Asse em forno preaquecido a 180 °C por cerca de 20 minutos.

1 Para fazer 1 $\frac{1}{2}$ receita, descubra quanto será necessário de:

a) amido de milho;

b) farinha de trigo;

c) fermento em pó;

d) açúcar.

PROBLEMAS

1 Da compra feita por um lojista, $\frac{3}{4}$ são peças femininas e, dessas peças, $\frac{2}{5}$ são vestidos. A que parte dessa compra correspondem os vestidos?

___

2 Mariana doou $\frac{1}{4}$ de seus livros. Dos livros doados, $\frac{2}{3}$ foram para uma escola e o restante para um orfanato. Que parte dos livros foi para cada instituição?

___

3 Marcos pesa 32 kg e Daniel tem $\frac{3}{4}$ do peso de Marcos. Quanto Daniel pesa?

___

4 Da compra feita pelo dono de um hortifrúti, $\frac{3}{5}$ são frutas, dessas frutas, $\frac{1}{4}$ são laranjas. Quanto as laranjas representam no total da compra?

Divisão de frações

Guilherme trabalha em uma loja de tapetes.

Ele tem $\dfrac{15}{4}$ metros de um tipo de passadeira em rolo. Quantos tapetes de $\dfrac{1}{4}$ de metro de comprimento ele conseguirá cortar?

Para saber a resposta, devemos descobrir quantos pedaços de $\dfrac{1}{4}$ de metro cabem em $\dfrac{15}{4}$ de metros.

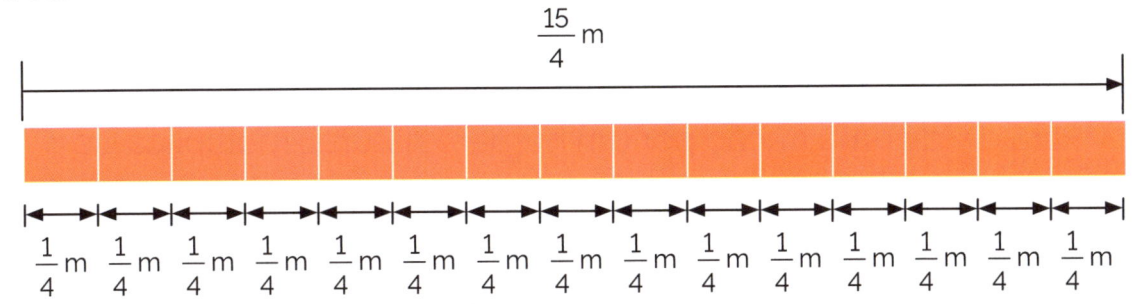

Note que essa situação corresponde a uma divisão:

$\dfrac{15}{4} \div \dfrac{1}{4} = 15$. Logo, Guilherme conseguirá cortar 15 tapetes, pois $\dfrac{15}{4}$ m dividido por $\dfrac{1}{4}$ m é igual a 15.

> Observe que a divisão de $\dfrac{15}{4}$ por $\dfrac{1}{4}$ dá o mesmo resultado que a multiplicação de $\dfrac{15}{4}$ pelo inverso de $\dfrac{1}{4}$. Assim:
>
> $$\dfrac{15}{4} \div \dfrac{1}{4} = \dfrac{15}{4} \times \dfrac{4}{1} = 15$$
>
> inverso de $\dfrac{1}{4}$

A divisão é a operação inversa da multiplicação.

> Para dividir duas frações, multiplica-se a primeira pelo inverso da segunda.

Exemplo:

$$\frac{2}{5} \div \frac{8}{7} = \frac{2}{5} \times \frac{7}{8} = \frac{14}{40}$$

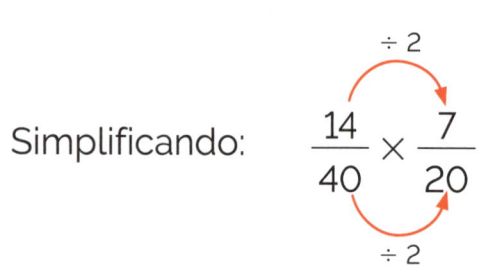

Simplificando: $\frac{14}{40} \times \frac{7}{20}$ (÷ 2)

> Para dividir uma fração por um número natural, multiplica-se a fração pelo inverso do número natural.

Exemplo:

$$\frac{1}{2} \div 2 = \frac{1}{2} \times \frac{1}{2} = \frac{1}{4}$$

Note que $2 = \frac{2}{1}$ e o inverso de 2 é $\frac{1}{2}$.

ATIVIDADES

1 Efetue as divisões e simplifique o resultado quando possível.

a) $\frac{8}{2} \div 2 =$ _____

b) $\frac{6}{5} \div 4 =$ _____

c) $\frac{4}{4} \div 2 =$ _____

d) $\frac{6}{7} \div 3 =$ _____

e) $\frac{5}{4} \div 4 =$ _____

f) $\frac{9}{3} \div 5 =$ _____

g) $10 \div \frac{2}{3} =$ _____

h) $\frac{3}{2} \div \frac{1}{6} =$ _____

2 Calcule as divisões a seguir.

a) $2 \div \dfrac{4}{5} = $ _____

b) $5 \div \dfrac{1}{3} = $ _____

c) $4 \div \dfrac{3}{6} = $ _____

d) $6 \div \dfrac{3}{8} = $ _____

3 Continue efetuando as divisões e simplificando quando possível.

a) $\dfrac{8}{3} \div \dfrac{5}{3} = $ _____

b) $\dfrac{7}{4} \div \dfrac{6}{3} = $ _____

c) $\dfrac{4}{3} \div \dfrac{5}{2} = $ _____

d) $\dfrac{3}{2} \div \dfrac{5}{4} = $ _____

e) $\dfrac{8}{4} \div \dfrac{6}{5} = $ _____

f) $\dfrac{2}{3} \div \dfrac{6}{2} = $ _____

! SAIBA MAIS

Quanto é $\dfrac{1}{2}$ dividido por 2? Sabemos que é $\dfrac{1}{4}$.

$$\dfrac{1}{2} \div 2 = \dfrac{1}{2} \times \dfrac{1}{2} = \dfrac{1}{4}$$

E $\dfrac{1}{4}$ dividido por 2? Pelo mesmo método, concluímos que é $\dfrac{1}{8}$, e esse resultado novamente dividido por 2 é $\dfrac{1}{16}$. Assim, dividir uma fração por 2 é o mesmo que manter o numerador e dobrar o denominador.

$$\dfrac{1}{2}, \dfrac{1}{4}, \dfrac{1}{8}, \dfrac{1}{16}, \dfrac{1}{32}, \dfrac{1}{64}, \dfrac{1}{128}, ...$$

PROBLEMAS

1 Sete décimos de uma coleção de canecas correspondem a 7 canecas. Quantas canecas essa coleção tem?

_____

2 A metade de um trabalho foi dividida entre quatro membros da equipe. Quanto cada membro deve efetuar do trabalho?

_____

3 Um envelope de refresco em pó rende $\frac{1}{4}$ de litro. Para fazer $1\frac{1}{2}$ litro de refresco, quantos envelopes são necessários?

_____

Expressões com frações

Uma expressão com frações é calculada do mesmo modo que as expressões com números naturais.

- **Multiplicações** e **divisões** devem ser efetuadas primeiro, obedecendo à ordem em que aparecem.
- **Adições** e **subtrações** são efetuadas em seguida, também obedecendo à ordem em que aparecem.

Exemplo:

$$\frac{3}{5} + \frac{2}{5} \times \frac{1}{3} =$$

$$= \frac{3}{5} + \frac{2}{15} = \frac{9}{15} + \frac{2}{15} = \frac{11}{15}$$

ATIVIDADES

1) Resolva as expressões, simplifique e transforme o resultado em número misto, quando possível.

a) $\dfrac{3}{7} \times \dfrac{7}{3} + \dfrac{7}{5} =$ _____

b) $\dfrac{14}{9} - \dfrac{4}{3} \div \dfrac{4}{3} =$ _____

c) $2\dfrac{1}{4} + 1\dfrac{2}{3} \div \dfrac{20}{3} =$ _____

d) $\dfrac{1}{3} \div 5 - \dfrac{2}{3} \times \dfrac{1}{10} =$ _____

e) $\dfrac{1}{5} \times \dfrac{10}{5} + 3 \div \dfrac{5}{4} =$ _____

PROBLEMAS

1) Ana colou $\dfrac{3}{5}$ das figurinhas de um álbum. Quantas figurinhas ela colou se $\dfrac{1}{6}$ das figurinhas desse álbum correspondem a 10 figurinhas?

UNIDADE 9
NÚMEROS DECIMAIS

Em uma corrida como a da imagem ao lado, normalmente a diferença do tempo de chegada entre o primeiro e o segundo colocado é tão pequena que seu resultado é decidido pelos **décimos ou milésimos de segundos**.

Os números formados por uma parte inteira e uma parte decimal, separadas por uma vírgula, são chamados de números decimais.

Parte inteira	Vírgula	Parte decimal
0	,	8

Para ler e interpretar os números decimais é importante saber que a parte decimal é formada por **frações decimais**, aquelas com denominadores 10, 100, 1000 etc. Vamos recordar como se leem algumas frações decimais.

Fração decimal	Leitura
$\frac{5}{10}$	cinco décimos
$\frac{31}{100}$	trinta e um centésimos
$\frac{54}{1000}$	cinquenta e quatro milésimos

Leitura de um número decimal

```
        2 , 4
parte inteira  ← ↓ →  parte decimal
           vírgula
```

Na leitura de um número decimal, lemos **primeiro** a parte inteira e **depois** a parte decimal, seguida da palavra:
- **décimos**, se houver uma casa decimal;
- **centésimos**, se houver duas casas decimais;
- **milésimos**, se houver três casas decimais; e assim por diante.

Exemplos:
1,3 ⟶ um inteiro e três décimos
4,27 ⟶ quatro inteiros e vinte e sete centésimos
12,005 ⟶ doze inteiros e cinco milésimos

Quando a parte inteira for zero, lemos apenas a parte decimal.

Exemplos:
0,7 ⟶ sete décimos
0,05 ⟶ cinco centésimos
0,008 ⟶ oito milésimos

Comparação de números decimais

Observe como colocamos os números a seguir em ordem crescente.

| 0,75 | 2,85 | 1,05 | 1,79 | 1,75 | 0,72 |

Para saber qual é o **menor** número, primeiramente comparamos as partes inteiras. Se as partes inteiras forem iguais, comparamos os décimos. Caso os décimos também sejam iguais, passamos a comparar os centésimos e assim por diante.

Dessa forma, temos:

0,72 < 0,75 < 1,05 < 1,75 < 1,79 < 2,85

ATIVIDADES

1 Localize na reta numérica a seguir os números indicados.

| 1,5 | | 2,1 | | 3,3 |

2 Classifique cada sentença em verdadeira (**V**) ou falsa (**F**).

a) ☐ 93,4 > 93,04   c) ☐ 0,1 < 1,0   e) ☐ 132,2 < 123,2

b) ☐ 14,1 = 1,41   d) ☐ 0,2 > 0,02   f) ☐ 3,7 > 3,600

3 Nas figuras a seguir, pinte a parte necessária para representar o número decimal indicado.

a) 0,9

b) 1,3

c) 1,8

d) 2,0

4 Complete o quadro a seguir.

Fração decimal	Número decimal	Leitura do número decimal
$\frac{2}{10}$	0,2	
$\frac{57}{10}$		
$\frac{209}{10}$		

5 Descubra a regra e complete a sequência.

0   0,2   0,4   _____   0,8   1   _____   _____   1,6   _____   2   _____   _____

O centésimo

Observe esta figura.

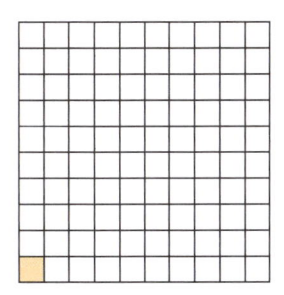

Ela está dividida em **100 partes iguais**.
Cada parte é um **centésimo** da figura.
100 centésimos correspondem a 1 inteiro.

$\dfrac{1}{100}$ ⟶ 0,01 (1 centésimo)

1 inteiro = 10 décimos = 100 centésimos

> O **centésimo** corresponde a cada parte do inteiro que foi dividido em 100 partes iguais.

O **centésimo** ocupa a **segunda ordem decimal depois da vírgula**.

Unidades	décimos	centésimos
0,	0	2
0,	0	9

⟶ 2 centésimos
⟶ 9 centésimos

Observe a representação decimal nas figuras a seguir.

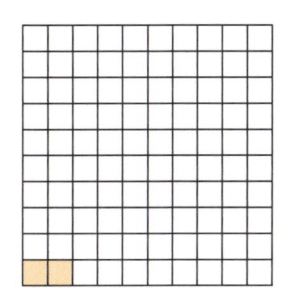

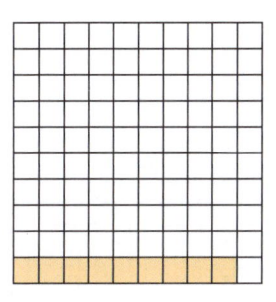

$\dfrac{2}{100}$ ⟶ 0,02 (dois centésimos)

$\dfrac{9}{100}$ ⟶ 0,09 (nove centésimos)

ATIVIDADES

1 Complete o quadro.

Figura	Fração decimal	Número decimal	Leitura
	$\dfrac{62}{100}$	0,62	
			trinta e oito centésimos
		1	
	$\dfrac{146}{100}$		
	$\dfrac{298}{100}$		

2 Observe os números abaixo e responda às perguntas a seguir.

| 1,52 | 0,84 | 1,99 | 5,20 | 3,02 | 0,95 |

a) Quais desses números são menores que 1? _____

b) Quais desses números são maiores que 1 e menores que 2? _____

c) Quais desses números são maiores que 2? _____

3 Utilizando números decimais, escreva em reais o valor correspondente à moeda em cada item.

a) _____

b) _____

c) _____

d) _____

e) _____

f) _____

PESQUISANDO

1 Pesquise os últimos recordistas de salto em distância masculino e feminino e os recordistas anteriores a eles. Registre o nome e a distância do salto de cada um e compare-as. Anote quanto tempo levou para os recordes anteriores serem quebrados. Aproveite para aprender mais sobre essa modalidade olímpica de atletismo e escreva os fatos mais curiosos que descobrir.

- Compare sua pesquisa com a dos colegas da turma e veja o que há de diferente entre elas.

_____
_____
_____
_____

O milésimo

Esta figura está dividida em **1000 partes iguais**.

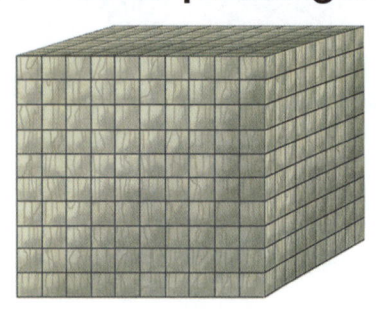

Cada uma dessas partes corresponde a um **milésimo** da figura. 1000 milésimos correspondem a 1 inteiro.

> O **milésimo** corresponde a cada parte do inteiro que foi dividido em 1000 partes iguais.

O milésimo é representado assim:

$\dfrac{1}{1000}$ (fração decimal)   ou   0,001 (número decimal)

O **milésimo** ocupa a **terceira ordem decimal depois da vírgula**.

Unidades	décimos	centésimos	milésimos
0,	0	0	1

→ 1 milésimo

ATIVIDADES

1 Complete o quadro.

Número decimal	8,257	0,628	0,005	4,681	0,017	145,738
Fração decimal	$\dfrac{8257}{1000}$	$\dfrac{628}{1000}$	$\dfrac{5}{1000}$	$\dfrac{4681}{1000}$	$\dfrac{17}{1000}$	$\dfrac{145738}{1000}$

2 Observe o quadro a seguir e complete-o.

Peça	Cubo grande	Placa	Barra	Cubo
Número decimal correspondente	1 inteiro	1 décimo		
Número	1			0,001

3 Usando a relação do quadro da atividade 2, escreva os números decimais formados a seguir.

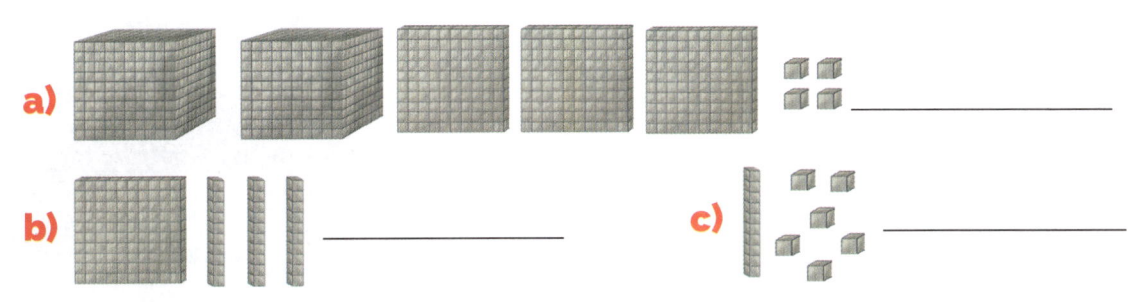

a) _____

b) _____

c) _____

4 Considere a reta numérica a seguir e identifique os números correspondentes às letras **A**, **B** e **C**.

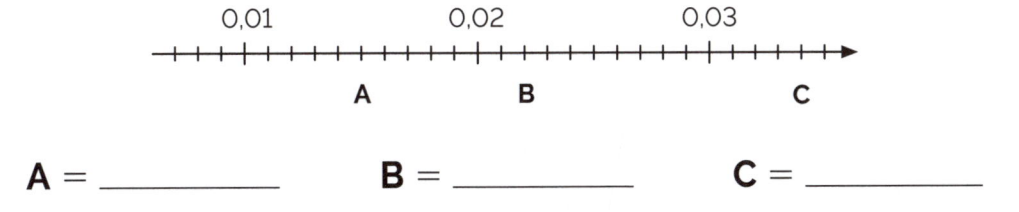

A = _____   B = _____   C = _____

5 Complete com os sinais <, > ou = para tornar a sentença verdadeira.

a) 0,5 ____ 0,5000

b) 2,004 ____ 2,040

c) 5,31 ____ 5,3

d) 74,205 ____ 74,25

e) 0,777 ____ 0,77

f) 984 ____ 98,4

g) 659,38 ____ 759,38

h) 9,09 ____ 9,090

UNIDADE 10
OPERAÇÕES COM DECIMAIS

Adição

Quanto foi gasto na compra de três produtos que custam R$ 15,50, R$ 7,08 e R$ 0,80?

15,50 + 7,08 + 0,80 = 23,38

```
    1 5, 5 0
        7, 0 8
  +     0, 8 0
  ─────────────
    2 3, 3 8
```

Foram gastos R$ 23,38.

Para adicionar números decimais, fazemos assim:
- escrevemos as parcelas umas sob as outras, alinhadas, de modo que a vírgula de cada número fique uma embaixo da outra;
- se a quantidade de casas decimais das parcelas for diferente, devemos acrescentar zeros à direita até igualá-las;
- efetuamos a adição;
- colocamos a vírgula do resultado debaixo das outras.

Observe estes exemplos de adição de números decimais:

- 16 + 3,24 + 0,386 = 19,626

```
    1 6, 0 0 0
        3, 2 4 0
  +     0, 3 8 6
  ───────────────
    1 9, 6 2 6
```

- 7,02 + 0,086 + 3,24 = 10,346

```
        7, 0 2 0
        0, 0 8 6
  +     3, 2 4 0
  ───────────────
    1 0, 3 4 6
```

ATIVIDADE

1 Arme e efetue as contas no caderno e anote aqui as respostas.

a) 0,876 + 3,24 + 1,934 = _____

b) 2,15 + 4,872 + 1,3 = _____

c) 34,7 + 3,8 + 2,136 = _____

d) 3,34 + 0,286 + 2,3 = _____

e) 9,463 + 0,5 + 7,9 = _____

f) 28,4 + 3,126 + 0,81 = _____

PROBLEMAS

1 Para fazer *pizzas*, Maria e Lucas compraram 1,4 kg de farinha de trigo, 1,7 kg de muçarela, 0,504 kg de cogumelos e 3,65 kg de tomates. Quantos quilogramas eles tiveram de carregar na volta para casa?

_____

_____

2 Em uma livraria, Gisela comprou 3 livros, com os seguintes valores: R$ 32,50, R$ 15,90 e R$ 24,75. Quanto ela gastou?

_____

_____

3 Mário passou a anotar o consumo semanal de gasolina de seu carro. Na primeira semana utilizou 25,5 L, na segunda, 35,46 L, e na terceira semana consumiu 28,1 L de gasolina. Quantos litros o carro de Mário consumiu, ao todo, nessas três semanas?

_____

_____

BRINCANDO

1 "Jogo da memória"

1. Junte-se a dois colegas e formem um grupo de três alunos.
2. Confeccionem as cartas indicadas no modelo a seguir, que devem ser espalhadas sobre a mesa, viradas para baixo.
3. Cada participante do grupo, na sua vez, deve virar duas cartas e adicionar os valores.
4. Se a soma for um inteiro e o aluno acertar, ele fica com as cartas. Se errar, as cartas voltam para seus lugares. Se a soma não for um inteiro, elas também devem ser recolocadas em seus lugares.
5. No final, ganha o jogador que conseguir juntar o maior número de pares de cartas.

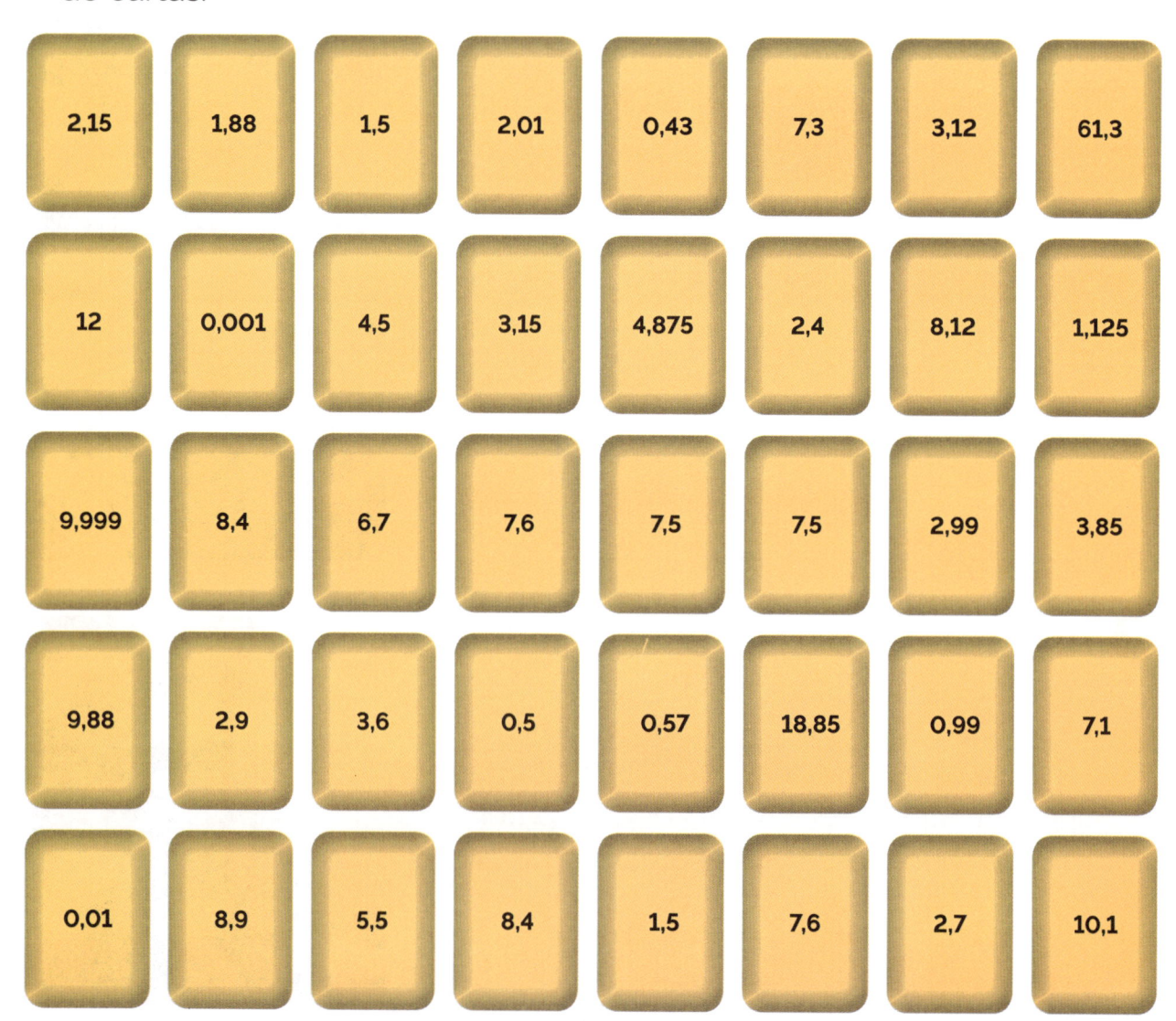

2,15	1,88	1,5	2,01	0,43	7,3	3,12	61,3
12	0,001	4,5	3,15	4,875	2,4	8,12	1,125
9,999	8,4	6,7	7,6	7,5	7,5	2,99	3,85
9,88	2,9	3,6	0,5	0,57	18,85	0,99	7,1
0,01	8,9	5,5	8,4	1,5	7,6	2,7	10,1

Subtração

Vítor comprou um livro por R$ 27,50. Pagou a compra com uma nota de R$ 50,00. Quanto ele recebeu de troco?

50,00 − 27,50 = 22,50

```
   5 0, 0 0
 − 2 7, 5 0
 ─────────
   2 2, 5 8
```

Vítor recebeu de troco R$ 22,50.

Para subtrair números decimais, fazemos assim:
- escrevemos o subtraendo embaixo do minuendo, alinhados, de modo que a vírgula de cada número fique uma embaixo da outra;
- se a quantidade de casas decimais dos termos for diferente, devemos igualá-las acrescentando zeros à direita;
- efetuamos a subtração;
- colocamos a vírgula do resultado debaixo das outras.

Veja a seguir dois exemplos de subtração de números decimais.

- 23,68 − 18,365 = 5,315
- 47,65 − 39,1 = 8,55

```
   2 3 6 8 0              4 7 6 5
 − 1 8 3 6 5            − 3 9 1 0
 ───────────            ──────────
   0 5 3 1 5              0 8 5 5
```

ATIVIDADES

1 Arme e efetue as subtrações.

a) 32,46 − 8,621 =

b) 8,4 − 2,041 =

c) 16 − 0,005 =

2 Estime se a diferença em cada caso é maior ou menor que 1. Depois, efetue as subtrações no caderno, registre o resultado e veja se fez boas estimativas.

a) 0,91 − 0,41 = _____

b) 2,5 − 0,75 = _____

c) 3,76 − 2,562 = _____

d) 3,094 − 2,99 = _____

3 Complete cada subtração com os termos que faltam.

a) 6,364 − 2,769 = _____

b) 9,05 − 9,05 = _____

c) 0,7 − 0,008 = _____

d) _____ − 0,5 = 1

e) 10 − _____ = 2,5

f) _____ − _____ = 2,08

ATIVIDADES

1 Quanto devemos acrescentar a 1,599 para obter 3 unidades?

_____

2 Ágata economizou R$ 35,00 e comprou um jogo de R$ 31,20. Quanto Ágata ainda tem após essa compra?

_____

3 Uma confeiteira comprou ingredientes para fazer bolos, gastando R$ 54,50 em farinha de trigo e R$ 45,30 em ovos. Pagou a compra com uma cédula de R$ 100,00. Quanto ela recebeu de troco?

4 Um atleta já correu 3,12 quilômetros em uma pista. Quanto falta para ele atingir sua meta diária de 9,5 quilômetros?

5 Paola usa galões de 5 litros para encher seis garrafas de água em que cabem: 2 litros, 1,5 litro, 1 litro, 0,6 litro, 0,5 litro e 0,310 litro. De quantos desses galões ela precisou? Sobrou água em algum galão usado? Quanto?

6 Um lote de peças fabricadas em uma indústria custa R$ 632,18. Um segundo lote de outro tipo de peça custa R$ 623,81. Que lote é mais caro? Quantos reais a mais custa o lote mais caro?

7 Uma doceria vende fatias de torta de 0,1 quilograma cada uma. Cada torta pesa 1,2 quilograma e já foram vendidas 5 fatias de uma delas. Quantos quilogramas ainda restam dessa torta?

Multiplicação

Em um restaurante são consumidos 35,7 kg de arroz por semana. Quantos quilogramas serão consumidos em uma semana e meia?

Uma semana e meia = 1,5 semana.

1,5 × 35,7 = 53,55

```
        3  5, 7
  ×        1, 5
     1  7  8  5
  +  3  5  7
     5  3, 5  5
```

Em 1,5 semana serão consumidos 53,55 kg de arroz.

Para multiplicar dois números decimais, fazemos assim:

- multiplicamos os números decimais desconsiderando as vírgulas;
- contamos no produto, da direita para a esquerda, o total da quantidade de casas decimais dos dois fatores e colocamos a vírgula;
- na ausência de números suficientes no produto, completamos com zeros à esquerda para obter a quantidade necessária de casas decimais.

Observe a seguir outros exemplos de multiplicação com números decimais.

- 3,25 × 2,3 = 7,465

```
       3, 2  5    →  2 casas depois da vírgula
  ×       2, 3    →  1 casa depois da vírgula
          9  7  5
  +    6  5  0
       7, 4  6  5  →  3 casas depois da vírgula
```

- 0,23 × 0,005 = 0,00115

```
          0, 2  3       →  2 casas depois da vírgula
  ×       0, 0  0  5    →  3 casas depois da vírgula
          0, 0  0  1  1  5  →  5 casas depois da vírgula
```

ATIVIDADE

1 Faça as multiplicações no caderno e anote aqui os produtos.

a) 6,5 × 0,4 = _____

b) 1,09 × 0,3 = _____

c) 7,24 × 0,12 = _____

d) 2,005 × 0,03 = _____

e) 28,15 × 5,2 = _____

f) 0,8 × 0,5 = _____

g) 3,2 × 1,2 = _____

h) 3,25 × 0,005 = _____

2 Arme e efetue estas multiplicações. Depois confira o resultado utilizando a calculadora.

a) 3,2 × 7,24 = _____

b) 0,04 × 4,036 = _____

c) 6 × 0,5 = _____

d) 0,005 × 3,14 = _____

e) 0,03 × 1,082 = _____

f) 41,3 × 0,25 = _____

Multiplicação por 10, 100 e 1 000

Observe as multiplicações a seguir:

```
   8,752          8,752          8,752
×     10        ×   100        × 1000
───────         ───────        ───────
  87,520         875,20         8752,0
```

Note que para multiplicar um número decimal por:

- **10**, deslocamos a vírgula **uma casa** à direita;
- **100**, deslocamos a vírgula **duas casas** à direita;
- **1 000**, deslocamos a vírgula **três casas** à direita, e assim por diante.

Na falta de casas decimais para deslocar a vírgula, devemos completar as casas que faltarem com zero. Por exemplo:

- 3,589 × 10 = 35,89
- 0,7 × 100 = 70
- 3,589 × 1 000 = 3 589

ATIVIDADE

1) Calcule mentalmente e complete tornando as igualdades verdadeiras.

a) 4,901 × 100 = _____

b) 7,002 × 1000 = _____

c) 49,5 × 10 = _____

d) 0,001 × 100 = _____

e) 23,57 × 100 = _____

f) 9,07852 × 1000 = _____

g) 45,7 × 10 = _____

h) 0,035 × 10 = _____

2) Complete cada sequência de multiplicações.

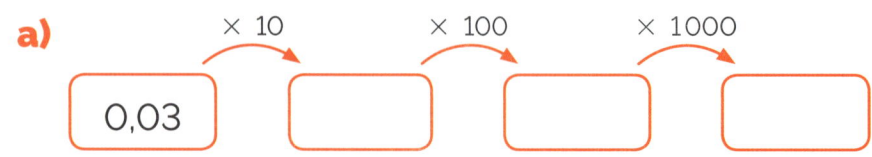

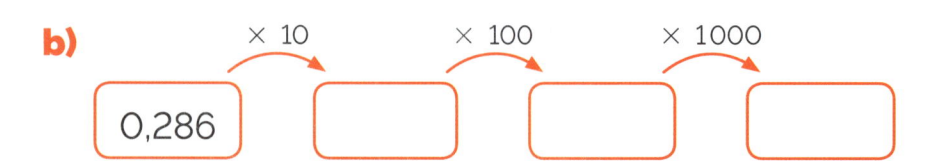

a) 0,03 →(× 10) ___ →(× 100) ___ →(× 1000) ___

b) 0,286 →(× 10) ___ →(× 100) ___ →(× 1000) ___

PROBLEMAS

1 Um dia tem 24 horas. Quantas meias horas há em um dia?

_____

2 Um dispensador de suco serve 25 copos de 0,2 litro. Quantos litros há em um dispensador cheio?

_____

3 Para fazer um babador infantil, Cida usou 31,5 centímetros de comprimento de um tecido. Estime quantos centímetros de tecido são necessários para ela fazer 10 babadores iguais a esse.

_____

4 Cecília cortou um pedaço de fita em outros 17 pedaços menores de 1,25 metro cada um. Qual era o tamanho inicial da fita?

_____

5 Artur comprou 2 trenzinhos e 1 avião para seus sobrinhos. Quanto ele gastou? Ao pagar a conta, Artur recebeu R$ 20,00 de troco. Que quantia ele deu para pagar os brinquedos?

R$ 42,50

R$ 23,30

_____

Divisão

Gerson tem, em sua loja, um rolo de tecido com 12 m de comprimento e precisa dividi-lo em 8 partes iguais. Qual será o comprimento de cada parte?

```
  D | U | d
      1   2    | 8
  −       8     1, 5
          4  0   U   d
  −       4  0
      1   2  0
```

- 12 unidades divididas por 8 resultam em 1 unidade e restam 4 unidades. Para continuar a divisão, colocamos uma vírgula no quociente.
- Transformamos 4 unidades do resto em 40 décimos.
- Dividimos 40 décimos por 8, o que resulta em 5 décimos e resto zero.

Assim, cada parte do tecido terá 1,5 m de comprimento.

Observe como dividir 9 por 4.

```
  9    | 4
  1 0    2
```

A divisão de 9 por 4 tem quociente 2 e resto 1. Para continuar a divisão, transformamos 1 unidade em 10 décimos.

```
  9    | 4
  1 0    2,2
```

Acrescentamos a vírgula no quociente e dividimos os 10 décimos por 4, o que resulta em 2 décimos e resto 2.

```
  9       | 4
  1 0       2,25
    2 0
        0
```

Transformamos 2 décimos do resto em 20 centésimos e dividimos por 4, obtendo 5 centésimos e resto zero, finalizando, assim, a divisão.

Esse é o procedimento para qualquer divisão entre dois números naturais diferentes de zero. Quando obtemos resto diferente de zero, transformamos o resto na próxima ordem decimal inferior, **acrescentando um zero à direita**.

Agora considere que Gerson precisou cortar uma das partes de 1,5 metro do tecido em faixas com 0,25 metro de comprimento cada uma.

Quantas faixas ele conseguirá fazer?

Precisamos calcular 1,5 ÷ 0,25; então:

- Igualamos o número de casas decimais dos dois números utilizando o acréscimo de zeros à direita: 1,5**0** ÷ 0,25.
- Eliminamos as vírgulas e efetuamos a divisão entre os dois números naturais obtidos.

Processo longo

```
  1 5 0 | 25
- 1 5 0   6
  ───── 
  0 0 0
```

Processo breve

```
1 5 0 | 25
0 0 6    
```

Gerson conseguirá fazer 6 faixas de 0,25 m cada uma.

Observe outros exemplos de divisão com números decimais:

a) 6,14 ÷ 2
2 casas   nenhuma casa

Igualando as casas, temos: 6,14 ÷ 2,**00**.

```
  6 1 4     | 200
- 6 0 0       3,07
  ───────
  0 1 4 0 0
-   1 4 0 0
  ───────
  0 0 0 0
```

b) 1,2975 ÷ 0,15
4 casas   2 casas

Igualando as casas, temos: 1,2975 ÷ 0,15**00**.

```
  1 2 9 7 5     | 1500
- 1 2 0 0 0       8,65
  ─────────
  0 0 9 7 5 0
  -   9 0 0 0
    ─────────
      7 5 0 0
    - 7 5 0 0
      ───────
      0 0 0 0
```

ATIVIDADES

1 Estime o quociente e, no caderno, efetue a divisão e compare com sua estimativa.

a) 15,5 ÷ 5 = _____

b) 7 ÷ 0,7 = _____

c) 1 ÷ 2 = _____

d) 0,30 ÷ 2 = _____

e) 4,2 ÷ 0,6 = _____

f) 0,5 ÷ 2 = _____

2 No caderno, efetue as divisões exatas e registre o resultado aqui.

a) 91,12 ÷ 0,17 = _____

b) 8,99 ÷ 2,9 = _____

c) 15 ÷ 0,15 = _____

d) 0,25 ÷ 4 = _____

e) 0,003 ÷ 0,03 = _____

f) 4,41 ÷ 2,1 = _____

3 Efetue as divisões pelo processo breve, até duas casas decimais.

a) 6,4 ÷ 8

b) 7,2 ÷ 3,6

c) 9,375 ÷ 3,75

d) 0,02 ÷ 0,4

e) 7 ÷ 0,1

f) 7,86 ÷ 2,3

g) 9,576 ÷ 5,32

h) 17,32 ÷ 30,5

i) 3,02 ÷ 1,5

PROBLEMAS

1 Reparta a quantia ao lado em 3 partes iguais.

a) Com quantos reais cada parte ficará?

_____

b) Explique no caderno como isso será feito com cédulas e moedas. Considere a possibilidade de trocar as cédulas e as moedas por outras de valor equivalente.

_____

_____

2 Uma peça de tecido pesa 2,6 quilogramas. Se 1 metro desse tecido pesa 0,25 quilograma, quantos metros de tecido essa peça tem?

_____

3 Se 6 bichinhos de pelúcia custam R$ 215,40, qual é o preço de cada um?

_____

4 Pedro comprou 3 livros de mesmo preço, pagando por eles R$ 189,30. Ele pagou um deles no ato da compra e o restante vai pagar em 5 parcelas iguais sem acréscimo. Qual é o valor de cada parcela?

_____

5 Eli fez 2,970 quilogramas de preparo para sabonetes artesanais. Cada unidade produzida tem 0,09 quilograma. Quantos sabonetes Eli fez com esse preparo?

_____

Divisão por 10, 100 e 1000

Observe as divisões a seguir.

```
6 2 9 7 | 10        6 2 9 7 | 100        6 2 9 7 | 1000
 0 2 9    629,7      0 2 9 7   62,97      0 2 9    6,297
   0 9 7              0 9 7 0              0 9 7 0 0
     0 7 0              0 7 0 0              0 7 0 0 0
       0 0                0 0 0                0 0 0 0
```

Note que para dividir um número decimal por:

- **10**, deslocamos a vírgula **uma** casa para a esquerda;
- **100**, deslocamos a vírgula **duas** casas para a esquerda;
- **1000**, deslocamos a vírgula **três** casas para a esquerda, e assim por diante.

Na falta de casas decimais para deslocar a vírgula, devemos completar as casas que faltam com zeros.

Exemplos:

- 873,4 ÷ 10 = 87,34
- 873,4 ÷ 100 = 8,734
- 873,4 ÷ 1000 = 0,8734

ATIVIDADE

1) Calcule mentalmente estas divisões.

a) 59,37 ÷ 10 = _____

b) 287,7 ÷ 10 = _____

c) 54,89 ÷ 10 = _____

d) 456,78 ÷ 100 = _____

e) 527,49 ÷ 1 000 = _____

f) 4 612,47 ÷ 1 000 = _____

g) 0,02 ÷ 1 000 = _____

h) 2,47 ÷ 100 = _____

2) Complete o esquema abaixo.

5 641 →(÷ 10)→ ___ →(÷ 100)→ ___ →(÷ 1000)→ ___

Porcentagem

Observe as manchetes de jornal ao lado.

O símbolo utilizado para indicar porcentagem é **%**, que se lê "por cento".

Exemplo:
Se hoje na empresa em que trabalho faltaram 2% dos 200 funcionários, quer dizer que faltaram 2 funcionários em cada 100. Portanto, faltaram 4 funcionários.

A porcentagem é uma maneira de representar a fração decimal em que o denominador é 100:

$$40\% = \frac{40}{100} = 0{,}40 = 0{,}4$$

O inteiro pode ser representado por 100%, pois: $100\% = \frac{100}{100} = 1$.

Observe este outro exemplo.
O salário de Janaína é de R$ 2.000,00. No próximo mês, ela terá um aumento de 9%. Quanto será acrescentado ao salário dela?

$$9\% \text{ de } 2\,000 = \frac{9}{100} \times 2\,000 = \frac{18\,100}{100} = 180$$

Serão acrescentados R$ 180,00 ao salário de Janaína.

A porcentagem é utilizada para apresentar resultados de pesquisas e fazer cálculos, como aumento ou redução de preços, juros, multas, descontos, comissões em vendas etc.

Desconto é o valor que se reduz ao efetuar um pagamento.
Juro é o valor cobrado em um empréstimo como compensação pelo uso do dinheiro, ou o valor do rendimento que se obtém ao investir uma quantia. A **taxa de juro** é a porcentagem combinada nessas transações comerciais ou financeiras.

ATIVIDADE

1 Leia, escreva por extenso e expresse na forma decimal.

a) 22% → _____

b) 95% → _____

c) 0,5% → _____

d) 13% → _____

2 Represente relacionando a forma de fração com a de porcentagem.

a) $\dfrac{3}{100}$ = _____

c) $\dfrac{105}{100}$ = _____

b) _____ = 99%

d) 7,5% = _____

3 Observe que 20 dos 400 quadradinhos da figura abaixo estão coloridos, isto é, 20 em 400, ou $\dfrac{5}{100}$ (simplificamos até o denominador chegar a 100); ou seja, 5% dos quadradinhos estão pintados.

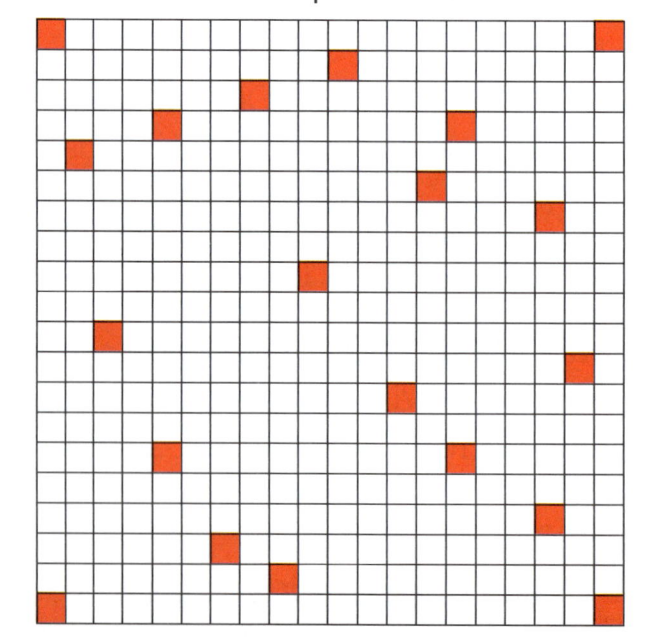

Escreva a porcentagem que cada quantidade indicada de quadradinhos coloridos nessa malha representa.

a) 400 quadradinhos: _____

b) 40 quadradinhos: _____

c) 180 quadradinhos: _____

d) 6 quadradinhos: _____

4 Veja o modelo e calcule as porcentagens.

$$4 \text{ em cada } 10 = \frac{4}{10} = \frac{40}{100} = 40\%$$

a) 1 em cada 10 =

b) 1 em cada 2 =

c) 3 em cada 4 =

d) 49 em cada 50 =

e) 150 em cada 200 =

f) 16 em cada 20 =

5 Calcule o que se pede seguindo o modelo.

$$20\% \text{ de } 200 \text{ reais} = 40 \text{ reais}$$
$$\frac{20}{100} \times 200 = \frac{4\,000}{100} = 40$$

a) 40% de 500 reais = _____

b) 10% de 900 reais = _____

6 Com o auxílio de uma calculadora, complete tornando a sentença verdadeira.

a) Em um preço de R$ 59,00 foi aplicado um desconto de 12%, ficando um novo preço de R$ _____.

b) O preço de um produto teve um acréscimo de 20%, passando de R$ 79,55 para R$ _____.

PROBLEMAS

1) Uma família de 3 pessoas tem uma renda de R$ 7.000,00. Do total dessa renda, 50% é gasto com contas da casa e 20% com alimentação. Que valor sobra para as outras despesas?

_____

2) Carlos recebe R$ 3.250,50 por mês. No próximo mês ele terá um aumento de 5%. Qual será o novo salário de Carlos?

_____

3) Everton comprou uma moto usada por R$ 38.500,00. Ele vai pagar em 11 parcelas iguais, sem entrada. Devido a isso, houve um acréscimo de 15% no preço. Quanto Everton pagará ao todo pela moto e qual o valor de cada parcela?

_____

4) Em uma urna há 300 cupons de cores diferentes.

a) Sabe-se que 3 em cada 10 cupons são verdes. Qual é a porcentagem de cupons que não são verdes?

_____

b) Qual é a quantidade de cupons verdes?

_____

DESAFIO

1 Resolva mentalmente e depois confira sua resposta com uma calculadora.

Se 25% de uma quantia é 50 reais, qual é essa quantia?

___

PEQUENO CIDADÃO

Formação do preço de venda de uma mercadoria

Você já pensou em como uma empresa calcula por qual valor deverá vender seu produto?

É importante que esse preço, passado aos clientes, cubra os gastos e ainda proporcione lucro – ganho obtido na venda do produto.

Mas o empresário não pode fazer o que quer, pois, se o preço for alto demais, ele não venderá seus produtos – há a concorrência de outras empresas. Por outro lado, se o preço for baixo demais, pode não cobrir os custos da produção, e então haverá prejuízo – perda financeira –, ocasionando a quebra da empresa.

Há um índice usado para a formação do preço de venda – o *mark-up* –, que sempre é aplicado sobre o preço de custo dos produtos e envolve três componentes: despesas fixas, despesas variáveis e lucro esperado.

1 Pesquise o significado desses componentes e registre no caderno.

2 A fórmula para o cálculo do índice para a formação do preço de venda é:

$$\text{índice} = \frac{1}{1 - (\text{despesas fixas} + \text{despesas variáveis} + \text{lucro esperado})}$$

Se uma empresa tem 25% de despesas fixas, 20% de despesas variáveis e 15% de lucro esperado relativos a um negócio que teve preço de custo de R$ 50,00, qual deve ser o preço de venda? _____

JUNIOR FEA - RP. https://www.ecommercebrasil.com.br/artigos/ markup-entenda-e-calcule-corretamente/ https://www.juniorfea.com.br/post/%C3%ADndice-de-pre%C3%A7o-markup-o-que-%C3%A9-e-onde-pode-melhorar-o-seu-neg%C3%B3cio?gclid=EAIaIQobChMIsdvhnoLj6AIVFAqRCh0xXADCEAAYASAAEgJqXfD_BwE. Acesso em: 1 ago. 2020.

UNIDADE 11

SISTEMA MONETÁRIO

O dinheiro está presente em nosso cotidiano, pois dependemos dele para a compra de qualquer produto ou serviço.

O sistema monetário brasileiro é organizado em cédulas e moedas. No Brasil, a moeda utilizada é o real (R$).

O real é dividido em 100 partes iguais, que são os centavos:

1 real = 100 centavos

Cédulas e moedas do real

As cédulas e moedas não estão representadas em proporção.

A vírgula separa os reais, a parte inteira, dos centavos, que é a parte decimal da moeda.

Operações com dinheiro

As operações de adição, subtração, multiplicação e divisão com valores em reais devem ser feitas seguindo as mesmas regras das operações com números decimais.

ATIVIDADE

1 Determine o valor do troco em cada compra.

Quantia	Valor da compra	Troco
(R$ 1,00)	R$ 0,43	
(R$ 10,00)	R$ 1,79	
(R$ 5,00)	R$ 3,62	
(R$ 300,75)	R$ 264,75	

PROBLEMAS

1 Tiago comprou uma geladeira para sua casa, dando R$ 400,00 de entrada e parcelando o restante em cinco vezes de R$ 143,00. Quanto custou essa geladeira?

2 Gabriela comprou um microcomputador por R$ 1.980,00 e uma TV por R$ 1.200,00. Ela tinha na poupança R$ 9.876,20 reservados para gastos extras. Quanto ficou de saldo na poupança depois da compra?

3 Jorge compra uma mercadoria por R$ 18,00 e a revende com 23% de aumento. Esse valor a mais é seu lucro. Quantos reais ele lucra com essa venda? Por quanto Jorge vende a mercadoria?

___

4 Paula comprou fitas coloridas para colocar em seus embrulhos de presente. Ao todo foram 30 metros de fita, que custou R$ 57,00. Quanto Paula pagou pelo metro de fita?

___

5 Isabela foi comprar uma calça; porém a calça que deseja custa R$ 120,00, e ela tem apenas R$ 100,00. Se o pagamento for à vista, haverá 10% de desconto. Com o valor que Isabela tem é possível comprar a calça à vista? Se não for, quanto faltará?

___

6 Um grupo de 6 amigos foi comemorar o aniversário de um deles em um restaurante. O aniversariante pagou apenas 10% da conta, correspondente a R$ 27,00. O restante foi repartido igualmente entre os demais amigos. De quanto foi a conta e quanto cada amigo pagou?

___

7 Para fazer uma cerca, Rogéria comprou 25 m de tela e pagou R$ 259,00. Quanto custou cada metro de tela?

_____

8 Leopoldo conferiu a quantia que há em seu cofrinho: R$ 1,25 em moedas de 5 centavos; R$ 3,00 em moedas de 10 centavos; R$ 3,25 em moedas de 25 centavos; R$ 17,50 em moedas de 50 centavos; e R$ 28,00 em moedas de 1 real.

Complete o quadro a seguir e descubra quantas moedas Leopoldo tem nesse momento.

Tipo da moeda	R$ 0,05		R$ 0,25		
Quantia	R$ 1,25				
Quantidade					

! SAIBA MAIS

Há mais de mil anos, na China, surgiram as notas de papel. A introdução dessas notas, que podiam ser trocadas por moedas, facilitou o percurso dos comerciantes, possibilitando que transportassem grandes quantidades de dinheiro. Foi um detalhe importante para acelerar o comércio, já que sacos de moedas deviam ser muito pesados.

UNIDADE 12

GRÁFICOS

Até o início de abril de 2020, a pandemia da covid-19 – doença causada pelo coronavírus – já havia infectado mais de 1,5 milhão de pessoas em todo o mundo.

Veja abaixo gráficos que traduzem o impacto e algumas consequências da pandemia pelo mundo.

Número de trabalhadores que têm se comunicado por meio de *software* de mensagens instantâneas

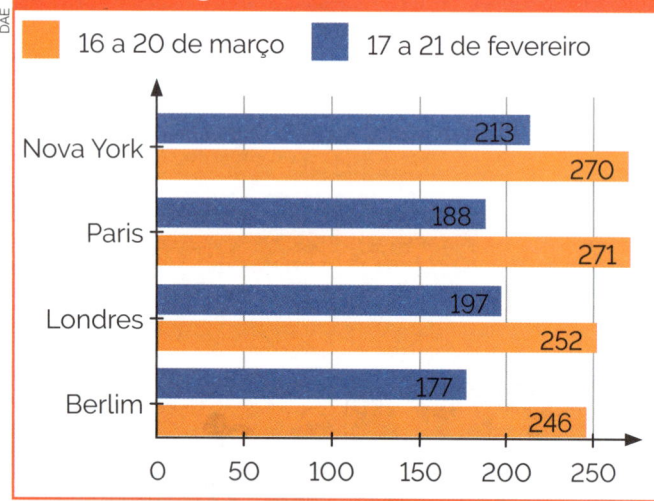

- 16 a 20 de março
- 17 a 21 de fevereiro

- Nova York: 213 / 270
- Paris: 188 / 271
- Londres: 197 / 252
- Berlim: 177 / 246

BBC. Todos os gráficos disponíveis em: https//www.bbc.com/portuguese/internacional-52239099. Acesso em: 13 abr. 2020.

Casos e óbitos de COVID-19

CORONAVÍRUS // BRASIL

- 125.218 Casos Confirmados
- 8.536 Óbitos
- 6,8% Letalidade

Casos e óbitos de COVID-19 por UF de notificação

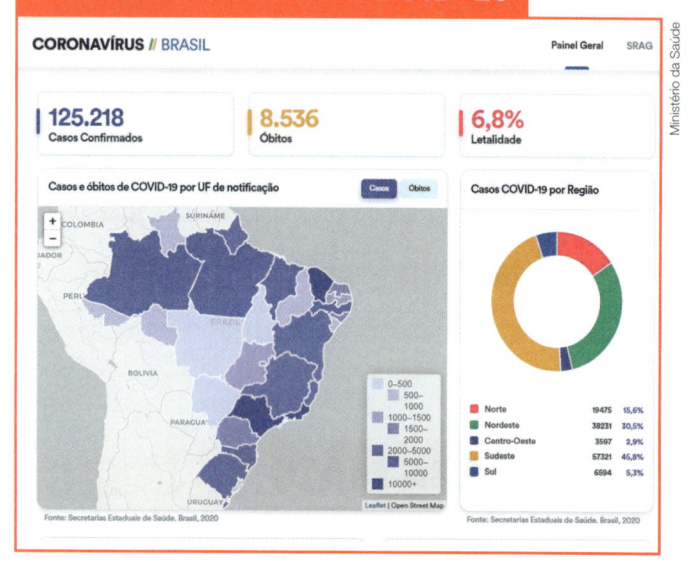

Casos COVID-19 por Região:
- Norte: 19475 — 15,6%
- Nordeste: 38231 — 30,5%
- Centro-Oeste: 3597 — 2,9%
- Sudeste: 57321 — 45,8%
- Sul: 6594 — 5,3%

Fonte: Secretarias Estaduais de Saúde, Brasil, 2020.

Trânsito médio por dia

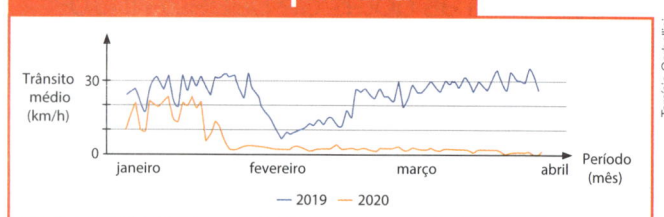

— 2019 — 2020

Os gráficos são utilizados com o objetivo de visualizar, de modo organizado, dados numéricos sobre determinado assunto. São representações que facilitam a leitura e a interpretação das informações apresentadas.

Entre os diversos tipos de gráficos, vamos explorar os de barras, de colunas, de linhas e de setores.

Gráfico de colunas e de barras

Quanto tempo vai levar para o plástico desaparecer?

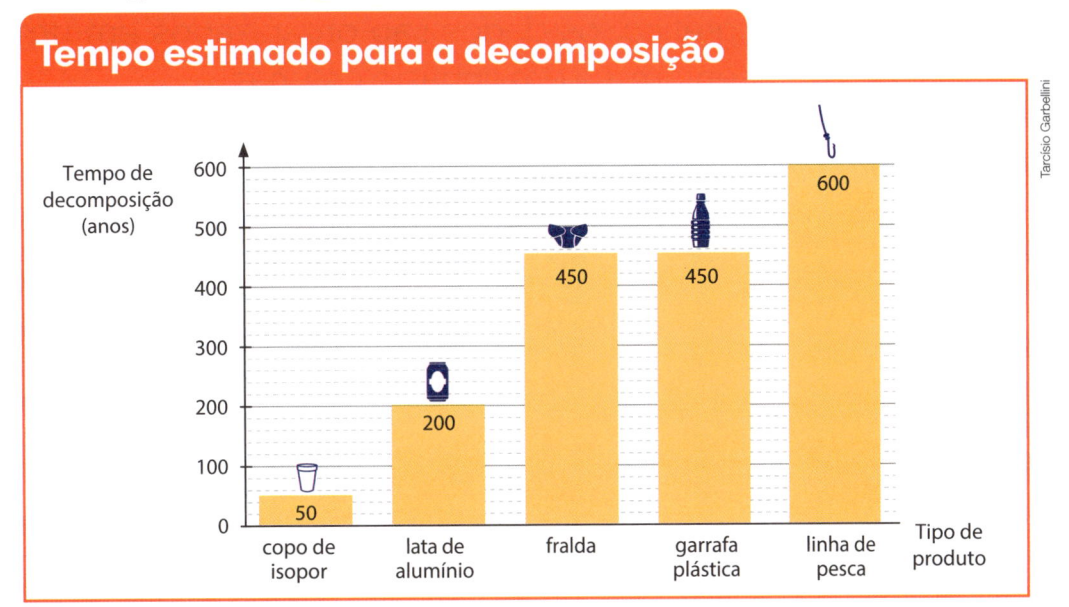

Tempo estimado para a decomposição

Tempo de decomposição (anos)

- copo de isopor: 50
- lata de alumínio: 200
- fralda: 450
- garrafa plástica: 450
- linha de pesca: 600

Tipo de produto

Fonte: BBC. Disponível em: https://www.bbc.com/portuguese/geral-42308171. Acesso em: 13 abr. 2020.

Os **gráficos de barras e de colunas** são os mais utilizados quando há várias informações a serem exibidas.

Observe que esse tipo de representação facilita a comparação dos valores (ou medidas) pelos comprimentos das barras, ou pelas alturas das colunas.

Número de casos confirmados de COVID-19

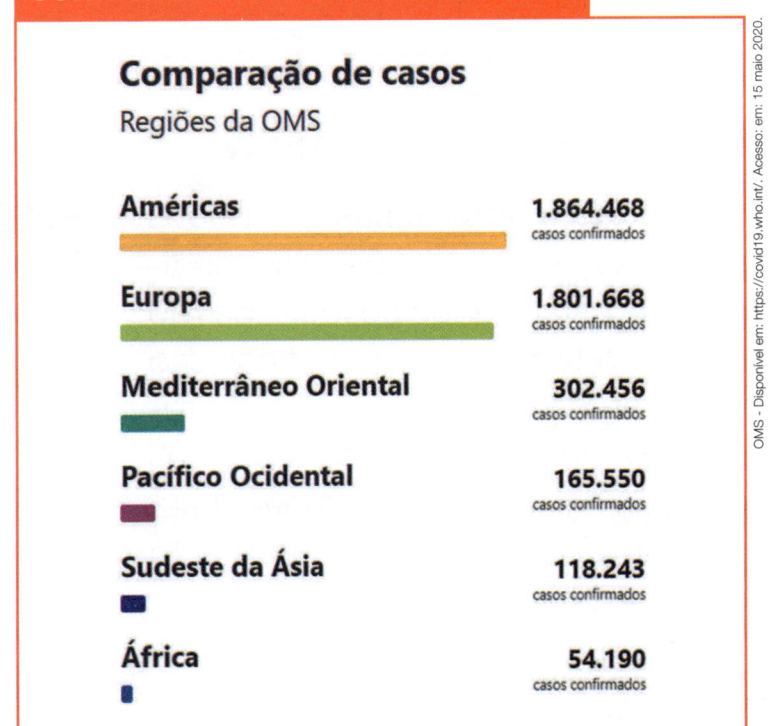

Comparação de casos
Regiões da OMS

- Américas: 1.864.468 casos confirmados
- Europa: 1.801.668 casos confirmados
- Mediterrâneo Oriental: 302.456 casos confirmados
- Pacífico Ocidental: 165.550 casos confirmados
- Sudeste da Ásia: 118.243 casos confirmados
- África: 54.190 casos confirmados

Fonte: BBC. Disponível em: https://www.paho.org/bra/index.php?option=com_content&view=article&id=6101:covid19&Itemid=875. Acesso em: 13 abr. 2020.

Gráficos de setores

Os **gráficos de setores** são elaborados com um círculo repartido em partes (setores) que apresentam a proporção entre cada parte e o todo.

Para a elaboração do gráfico, os dados são organizados em uma tabela. Nela, as informações apresentam-se em linhas e colunas.

Veja a tabela a seguir, com as informações que possibilitam obter o gráfico de setores exibido ao lado.

Distribuição de água doce no planeta	
Água doce	% do volume de água doce
Áreas congeladas	68,697
No subsolo	30,061
Nos lagos	0,260
Na umidade do solo	0,047
Na atmosfera (vapor d'água)	0,37
Nos pântanos	0,033
Nos rios	0,006
Na biomassa	0,003

Distribuição de água doce no planeta

- Água doce em outras formas: 1,2%
- Água no subsolo: 30,1%
- Água congelada: 68,7%

Fonte: ATLAS geográfico escolar. Ensino Fundamental do 6º ao 9º ano. 2. ed. Rio de Janeiro: IBGE, 2015. p. 109.

Gráficos de linhas

Os **gráficos de linhas** são usados para mostrar as variações das medidas que estão sendo pesquisadas ao longo do tempo. Esses gráficos são importantes na apresentação de resultados de experiências e pesquisas e podem ser aplicados também para facilitar a visualização de aumento ou diminuição de valores.

Fonte: YAHII. Disponível em: http://www.yahii.com.br/dolar.html. Acesso em: 13 abr. 2020.

Cotação do dólar comercial oficial (valores em reais)

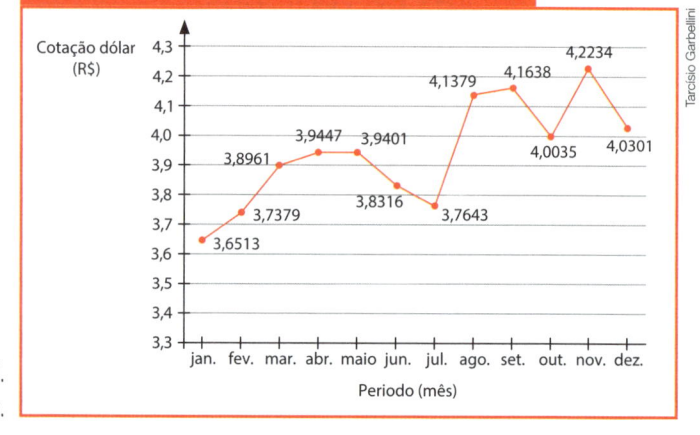

Cotação dólar (R$) por período (mês):
- jan.: 3,6513
- fev.: 3,7379
- mar.: 3,8961
- abr.: 3,9447
- maio: 3,9401
- jun.: 3,8316
- jul.: 3,7643
- ago.: 4,1379
- set.: 4,1638
- out.: 4,0035
- nov.: 4,2234
- dez.: 4,0301

ATIVIDADES

1) Com o resultado de uma pesquisa feita com cidadãos de uma cidade constatou-se que 75% da população possui cachorro ou gato em casa. Qual é o gráfico que melhor representa esse resultado?

a) Não possui animal. / Possui cão ou gato em casa.

b) Não possui animal. / Possui cão ou gato em casa.

c) Não possui animal. / Possui cão ou gato em casa.

d) Não possui animal. / Possui cão ou gato em casa.

2) Observe o gráfico de barras duplas a seguir e responda:

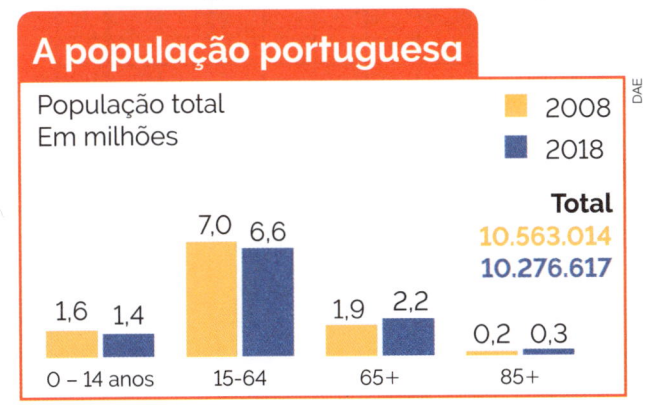

A população portuguesa
População total
Em milhões
2008 / 2018

Total
10.563.014
10.276.617

0 – 14 anos: 1,6 / 1,4
15-64: 7,0 / 6,6
65+: 1,9 / 2,2
85+: 0,2 / 0,3

Fonte: INSTITUTO NACIONAL DE ESTATÍSTICA
Disponível em: https://www.publico.pt/2019/06/14/sociedade/noticia/portugal-perdeu-144-milhabitantes-ano-passado-1876399. Acesso em: 13 abr. 2020.

a) Em todas as faixas etárias a população reduziu de 2008 para 2018? Explique.

b) Qual é a diferença em milhares de habitantes entre esses anos na faixa de 15 a 64 anos?

3) Veja o gráfico sobre a coleta de lixo e responda:

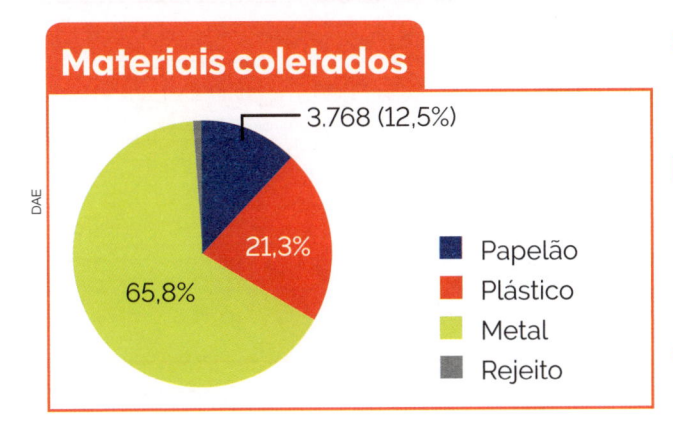

Materiais coletados
3.768 (12,5%)
21,3%
65,8%

Papelão
Plástico
Metal
Rejeito

Fonte: MENOS UM LIXO. Disponível em: https://www.menos1lixo.com.br/posts/do-meu-lixo-cuido-eu. Acesso em: 13 abr. 2020.

a) Qual material foi o mais coletado?

b) Qual é a porcentagem referente à coleta de plástico?

c) E a referente à coleta de rejeito?

4 No encontro de um grupo de 32 amigos, eles farão um lanche no sábado à tarde. Para saber o que levar de bebida, o coordenador do encontro fez uma pesquisa entre os participantes e organizou o resultado em uma tabela como a mostrada ao lado.

Bebidas do café da manhã	
café	4
leite	2
suco	15
chá	6
café com leite	5

Fonte: Coordenador do encontro.

Depois, resolveu organizar um gráfico com os dados da tabela para mostrar aos demais.

a) Ajude o coordenador terminando de elaborar o gráfico.

b) Qual tipo de gráfico foi usado? Que título você daria a ele?

___

c) Qual recurso você achou mais adequado para analisar os dados: a tabela ou o gráfico? Explique.

5 Observe o gráfico ao lado e faça o que se pede.

a) Determine o período para a maior e para a menor taxa de desocupação.

___

b) Houve algum período em que a taxa se manteve constante?

___

Materiais coletados

Fonte: IBGE. Disponível em: https://www.portalmarcossantos.com.br/2019/02/27/ desemprego-sobe-e-atinge-127-milhoes-de-pessoas-apos-dois-trimestres-de-queda/grafico-ibge-2019-2-27/. Acesso em: 13 abr. 2020.

PESQUISANDO

1 Observe o gráfico feito com base na pesquisa *Sustentabilidade: O impacto no hábito dos brasileiros e nas marcas*, realizada no final de 2019 pela FGV e pela Toluna.

Tomo medidas ativas para viver um estilo de vida sustentável
- Discordo totalmente: 2,42 %
- Discordando em partes: 5,8 %
- Não concordo nem discordo: 11,51 %
- Concordo em partes: 39,17 %
- Concordo totalmente: 41,1 %

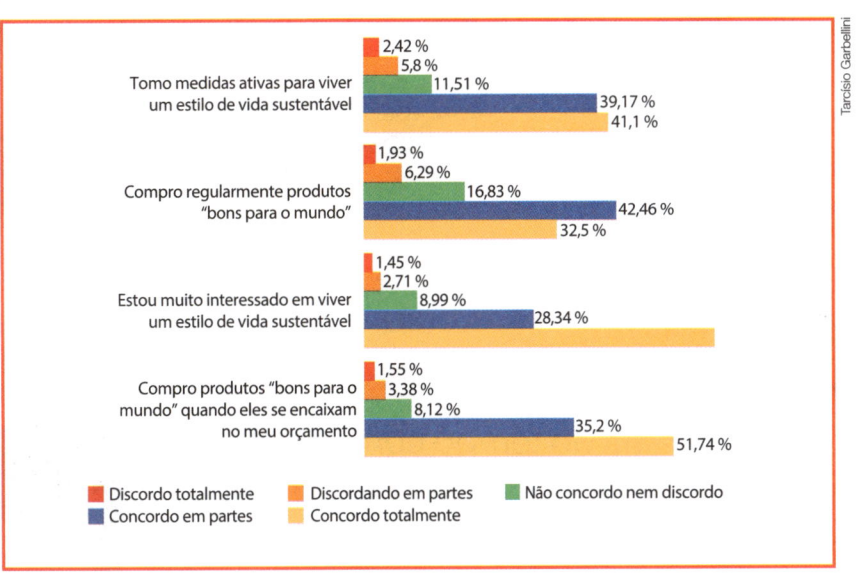

Compro regularmente produtos "bons para o mundo"
- Discordo totalmente: 1,93 %
- Discordando em partes: 6,29 %
- Não concordo nem discordo: 16,83 %
- Concordo em partes: 42,46 %
- Concordo totalmente: 32,5 %

Estou muito interessado em viver um estilo de vida sustentável
- Discordo totalmente: 1,45 %
- Discordando em partes: 2,71 %
- Não concordo nem discordo: 8,99 %
- Concordo em partes: 28,34 %
- Concordo totalmente: (valor maior)

Compro produtos "bons para o mundo" quando eles se encaixam no meu orçamento
- Discordo totalmente: 1,55 %
- Discordando em partes: 3,38 %
- Não concordo nem discordo: 8,12 %
- Concordo em partes: 35,2 %
- Concordo totalmente: 51,74 %

Fonte: SBVC. Disponível em: http://sbvc.com.br/brasileiros-mudam-habitos-meio-ambiente/. Acesso em: 13 abr. 2020.

a) Em que situação a concordância foi maior? Explique.

2 Pesquise o consumo em kWh dos equipamentos elétricos listados abaixo. No caderno, organize os dados em uma tabela e depois elabore um gráfico com as informações obtidas. Por último, responda às perguntas.

- lavadora de roupa
- ferro elétrico
- chuveiro
- *notebook*
- TV
- lâmpada incandescente
- lâmpada fluorescente
- geladeira

a) De acordo com sua pesquisa, qual dos aparelhos tem o maior consumo e qual tem o menor consumo?

b) Qual recurso você acha mais adequado para analisar os dados: a tabela ou o gráfico?

c) Para um volume muito grande de dados, qual recurso seria mais adequado: tabela ou gráfico?

UNIDADE 13 — MEDIDAS DE TEMPO

A medida do tempo como conhecemos foi inventada a fim de que a humanidade pudesse se organizar para eventos cotidianos, como o plantio.

Estima-se que o primeiro povo que marcou a passagem do tempo foram os babilônios, habitantes da Mesopotâmia entre 1950 a.C. e 539 a.C. Para medir o tempo em frações menores que o dia e a noite, eles inventaram o relógio de sol.

Relógio de sol.

Embora a marcação não fosse tão precisa, observando as sombras eles separaram o dia em 12 partes – surgindo a **hora** –, e fizeram o mesmo com o período da noite.

Por volta de 600 a.C., registra-se o aparecimento na Judeia (parte montanhosa do sul da Palestina) dos relógios de água (clepsidras) e dos relógios de areia (ampulhetas).

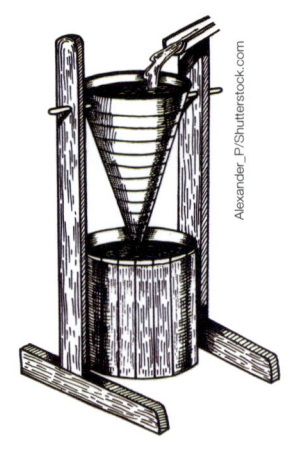

Outras unidades de medida de tempo foram criadas pelas civilizações antigas. Pela observação de fenômenos cíclicos, como as estações do ano, pode-se determinar a melhor época para o plantio, por exemplo.

Clepsidra antiga.

Os romanos foram os primeiros a dividir o ano em 12 partes. Os nomes de julho e agosto foram dados em homenagem ao líder romano Júlio César e ao imperador César Augusto, respectivamente.

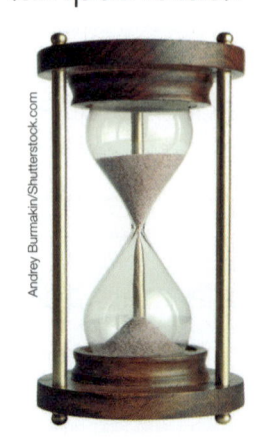

Ampulheta.

Com a observação e análise do movimento do Sol e da Lua, das fases da Lua e da posição das estrelas, o ser humano construiu os primeiros calendários. E, com a evolução da tecnologia, inventou um relógio que possibilitava medir o tempo em **horas**, **minutos** e **segundos** (e até mesmo em intervalos de tempo bem menores que o segundo, com relógios atômicos).

> O **segundo** é a unidade fundamental de medida de tempo.

Big Ben, Londres.

O símbolo do segundo é **s** e os **múltiplos do segundo** são:

hora e minuto

O símbolo do minuto é **min** e da hora é **h**.

As medidas de tempo não pertencem ao sistema de numeração decimal. Elas podem ser agrupadas de acordo com o sistema sexagesimal, ou seja, em grupos de 60 unidades. Acompanhe:

- Um **minuto** é igual a 60 segundos.

  1 minuto = 60 segundos
  1 min = 60 s

- Uma **hora** é igual a 60 minutos.

  1 hora = 60 minutos
  1 h = 60 min

> As horas não são agrupadas de acordo com o sistema sexagesimal, elas são agrupadas em dias.
>
> 1 dia = 24 horas

Como as unidades de medida de tempo não pertencem ao sistema decimal, não utilizamos a vírgula para escrever as horas, os minutos e os segundos. Veja:

7 horas e 35 minutos ⟶ 7 h 35 min
13 horas, 20 minutos e 8 segundos ⟶ 13 h 20 min 8 s

Observe que os símbolos são escritos com **letras minúsculas**, **sem ponto** e **sem o "s"** para indicar o plural.

ATIVIDADES

1 Responda.

a) Quantas horas tem 1 dia (completo)? _____

b) Se 1 hora tem 60 minutos, quantos minutos tem em 1 dia? _____

c) Se 1 hora tem 60 minutos e 1 minuto tem 60 segundos, quantos segundos tem em 1 dia? _____

2 Faça o desenho de um relógio analógico (de ponteiros) com o mesmo horário do relógio digital ao lado e depois responda.

- Quanto tempo falta para o relógio indicar 18 h?
_____

DESAFIO

1 Responda.

a) O relógio mecânico (que funcionava com o uso de uma corda) surgiu no século XIV. Nessa época, ele atrasava 15 minutos por dia. Em quanto tempo esse atraso era de 1 hora? _____

b) O relógio de pêndulo, que era um tipo de relógio mecânico, atrasava menos: 1 minuto por semana. Considerando que 1 mês tem 4 semanas, em quanto tempo esse atraso era de 1 hora?
_____

c) O relógio atômico pode ter um atraso de cerca de 1 segundo a cada um milhão de anos. Em quanto tempo esse atraso será de 1 hora?
_____

Mudança de unidade

Para transformar as medidas de tempo (em horas, minutos e segundos), multiplicamos ou dividimos o número por 60. Se vamos transformar uma unidade maior em uma unidade menor, é necessário fazer uma multiplicação, enquanto, para transformar uma unidade menor em uma maior, usamos a divisão.

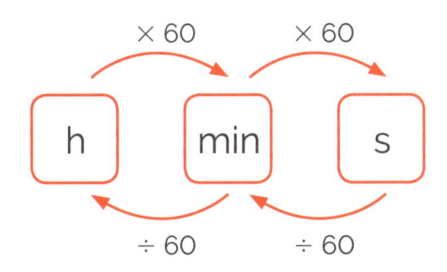

Exemplos:
5 h = 300 min (5 × 60)   300 min = 5 h (300 ÷ 60)

Além dessas, há outras medidas de tempo. Observe a seguir.

- semana = 7 dias
- quinzena = 15 dias
- bimestre = 2 meses
- trimestre = 3 meses
- quadrimestre = 4 meses
- semestre = 6 meses
- ano = 12 meses

- mês = 28, 29, 30 ou 31 dias
- ano (normal) = 365 dias
- ano (bissexto) = 366 dias

- biênio = 2 anos
- triênio = 3 anos
- quinquênio = 5 anos
- década = 10 anos
- século = 100 anos
- milênio = 1 000 anos

Algumas medidas de tempo podem variar, como a quantidade de dias em um ano e nos meses.

Um ano tem aproximadamente **365 dias e 6 horas**. A cada quatro anos, o ano passa a ter 366 dias, porque as 6 horas de cada um desses quatro anos somadas completam 24 horas (ou um dia). O ano de **366 dias** é chamado de **bissexto**. Fevereiro tem 28 dias, mas no ano bissexto ele tem 29 dias. Essa diferença resulta da soma das 6 horas de cada um dos quatro anos anteriores.

Observe a quantidade de dias nos meses:
- 28 dias ⟶ fevereiro;
- 29 dias ⟶ fevereiro, de quatro em quatro anos;
- 30 dias ⟶ abril, junho, setembro e novembro;
- 31 dias ⟶ janeiro, março, maio, julho, agosto, outubro e dezembro.

> Um ano é bissexto se for divisível por 4, mas não divisível por 100. Os anos divisíveis por 400 também são bissextos, embora obedeçam à regra acima.

Exemplos:
- 2008 é divisível por 4 e não por 100 – assim, 2008 é um ano bissexto;
- 1900 é divisível por 4, por 100 e não por 400 – assim, 1900 não é um ano bissexto;
- 2000 é divisível por 4 e por 100, mas também é divisível por 400 – assim, 2000 é um ano bissexto.

! SAIBA MAIS

Os séculos são representados por símbolos romanos. A contagem desses cem anos que os compõem é feita sempre a partir do ano 1. Assim, o século XX começou em 1901 e terminou em 2000.

> Para saber a que **século** um ano pertence, **dividimos o ano por 100**. Se a divisão tiver quociente natural exato, pertence ao século encontrado; caso contrário, soma-se mais 1 à parte inteira do resultado.

Observe os exemplos a seguir.
Ano 1900 ⟶ 1900 ÷ 100 = 19 (quociente natural exato) ⟶ século XIX
Ano 1790 ⟶ 1790 ÷ 100 = 17,90 (quociente não natural); então, 17 + 1 = 18 ⟶ século XVIII

ATIVIDADES

1 Complete com o que se pede.

a) 60 meses = _____ anos

b) 84 meses = _____ anos

c) 108 meses = _____ anos

d) 48 meses = _____ anos

2 Complete o quadro.

Tempo em horas	Tempo em minutos	Tempo em segundos
2	120	7 200
1		
0,5		
		5 400
	210	
0,8		
0,3		

3 Responda:

a) O ano 2020 é bissexto? Se sim, por quê?
_____

b) O ano 1600 é bissexto? Se sim, por quê?
_____

c) Quantos dias você já viveu desde seu nascimento?
_____

ATIVIDADES

1) Transforme em minutos seguindo o exemplo.

5 horas e 45 minutos 5 × 60 + 45 = 345 ⟶ 345 minutos

a) 3 horas e 15 minutos ⟶ _____

b) 9 horas e 30 minutos ⟶ _____

2) Transforme em horas e minutos seguindo o exemplo.

250 min ⟶ 250 ÷ 60 = 4 e resto 10 ⟶ 4 h 10 min

a) 410 min ⟶ _____

b) 1 340 min ⟶ _____

PROBLEMAS

1) Uma viagem de trem demorou 690 minutos. Quantas horas e minutos foram de viagem?

_____

_____

2) Considere 1 mês com 4 semanas.

a) A gestação do ser humano é de 9 meses. Quanto tempo dura em semanas a gestação humana?

_____

b) No sítio do avô de Márcia há muitas cabras. A gestação de uma cabra foi de 150 dias. Quantos meses durou essa gestação?

_____

PEQUENO CIDADÃO

É difícil ganhar, mas fácil gastar

Você já pensou em como a gente ganha nosso dinheiro? Não é fácil, não. Precisamos trabalhar, oferecendo os produtos que fazemos ou nossos serviços, ou, ainda, revendendo mercadorias. Mas há aqueles que nem isso conseguem.

O trabalho é a atividade que realizamos para alcançar metas, remuneração (dinheiro) e nossos objetivos de vida. É também com ele que interagimos com outras pessoas, desenvolvendo respeito, empatia, espírito colaborativo, entre tantas outras coisas.

Mas até para realizar sonhos é preciso ter disciplina, responsabilidade e planejamento. Nossa vida está povoada de estímulos de consumo. Sem algum tipo de controle de nosso dinheiro, podemos gastar demais em itens supérfluos, como guloseimas, e comprar por impulso, deixando faltar para gastos essenciais, como moradia e saúde.

Além disso, também é importante fazer uma reserva financeira para imprevistos: doença e desemprego, por exemplo. Ou mesmo investir para atingir uma meta maior, como a compra de uma casa.

Por isso, os economistas aconselham que, ganhando pouco ou muito, é necessário poupar e investir – sempre com responsabilidade e conhecimento.

1 Roberto fez uma aplicação, iniciando com R$ 500,00, que rende ao mês 2% do saldo. Ao final de 1 trimestre desde que iniciou, quanto Roberto tem nessa aplicação?

UNIDADE 14

MEDIDAS DE TEMPERATURA

Você já conhece as estações do ano. Elas não ocorrem simultaneamente em todo o mundo, devido aos movimentos de translação e rotação da Terra. Por exemplo, quando no Hemisfério Sul (em que está o Brasil) é verão, no Hemisfério Norte (em que fica os Estados Unidos) é inverno.

E qual é a diferença entre o inverno e o verão? No verão, temos os dias mais quentes, com **temperaturas mais altas**; no inverno, os dias mais frios, com **temperaturas mais baixas**.

Medimos também a temperatura de nossos corpos e de objetos, além da temperatura do ambiente. Medir a temperatura corporal é muito importante, pois, quando estamos doentes, ela indica se estamos com febre ou não.

> O instrumento de medida de temperatura é o termômetro e a unidade de medida mais utilizada é o grau Celsius (°C). Indicamos 1 grau Celsius por 1 °C.

Anders Celsius (1701-1744), astrônomo e geofísico sueco, foi quem propôs a escala termométrica que leva seu nome.

O termômetro foi inventado por Galileu Galilei (1564-1642), matemático, físico e astrônomo italiano, em 1592. Os primeiros termômetros confiáveis foram construídos por Gabriel Fahrenheit (1686-1736), físico e engenheiro alemão-polonês. Esse instrumento evoluiu bastante e hoje há vários tipos. Por exemplo, os termômetros clínicos, que usamos para medir a temperatura corporal, podem ser:

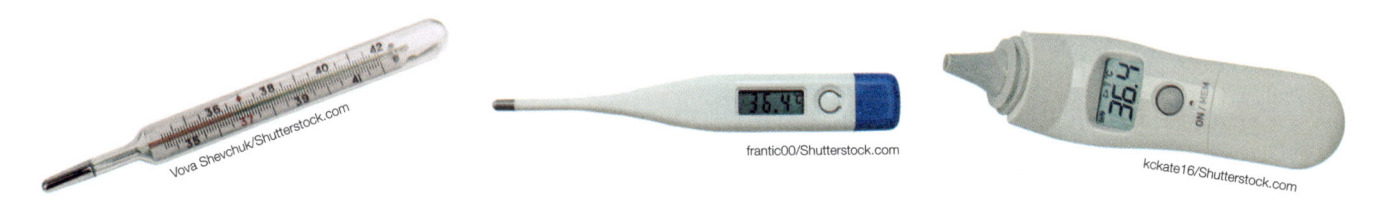

Termômetro de mercúrio.

Termômetro digital.

Termômetro infravermelho sem contato.

Os termômetros que não usam mercúrio são os mais indicados, pois seu descarte polui menos o meio ambiente. Em 2019, foi proibida a comercialização do termômetro de mercúrio no Brasil para uso relativo à saúde.

ATIVIDADES

1 Observe o gráfico a seguir e faça o que se pede.

Temperaturas máximas e mínimas de algumas capitais em 13/4/2020

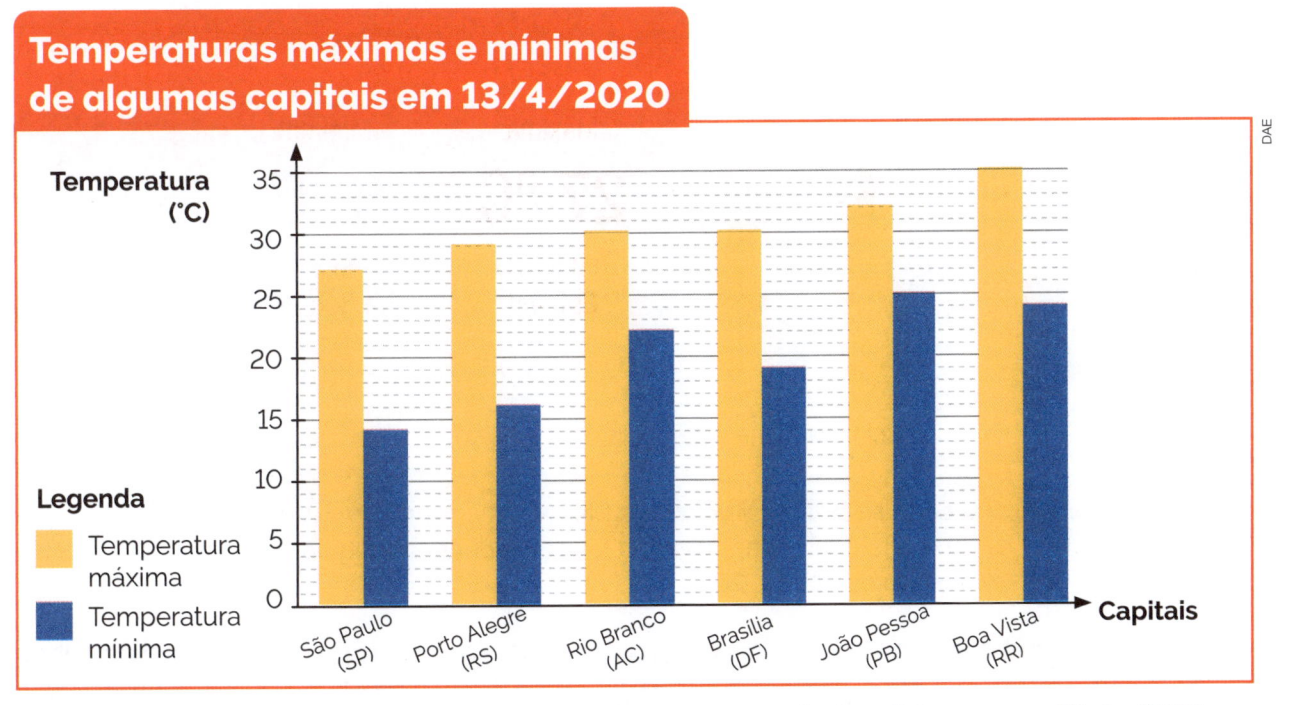

Legenda:
- Temperatura máxima
- Temperatura mínima

Fonte: Climatempo. Disponível em: https://www.climatempo.com.br/brasil. Acesso em: 13 abr. 2020.

a) Complete a sentença, tornando-a verdadeira.

Em um dia, a temperatura _____ é a maior temperatura atingida nesse dia.

b) Explique o que você entende por temperatura mínima.

_____

c) Observe o gráfico das temperaturas máximas e mínimas no dia 13/4/2020 e responda às perguntas.

- Que capital teve a maior temperatura máxima? Qual foi essa temperatura?
_____

- Que capital teve a menor temperatura máxima? Qual foi essa temperatura?
_____

- Qual foi a temperatura mínima de Boa Vista? _____

- Que capital teve a maior diferença entre as temperaturas máxima e mínima? Qual foi essa diferença? _____

2 Observe a previsão do tempo para o estado de Santa Catarina em certo dia do mês de abril de 2020.

15/04/2020

Máxima
27 °C
Tendência
Estável

Mínima
6 °C
Tendência
Em declínio

Parcialmente nublado a claro

Fonte: INMET. Brasília, c2020. Disponível em: http://www.inmet.gov.br/portal/index.php?r=tempo2/ previsaoPorTipo2&type=estadual. Acesso em: 13 abr. 2020.

Qual é a diferença entre a temperatura máxima e mínima referente a esse dia?

_____

3 Para calcular a temperatura média, somamos as temperaturas máxima e mínima e dividimos o resultado por 2.

Agora, determine a temperatura média em Santa Catarina no dia 15/4/2020, de acordo com a previsão da **atividade 2**.

_____

4 A escala termométrica Celsius associa 0 °C à temperatura em que a água (estado líquido) se transforma em gelo (estado sólido) e 100 °C à temperatura em que a água (estado líquido) se transforma em vapor (estado gasoso). Essa é uma escala centesimal, pois o intervalo de 0 °C a 100 °C é dividido em 100 partes iguais. Cada parte corresponde a uma unidade da escala, ou seja, 1 °C.

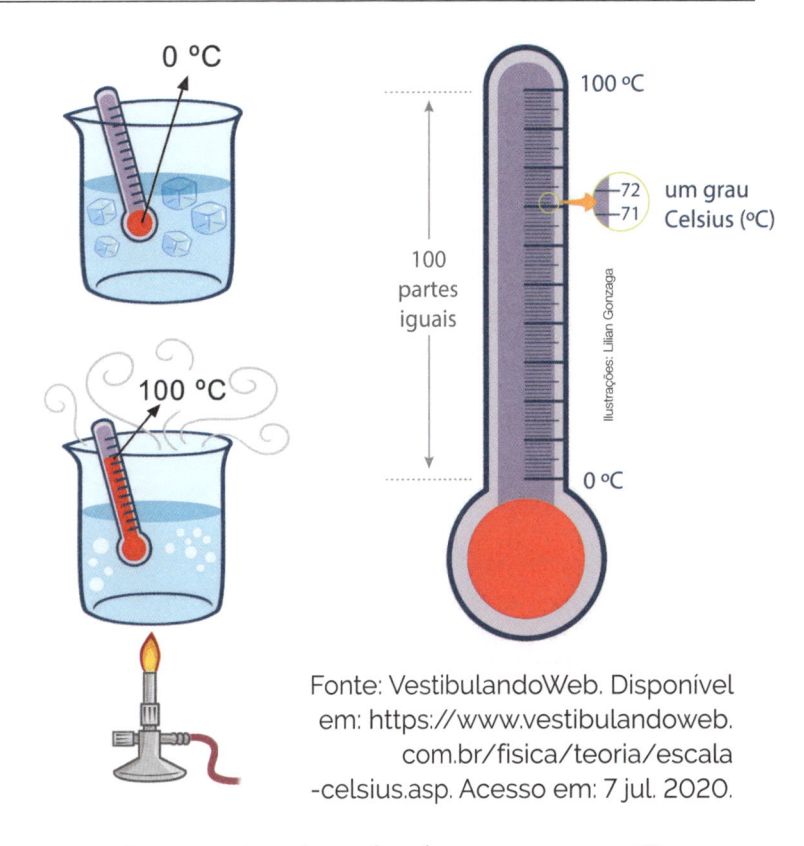

Fonte: VestibulandoWeb. Disponível em: https://www.vestibulandoweb.com.br/fisica/teoria/escala-celsius.asp. Acesso em: 7 jul. 2020.

a) Quando indicamos 80 °C, a quantas partes iguais do intervalo de 0 °C a 100 °C na escala Celsius essa temperatura corresponde?

_____

b) Considerando 55 partes iguais no intervalo de 0 °C a 100 °C, que temperatura estamos indicando em graus Celsius? Nessa temperatura, em que estado está a água: sólido, líquido ou gasoso?

_____

c) Complete a escala do termômetro e determine a temperatura que ele está indicando.

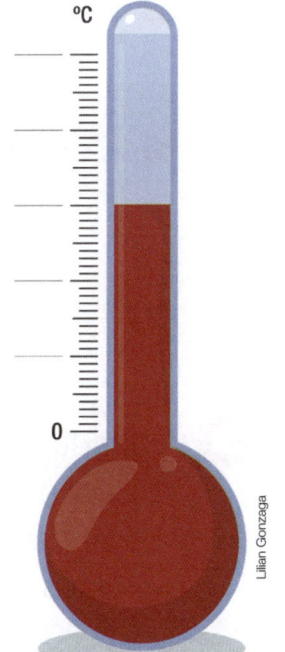

_____

PROBLEMAS

1) Quando há aumento ou diminuição de temperatura, dizemos que houve **variação de temperatura**. Essa variação é dada pela diferença entre a temperatura inicial e a temperatura final registradas.

   a) A temperatura de um objeto foi de 15 °C para 35 °C. Qual foi a variação de temperatura?

   _____

   b) Um objeto sofreu uma variação de temperatura de 2,5 °C, ficando com 18 °C. Qual era a temperatura do objeto antes dessa variação?

2) O termômetro ao lado indica a temperatura de um ambiente naquele momento.

   a) Qual é essa temperatura?

   _____

   b) A que se referem as outras duas medidas de temperatura que aparecem no termômetro?

   _____

   Máx 34,5 °C
   27,3 °C
   Mín 25,9 °C

3) Consulte a previsão do tempo dos próximos 7 dias para sua cidade e, no caderno, monte uma tabela com as temperaturas máximas e mínimas previstas. Depois, construa um gráfico de colunas agrupadas para apresentar os dados obtidos.

4 Observe o gráfico de linhas múltiplas abaixo e depois faça o que se pede.

Temperaturas mensais (máxima, média, mínima), em graus Celsius (°C), dos dados registrados na Estação Meteorológica do Cepagri/Unicamp, no período de 1990 a 2019

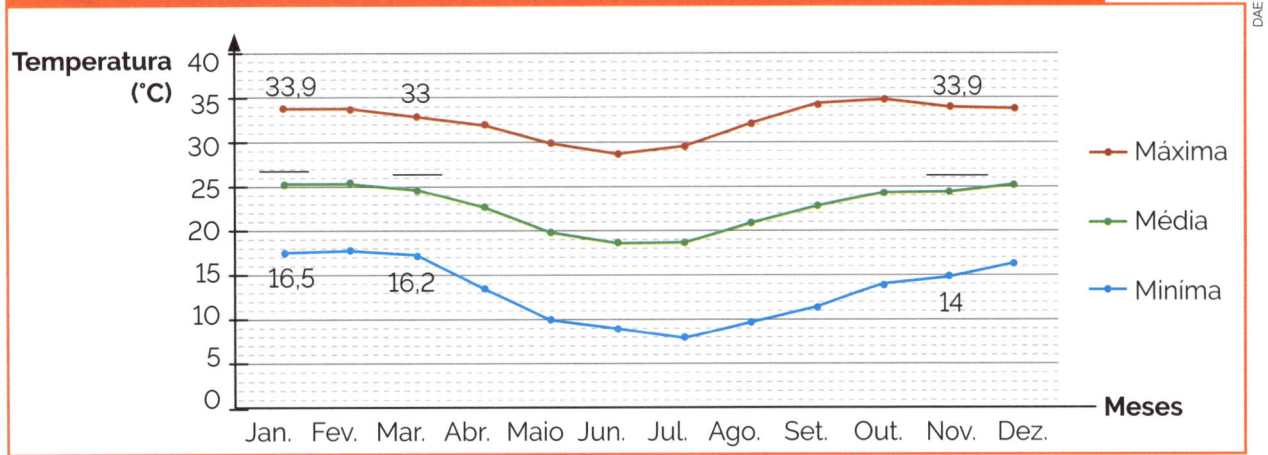

Fonte: Cepagri/Unicamp. Disponível em: htttps://www.cpa.unicamp.br/gráficos. Acesso em: 13 abr. 2020.

a) Em que mês foi registrada a menor temperatura mínima entre 1990 e 2019? _____

b) Em que mês foi registrada a maior temperatura máxima?
_____

c) Calcule a temperatura média entre as temperaturas máxima e mínima registradas nos meses de janeiro, março e novembro e escreva os valores obtidos nos espaços indicados no gráfico.
_____
_____

PESQUISANDO

1 O que significa hipotermia? E hipertermia?
_____
_____
_____

UNIDADE 15
MEDIDAS DE MASSA

23 quilos!

Por favor, 200 gramas de presunto.

Massa de um corpo é a quantidade de matéria desse corpo. Não importa se é um objeto ou um animal, tudo tem uma massa que pode ser medida.

Há muitas situações em que é necessário saber a massa de um corpo, pois vários produtos são vendidos de acordo com essa medida. Assim, quanto maior a massa, maior o valor a ser pago.

As crianças estão em fase de crescimento e, por isso, medir a massa delas, de tempos em tempos, é uma forma de os médicos acompanharem seu desenvolvimento.

A balança é o instrumento usado para medir a massa e há vários modelos dela. Observe alguns deles a seguir.

Balança digital.

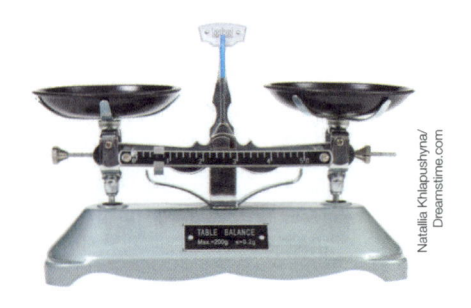

Balança de dois pratos.

Balança de consultório médico.

Para qualquer tipo de medida, utilizamos uma unidade-padrão. No caso da massa, o quilograma é a unidade fundamental de medida.

O quilograma e o grama são as unidades de massa mais utilizadas em nosso cotidiano.

O símbolo do quilograma é **kg** e o do grama é **g**.

> 1 kg equivale a 1000 g

No dia a dia, usamos a palavra **quilo**, que é a forma abreviada de quilograma.

A palavra **grama**, quando empregada como unidade de medida, é usada no masculino. Por exemplo: "Comprei quatrocentos gramas de presunto".

O grama tem múltiplos e submúltiplos.

Múltiplos do grama		
Nome	Símbolo	Valor
quilograma	kg	1000 g
hectograma	hg	100 g
decagrama	dag	10 g

Recipiente com 338 g de nozes.

O **múltiplo** do grama mais usado é o **quilograma**.

Submúltiplos do grama		
Nome	Símbolo	Valor
decigrama	dg	0,1 g
centigrama	cg	0,01 g
miligrama	mg	0,001 g

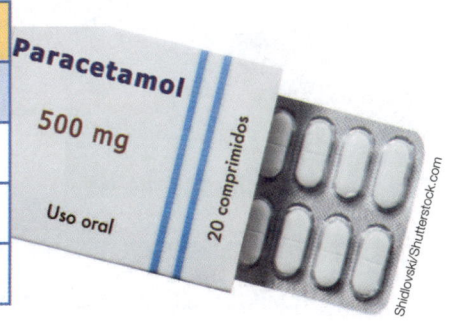

O **miligrama** é o **submúltiplo** do grama mais usado.

Observe este quadro:

Unidades de medida de massa						
Múltiplos			Unidade	Submúltiplos		
kg	hg	dag	g	dg	cg	mg

Cada unidade equivale a dez vezes a unidade imediatamente inferior. Confira essa relação a seguir.

1 kg = 10 hg
1 dag = 10 g
1 dg = 10 cg

1 hg = 10 dag
1 g = 10 dg
1 cg = 10 mg

Atenção!
1 grama é igual a **1 milésimo do quilograma**
Temos, então:

- $1\,g = \dfrac{1}{100}\,kg$
- 1 g = 0,001 kg
- 1000 g = 1 kg

SAIBA MAIS

Para expressar a medida de grandes massas, como cargas de navios, caminhões e trens, é utilizada a **tonelada**, que equivale a **1 000 kg**.

Para indicar a massa de gado, de cacau e de algodão, geralmente usamos a **arroba**. Uma arroba equivale a **15 kg**.

Um **quilate** equivale a **0,2 g**, ou 200 mg, e é a unidade de medida usada para indicar a massa de pedras preciosas, como o diamante.

Mudança de unidade

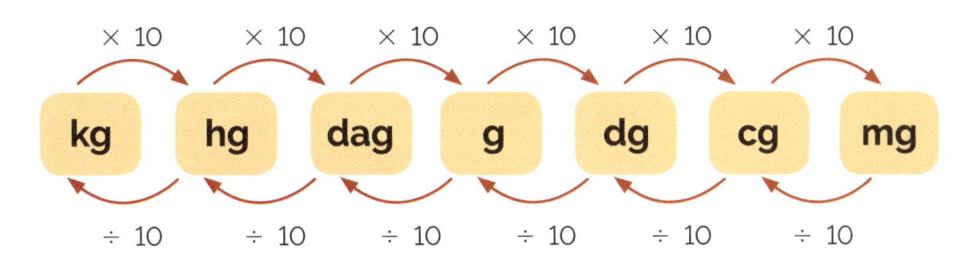

kg ×10→ hg ×10→ dag ×10→ g ×10→ dg ×10→ cg ×10→ mg
(÷ 10 in reverse direction)

- Para passar de uma unidade de massa para outra imediatamente inferior, multiplicamos o número por 10 ou deslocamos a vírgula uma casa decimal para a direita.
- Para passar de uma unidade de massa para outra imediatamente superior, dividimos o número por 10 ou deslocamos a vírgula uma casa decimal para a esquerda.

Exemplo:

a) Vamos escrever 6,35 dg em cg?
6,35 dg ⟶ 6,35 × 10 ⟶ 63,5 cg

Observe que a vírgula foi deslocada uma casa decimal para a direita.

b) Vamos escrever 34,16 dg em g?
34,16 dg ⟶ 34,16 ÷ 10 ⟶ 3,416 g

Observe que a vírgula foi deslocada uma casa decimal para a esquerda.

ATIVIDADES

1 Uma melancia tem 7 kg de massa. Faça três combinações possíveis de pesos para equilibrar a balança.

2 Observe os elementos indicados no quadro a seguir e escreva-os considerando a ordem decrescente de suas respectivas massas.

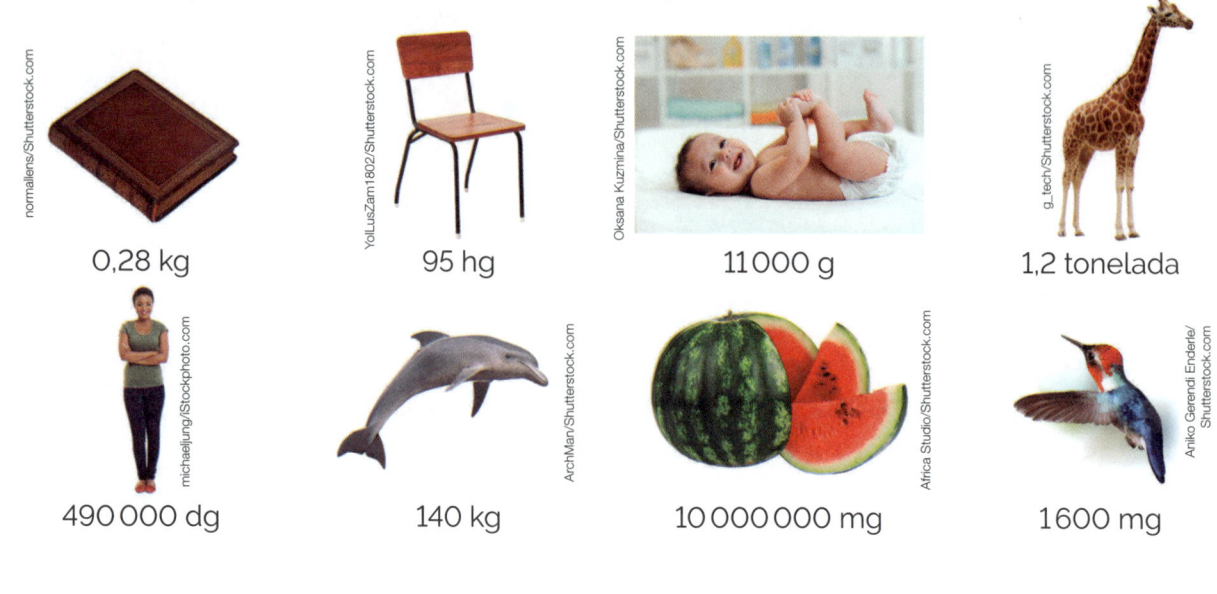

- 0,28 kg
- 95 hg
- 11 000 g
- 1,2 tonelada
- 490 000 dg
- 140 kg
- 10 000 000 mg
- 1600 mg

_____

_____

_____

3 De acordo com o quadro da **atividade 2**, responda:

Quantos gramas tem uma girafa adulta? E uma melancia?

Girafa: _____.   Melancia: _____.

4 Descubra o peso dos objetos pedidos em cada item.

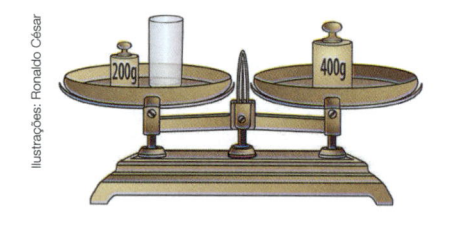

a) Massa do copo: _____.

c) Massa de um pacote de açúcar: _____.

b) Massa do tijolo: _____.

d) Massa da bolinha de gude: _____.

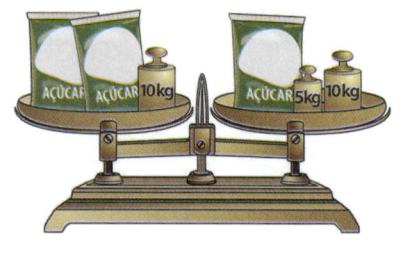

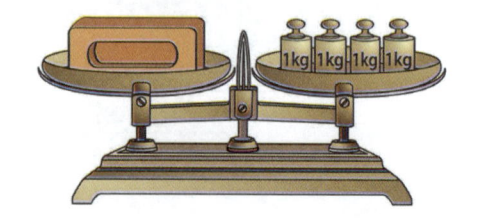

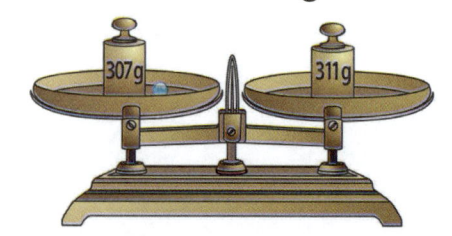

5 Calcule o valor do troco em cada item a seguir. Os itens foram pagos com:

a) Merluza: R$ 12,35 (kg).

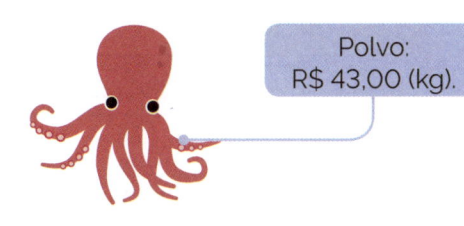

Comprou	Valor do troco
1,6 kg	R$

c) Polvo: R$ 43,00 (kg).

Comprou	Valor do troco
10 000 dg	R$

b) Camarão: R$ 58,99 (kg).

Comprou	Valor do troco
800 g	R$

d) Manjubinha: R$ 11,60 (kg).

Comprou	Valor do troco
280 dag	R$

6 Cerca de 90% da massa de uma melancia é constituída por água.

a) Qual é, em quilogramas, a quantidade de água em uma melancia de 10 kg? _____

b) Quantos quilogramas de massa "sólida" há nessa melancia?
_____
_____

7 Complete as frases tornando a sentença verdadeira.

a) A milésima parte de 1 tonelada é _____.

b) A milésima parte de _____ é 1 miligrama.

c) 0,75 quilograma corresponde a _____ gramas.

d) 200 gramas corresponde à _____ de 1 quilograma.

8 O boxe é um esporte de combate dividido em categorias de peso. Veja na tabela abaixo as dez categorias do boxe olímpico masculino e feminino e, depois, responda às perguntas.

Categorias de boxe olímpico			
masculino		**feminino**	
mosca ligeiro	até 49 kg	mosca	até 51 kg
mosca	até 52 kg	leve	até 60 kg
galo	até 56 kg	meio-pesado	até 81 kg
leve	até 60 kg		
médio-ligeiro	até 64 kg		
meio-médio	até 69 kg		
médio	até 75 kg		
meio-pesado	até 81 kg		
pesado	até 91 kg		
superpesado	acima de 91 kg		

Fonte: Rede Nacional do Esporte. Disponível em: http://rededoesporte.gov.br/pt-br/megaeventos/olimpiadas/modalidades/boxe. Acesso em: 2 abr. 2020.

a) Uma boxeadora que vai competir na categoria meio-pesado deverá ter, no máximo, quantos quilogramas?

_____

b) Um boxeador está com 83 408 kg e quer competir na categoria meio-pesado. O que ele precisa fazer, até o dia da pesagem, para estar apto a competir nessa categoria?

_____

_____

c) Uma boxeadora da categoria leve está com 50 kg. O que ela deve fazer, antes do dia da pesagem, para estar apta?

_____

d) Em qual categoria uma boxeadora com 74 kg pode participar de uma luta?

_____

PROBLEMAS

1 A sequoia é a maior árvore do mundo e é encontrada nos Estados Unidos. Um espécime pode chegar a ter 1814 toneladas de massa. Até quantos gramas uma sequoia pode ter?

_____

Parque das Sequoias, Califórnia (EUA).

2 O maior dos diamantes já encontrados no mundo é o Cullinan, que pesava, quando bruto, 3106 quilates de massa. O Estrela da África é a maior das nove pedras esculpidas do Cullinan e pesa 106,04 gramas. Quantos gramas pesava o Cullinan em estado bruto? E quantos quilates tem o Estrela da África?

_____

_____

Nove maiores diamantes cullinanos com reflexos, no fundo espelho preto. Joias da coroa britânica: Cullinan I (Grande Estrela da África) e outros.

3 Uma balança digital pode ser acertada para pesar massas em quilogramas ou em gramas. Para completar sua salada de frutas, Joana quer, no máximo, 0,5 kg de frutas. Como ela pode compor essa massa usando frutas dos tipos mostrados abaixo?

330 g   0,100 kg   243 g

UNIDADE 16
MEDIDAS DE COMPRIMENTO

Antigamente, não existia um modo único de medir o comprimento dos objetos ou a distância entre os lugares. Na maioria das vezes, as unidades de medida para essas situações eram relacionadas a partes do corpo das pessoas, como a polegada, o palmo, o pé e o passo.

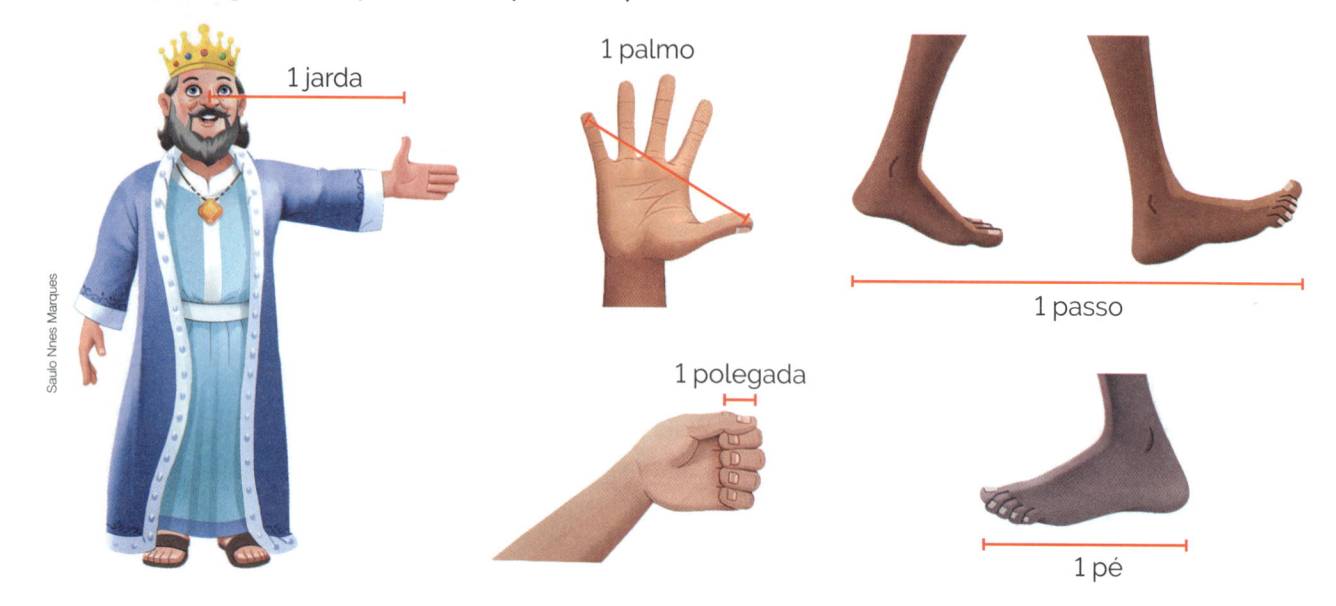

1 jarda

1 palmo

1 passo

1 polegada

1 pé

Com o desenvolvimento do comércio e uma exigência maior de medidas mais precisas, essas medições baseadas em partes do corpo geraram confusão, já que o palmo, a polegada ou o pé variam de pessoa para pessoa.

Além desse problema, surgiu a necessidade da criação de um sistema de unidades que fosse válido em todo o mundo. Essa necessidade se dava em razão do comércio entre vários países.

Assim, no final do século XVIII, foi criado o **sistema métrico decimal** e adotado o **metro** como **unidade fundamental de comprimento**, cujo símbolo é **m**.

Para medir grandes comprimentos, como o de estradas, avenidas e rios, usamos unidades de medida maiores que o metro. Essas unidades são chamadas de **múltiplos do metro**.

Nome	Símbolo	Valor
quilômetro	km	1000 m
hectômetro	hm	100 m
decâmetro	dam	10 m

O **quilômetro**, cujo símbolo é **km**, é o múltiplo do metro mais usado.

Já para medir pequenos comprimentos, como a largura de um livro ou um lápis, usamos unidades de medida **menores que o metro**: os **submúltiplos do metro**.

Nome	Símbolo	Valor
decímetro	dm	0,1 m
centímetro	cm	0,01 m
milímetro	mm	0,001 m

O **centímetro** e o **milímetro** são os submúltiplos mais usados.

1 m = 100 cm   1 m = 1000 mm   0,01 m = 10 mm

0,1 m = 10 cm   0,1 m = 100 mm   0,001 m = 1 mm

0,01 m = 1 cm

Observe o quadro.

Unidades de medida de comprimento						
Múltiplos			Unidade	Submúltiplos		
km	hm	dam	m	dm	cm	mm

Cada unidade equivale a dez vezes a unidade imediatamente inferior:

1 km = 10 hm   1 dam = 10 m   1 dm = 10 cm

1 hm = 10 dam   1 m = 10 dm   1 cm = 10 mm

Observe alguns instrumentos usados para medir comprimentos.

Trena.

Metro articulado.

Fita métrica.

Régua.

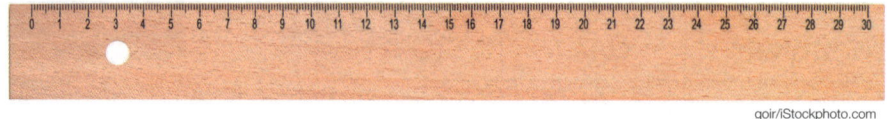

Leitura de medidas de comprimento

As medidas de comprimento são escritas e lidas como os números decimais.
Primeiro, lemos a parte inteira acompanhada da unidade de medida do seu último algarismo e, depois, a parte decimal acompanhada do nome da unidade de medida da última casa.

Exemplo:

km	hm	dam	m	dm	cm	mm
	2	1	0,	1	4	

210,14 m

Lê-se: duzentos e dez metros e catorze centímetros.

ATIVIDADES

1 As árvores mais velhas que existem na superfície de nosso planeta são o *Pinus aristata*. Há exemplares com mais de 8 000 anos nas Montanhas Brancas, nos Estados Unidos, a cerca de 2,7 km de altitude.

M. C. Reis e A. M. (coord.). Curiosidades de plantas. *In*: Naturlink. Disponível em: http://naturlink.pt/article.aspx?menuid=13&cid=3018&bl=1. Acesso em: 23 abr. 2020.

a) Registre a altitude por extenso.

_____

b) Escreva como se lê essa altitude em metros.

_____

PEQUENO CIDADÃO

Reciclagem

A reciclagem de materiais, entre eles metais, vidro, papéis e plásticos, visa não só ao reaproveitamento de insumos e a economia de energia.

Ela contribui também para uma diminuição da quantidade de lixo, incinerado ou despejado em aterros sanitários, e de seu impacto sobre o meio ambiente. Além disso, a coleta de material reciclável constitui um fator socioeconômico considerável. [...]

Por que reciclar?

- Diminuímos a quantidade de lixo e, portanto, reduzimos os problemas trazidos por ele;
- Poupamos dinheiro, pois obter plástico, vidro, papelão ou metal a partir de matéria-prima natural custa mais do que já existe;
- Economizamos energia, pois gasta-se menos energia na reciclagem do que na obtenção a partir de fontes naturais; e
- Conservamos os recursos naturais como as árvores (usadas para fabricar papel), o petróleo (matéria-prima para o plástico) e os minérios (para obter metais). [...]

[...] o consumo mundial de papel tem aumentado, e muito. O balanço de uma empresa, por exemplo, que antes era datilografado em algumas folhas de papel sulfite é agora impresso em metros de formulário contínuo.

Cerca de 95% da matéria-prima fibrosa usada na fabricação de papéis é constituída por madeira. [...] A reciclagem de 1 tonelada de pasta celulósica, obtida a partir de papel já usado, evita o abate de 34 eucaliptos com 12 metros de altura. [...]

Renan Bardine. Reciclagem. *In*: Cola da Web. Disponível em: https://www.coladaweb.com/%20biologia/ecologia/reciclagem. Acesso em: 2 abr. 2020.

1 Quais são os principais materiais recicláveis?

_____

2 Quantos metros de eucaliptos são preservados (ou não abatidos) a cada tonelada de pasta celulósica reciclada de papel já usado?

_____

Mudança de unidade

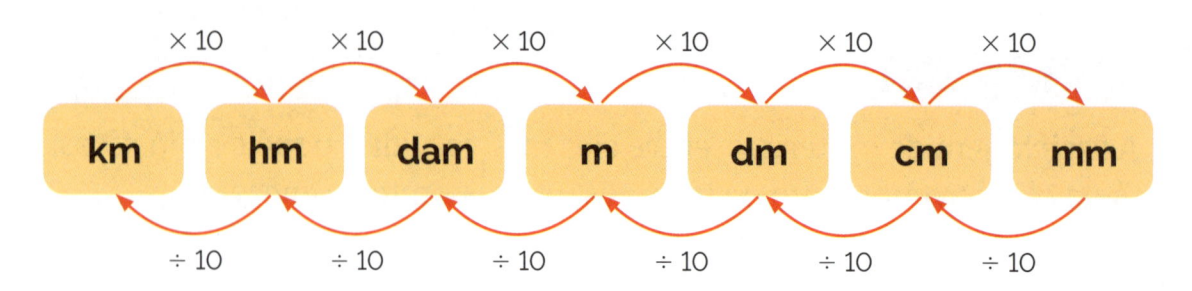

km →×10→ hm →×10→ dam →×10→ m →×10→ dm →×10→ cm →×10→ mm

(÷10 no sentido inverso)

- Para passar de uma unidade de comprimento para outra imediatamente inferior, multiplica-se o número por 10. Isso equivale a deslocar a vírgula uma casa decimal para a direita.
- Para passar de uma unidade de comprimento para outra imediatamente superior, divide-se o número por 10. Isso equivale a deslocar a vírgula uma casa decimal para a esquerda.

Exemplos:

- Vamos transformar 63 m em dm?

63 m → 63 × 10 → 630 dm

Observe que a vírgula foi deslocada uma casa decimal para a direita.

- Vamos transformar 36 dm em m?

36 dm → 36 ÷ 10 → 3,6 m

Observe que a vírgula foi deslocada uma casa decimal para a esquerda.

Agora, observe como transformar em metro as medidas abaixo usando um quadro.

	km	hm	dam	m	dm	cm	mm	
8,36 km	8	3	6	0				8 360 m
9,41 dm				0,	9	4	1	0,941 m

8,36 km → 8,36 × 1000 = 8 360 → 8 360 m
9,41 dm → 9,41 ÷ 10 = 0,941 → 0,941 m

ATIVIDADES

1 Complete o quadro conforme o modelo.

	km	hm	dam	m	dm	cm	mm
564 m	0,564	5,64	56,4	564	5640	56400	564000
4 m							
8798 cm							
7 km							

2 Transforme as medidas em metro (use o quadro).

	km	hm	dam	m	dm	cm	mm
6,836 km							
67,278 dam							
189,45 dm							

3 Transforme:

a) 85 m em mm ⟶ _____

b) 141 km em m ⟶ _____

c) 6,9 dm em hm ⟶ _____

d) 5,52 hm em m ⟶ _____

4 Agora responda:

a) Para passar de uma unidade de comprimento para outra imediatamente inferior, devemos fazer o quê?

_____

b) Para passar de uma unidade de comprimento para outra unidade imediatamente superior, devemos fazer o quê?

_____

5 Com uma régua ou fita métrica, meça o que se pede abaixo e preencha o quadro.

O comprimento de	Medida em m	Medida em cm	Medida em mm
sua caneta			
seu pé			
sua carteira			
seu caderno			

6 Forme dupla com um colega e faça a estimativa da altura dele enquanto ele faz da sua. Depois, meçam a altura real um do outro para verificar quem chegou mais próximo do valor correto.

_____

_____

7 Transforme as unidades em metros para adicioná-las.

a) 56 dm + 7 km + 8 cm = _____

b) 78 dam + 900 cm + 456 hm = _____

c) 0,45 km + 910 mm + 9 254 dm = _____

d) 1,31 hm + 0,12 dam + 7 888,74 mm = _____

PROBLEMAS

1 Raquel quer vender um terreno que tem 8 m de largura e 50 m de comprimento. Para calcular o preço do terreno, ela multiplicou a largura pelo comprimento e multiplicou o resultado obtido por 1 580 reais. Qual é o preço de venda do terreno?

_____

_____

2 Dona Célia quer saber: Se 0,5 m de tecido custa R$ 2,00, qual é o preço de 9,30 m de tecido?

___

3 Cleiton precisa dividir 8 metros de barbante em pedaços de 40 cm. Quantos pedaços de 40 cm ele obterá? Sobrará algum pedaço com menos de 40 cm?

___

PESQUISANDO

1 Escreva o nome de uma cidade brasileira, depois pesquise a distância, em quilômetros, dessa cidade em relação à cidade onde você mora e, então, transforme essa distância em metros.

Perímetro

Regina tem um terreno retangular de 20 metros de frente por 32 metros de fundo (lateral). Ela pretende cercá-lo com um fio de arame. Quantos metros de arame ela precisará comprar?

Para calcular quantos metros de fio serão necessários, medimos o comprimento do contorno do terreno somando as medidas dos lados.

$$20 + 32 + 20 + 32 = 104$$

Regina precisará comprar 104 metros de arame.

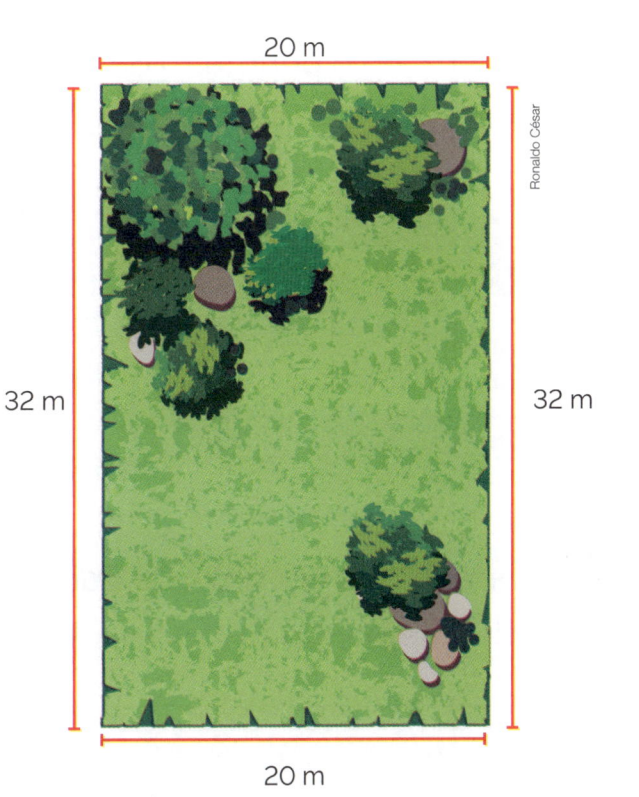

> **Perímetro** é a medida do comprimento do contorno de uma figura. Indicamos o perímetro por **P**.

Acompanhe os exemplos a seguir.

- Perímetro do triângulo

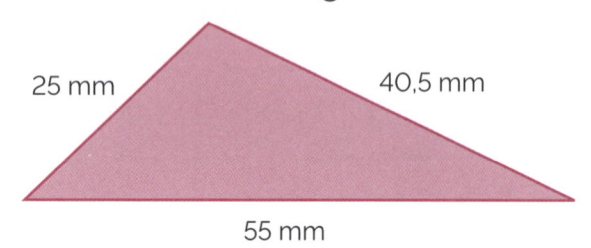

  25 mm, 40,5 mm, 55 mm

  $P = 25 + 40,5 + 55 = 120,5$
  $P = 120,5$ mm

- Perímetro do quadrado

  3 mm

  Como a figura é um quadrado, sabemos que cada um de seus quatro lados tem a mesma medida. Então, o perímetro é:
  $P = 3 + 3 + 3 + 3 = 12$ ou $P = 4 \times 3 = 12$
  $P = 12$ mm

ATIVIDADES

1 Determine o perímetro das figuras a seguir.

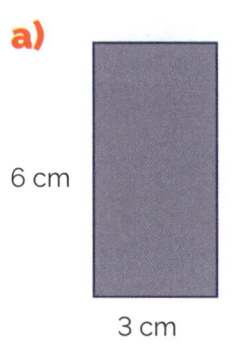

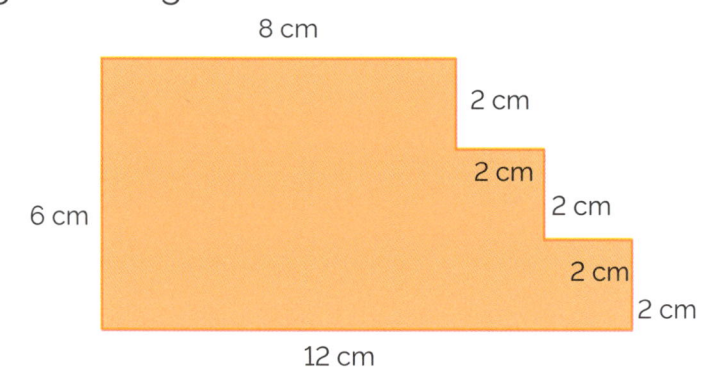

a) 6 cm, 3 cm

b) 8 cm, 2 cm, 2 cm, 2 cm, 2 cm, 2 cm, 6 cm, 12 cm

_____   _____

2 O perímetro de um quadrado é 22,8 cm. Quanto mede cada lado desse quadrado?

_____
_____

3 Na malha quadriculada a seguir, está desenhado um retângulo de perímetro igual a 16 cm. Desenhe outros dois retângulos de perímetro 16 cm que tenham lados de medidas diferentes entre si e diferentes do exemplo.

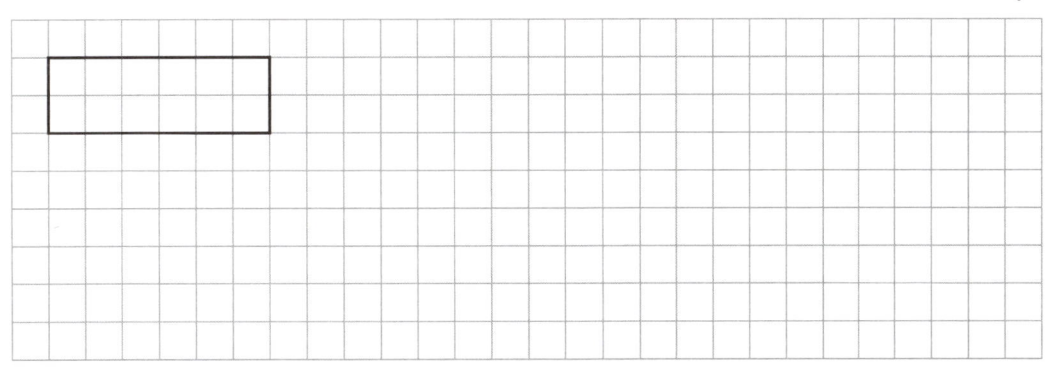

DESAFIO

1 O perímetro de um retângulo é igual ao de um quadrado cujos lados medem 4 cm. O comprimento desse retângulo é o dobro de sua largura. Quais as dimensões desse retângulo?

_____

2 O cercado para uma horta tem formato retangular e mede 3,5 m de comprimento por 2 m de largura.

a) Qual é o perímetro desse cercado? _____.

b) Quero colocar três varas de bambu em cada lado da cerca. Sabendo que cada vara deve medir 10 cm a mais que o comprimento de cada lado para ser presa às estacas de madeira, então preciso de _____ de bambu.

UNIDADE 17
MEDIDAS DE ÁREA

Medir o tamanho das superfícies é uma ação muito frequente em nosso cotidiano. O cálculo da quantidade de piso necessário para cobrir o chão de uma sala ou o cálculo do preço de um terreno estão relacionados ao tamanho de uma superfície.

A área é a medida de uma superfície. Assim, quando calculamos a área de uma superfície, estamos calculando o tamanho dessa superfície.

Quanto maior uma superfície, maior é sua área. A **unidade fundamental de área** é o **metro quadrado**, cujo símbolo é **m^2**.

O metro quadrado corresponde à área de uma superfície delimitada por um quadrado com 1 metro de lado.

Assim, se uma sala retangular tem a área de 20 metros quadrados, então nessa superfície cabem 20 quadrados com 1 metro de lado.

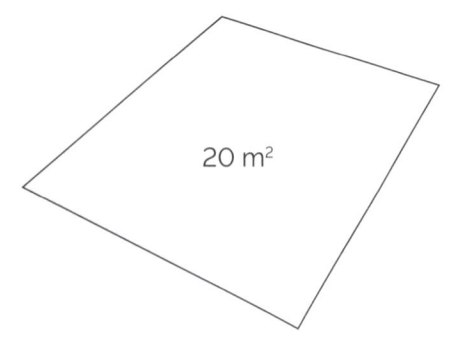

20 m^2

Contorno do chão da sala na mesma perspectiva da imagem ao lado.

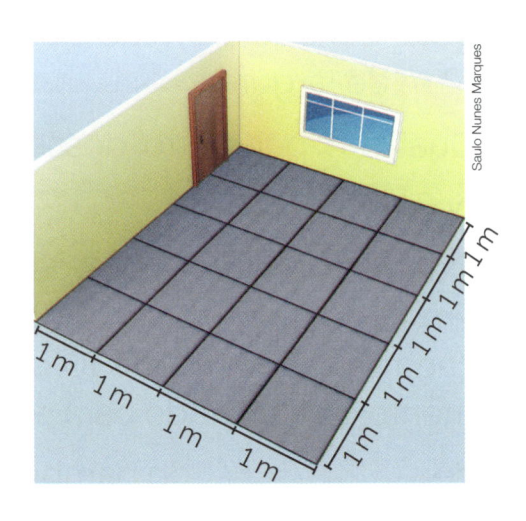

O metro quadrado tem múltiplos e submúltiplos.
São **múltiplos** do metro quadrado:

Nome	Símbolo	Valor
quilômetro quadrado	km²	1 000 000 m²
hectômetro quadrado	hm²	10 000 m²
decâmetro quadrado	dam²	100 m²

O **múltiplo** do metro quadrado mais usado é o **quilômetro quadrado**. Ele é utilizado para indicar a medida de grandes superfícies, como a área de um município, estado, país etc.

São **submúltiplos** do metro quadrado:

Nome	Símbolo	Valor
decímetro quadrado	dm²	0,01 m²
centímetro quadrado	cm²	0,0001 m²
milímetro quadrado	mm²	0,000001 m²

Agora, observe o quadro.

Unidades de medida de superfície						
Múltiplos			Unidade	Submúltiplos		
km²	hm²	dam²	m²	dm²	cm²	mm²

Cada unidade equivale a 100 vezes a unidade imediatamente inferior:

1 km² = 100 hm²   1 dam² = 100 m²   1 dm² = 100 cm²
1 hm² = 100 dam²   1 m² = 100 dm²   1 cm² = 100 mm²

Mudança de unidade

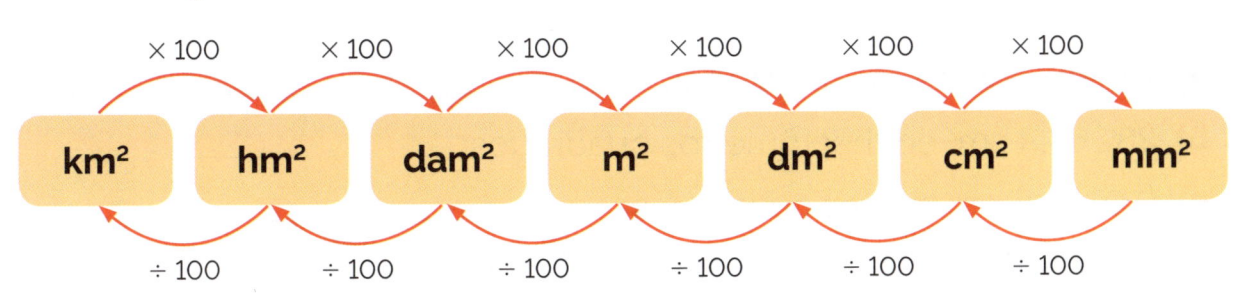

km² → hm² → dam² → m² → dm² → cm² → mm² (× 100)

mm² → cm² → dm² → m² → dam² → hm² → km² (÷ 100)

- Para passar de uma unidade de área para outra imediatamente inferior, multiplica-se o número por 100. Isso equivale a deslocar a vírgula duas casas decimais para a direita.
- Para passar de uma unidade de área para outra imediatamente superior, divide-se o número por 100. Isso equivale a deslocar a vírgula duas casas decimais para a esquerda.

Exemplos:
- Vamos escrever 6,241 dm² em cm²?

    6,241 dm² → 6,241 × 100 → 624,1 cm²

    Observe que a vírgula foi deslocada duas casas decimais para a direita.

- Vamos escrever 95,3 dm² em m²?

    95,3 dm² → 95,3 ÷ 100 → 0,953 m²

    Observe que a vírgula foi deslocada duas casas decimais para a esquerda.

Agora, veja como transformar as medidas abaixo em metros quadrados usando um quadro.

	km²	hm²	dam²	m²	dm²	cm²	mm²	
31,28 dam²			31	28				3 128 m²
35,8 cm²				0,	00	35	8	0,00358 m²

31,28 dam² → 31,28 × 100 = 3 128 → 3 128 m²
35,8 cm² → 35,8 ÷ 10 000 = 0,00358 → 0,00358 m²

ATIVIDADES

1 Transforme:

   a) 93 km² em metros quadrados: _____

   b) 28 253,3 cm² em hectômetros quadrados: _____

   c) 0,07 km² em metros quadrados: _____

   d) 8 567 000 m² em quilômetros quadrados: _____

2 Usando o quadro, transforme as medidas em metro quadrado. Observe o exemplo.

	km²	hm²	dam²	m²	dm²	cm²	mm²
3 dam²			3	00			300 m²
93,78 km²							
91,35 dam²							
78,0662 dm²							

3 Complete o quadro conforme o modelo.

	km²	hm²	dam²	m²	dm²	cm²
64 m²	0,000064	0,0064	0,64	64	6400	640 000
4 m²						
77 cm²						
29,3 dam²						

4 Agora responda:

a) O que devemos fazer para passar de uma unidade de área para outra imediatamente inferior?

_____

b) O que devemos fazer para passar de uma unidade de área para outra unidade imediatamente superior?

_____

5 Ligue as medidas da primeira linha com as respectivas medidas em cm².

| 1 m² | 10 m² | 1 hm² | 10 dm² | 100 dm² |

| 100 000 cm² | 1 000 cm² | 10 000 cm² | 100 000 000 cm² |

6 Complete as decomposições tornando-as verdadeiras.

a) 931,92 m² = 931 m² + 92 dm² ou 9 dam² + _____ m² + 92 dm²

b) 0,5630 m² = 5 630 cm² ou 56 _____ + _____ cm²

c) 123,0021 m² = 123 m² + _____ ou _____

7 Escreva como se leem as medidas da atividade 6.

a) _____

b) _____

c) _____

8 Faça as transformações de unidades necessárias e adicione-as.

a) 18 m² + 1200 dm² + 900 cm² = _____

b) 2,6 km² + 13,9 m² + 45 dam² = _____

PESQUISANDO

1 Pesquise a área dos cinco maiores países do mundo, em km², e classifique-os em ordem decrescente de tamanho.

_____
_____
_____
_____
_____

PROBLEMAS

1 O Parque Nacional dos Lençóis Maranhenses, no Maranhão, oferece uma paisagem de beleza rara: um deserto com lagoas entre dunas de areias brancas. Ele tem uma área de 155 mil hectares, ou seja, 155 mil hm².

Fonte: Embratur. Parques nacionais brasileiros que são paraísos... In: Brasil. Disponível em: https://visitbrasil.com/pt/blog/14-parques-nacionais-brasileiros-que-sao-paraisos-preservados.html. Acesso em: 28 abr. 2020.

Lençóis Maranhenses.

a) Registre por extenso a área dos Lençóis Maranhenses.

___

b) Escreva como se lê essa área em metros quadrados.

___

2 Quantas fotografias de 25 cm² podem ser colocadas, sem sobreposição, em um painel cuja área é de:

a) 600 cm²: _____   **b)** 15 dm²: _____   **c)** 1 m²: _____

3 O hectare é uma unidade de área usada para expressar grandes extensões de terra. De acordo com a informação do problema 1, quantos metros quadrados correspondem a 1 hectare?

___

4 Uma fazenda de 60 hectares (60 ha) será repartida em lotes de 500 m² cada um. Quantos lotes serão obtidos?

___

5 O canil de Pedro tem 0,0375 dam² de área e o de Dalva tem $\frac{3}{5}$ da área do canil de Pedro. Quantos metros quadrados têm os dois canis juntos.

___

Área e perímetro

Observe, a seguir, as figuras pintadas nos painéis que Fábio e Beatriz fizeram em malha quadriculada.

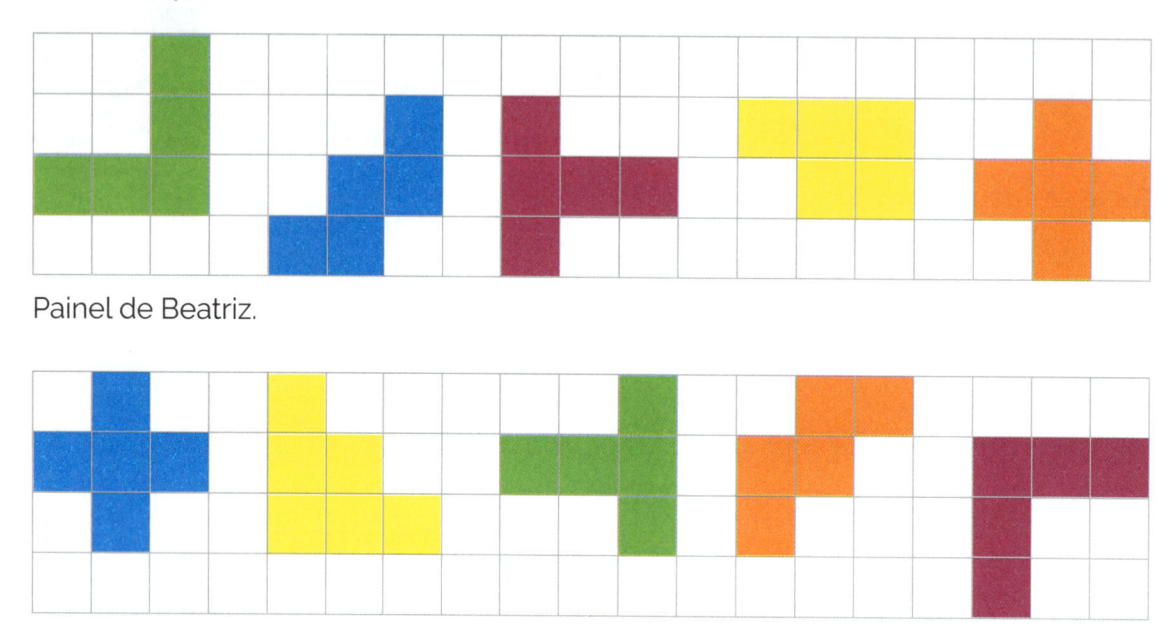

Painel de Beatriz.

Painel de Fábio.

Note que os painéis são parecidos, mas não são iguais.

Considerando um quadradinho como unidade de área e o lado desse quadradinho como unidade de comprimento, verificamos que todas as figuras que Beatriz fez têm a mesma área, pois são compostas pelo mesmo número de quadradinhos, 5 em cada uma, mas nem todas têm o mesmo perímetro. Obtemos o perímetro contando a quantidade de lados que compõe o contorno da figura. Podemos, então, verificar que o perímetro da figura amarela corresponde a 10 lados de quadradinho, enquanto nas demais figuras o perímetro é de 12 lados de quadradinho.

Já no painel de Fábio, temos todas as figuras de mesmo perímetro, 12 lados de quadradinho, mas nem todas têm a mesma área. Observe que nesse painel a figura amarela é composta de 6 quadradinhos (área = 6) enquanto as demais figuras têm apenas 5 quadradinhos (área = 5).

> Figuras de mesma área podem ter perímetros diferentes, bem como figuras de mesmo perímetro podem ter áreas diferentes.

ATIVIDADES

1 Considere que cada quadradinho da malha a seguir tenha 1 cm² de área.

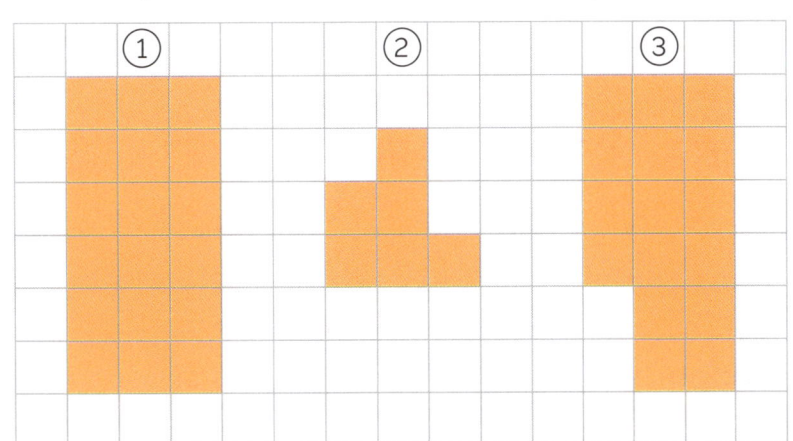

a) Na malha quadriculada acima, há figuras com a mesma área? E com o mesmo perímetro?

_____

b) Qual é a área e o perímetro de cada figura?

①   ②   ③

A = _____   A = _____   A = _____

P = _____   P = _____   P = _____

c) É possível transformar a figura 2 em uma figura diferente das demais, mas com mesmo perímetro? E a mesma área de uma delas? Se sim, reproduza a malha no caderno e mostre essas transformações.

_____

2 Pinte na malha quadriculada ao lado outros três retângulos de cores diferentes e que tenham o mesmo perímetro que o retângulo verde. Alguns deles têm a mesma área?

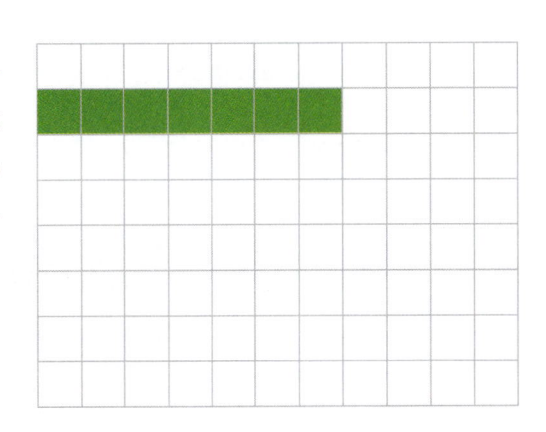

Área das figuras geométricas planas

A área é a medida de uma superfície. Vamos aprender como calcular a área de algumas figuras geométricas planas.

Área do quadrado

No caso do quadrado ao lado, temos:
$A = 2 \times 2 = 4 \rightarrow 4 \text{ cm}^2$

> área do quadrado = medida do lado × medida do lado
> $A = \ell \times \ell$

Área do retângulo

No caso do retângulo ao lado, temos:
$A = 4 \times 2 = 8 \rightarrow 8 \text{ cm}^2$

> área do retângulo = medida da base × medida da altura
> $A = b \times h$

Área do paralelogramo

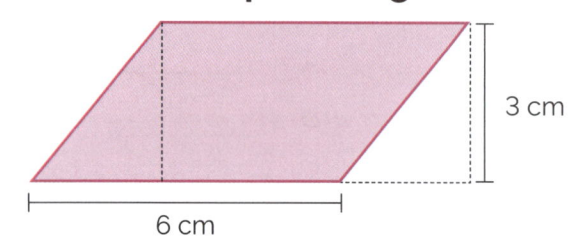

No caso do paralelogramo ao lado, temos:
$A = 6 \times 3 = 18 \rightarrow 18 \text{ cm}^2$

> área do paralelogramo = medida da base × medida da altura
> $A = b \times h$

Área do triângulo

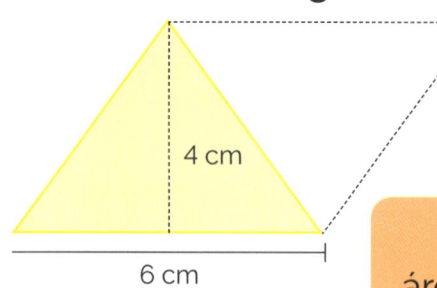

No caso do triângulo ao lado, temos:
$A = \dfrac{6 \times 4}{2} = \dfrac{24}{2} \rightarrow 12 \text{ cm}^2$

> área do triângulo = $\dfrac{\text{medida da base} \times \text{medida da altura}}{2}$
> $A = \dfrac{b \times h}{2}$

ATIVIDADES

1 Calcule a área das figuras abaixo.

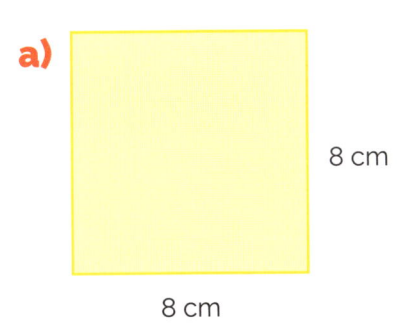

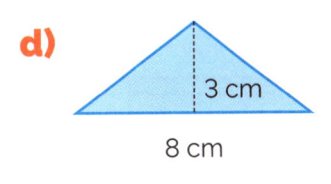

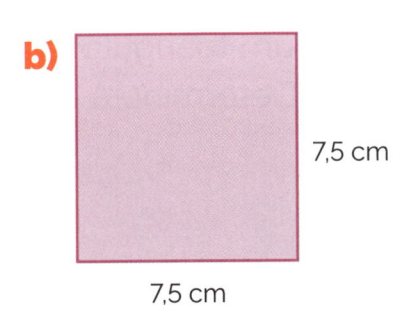

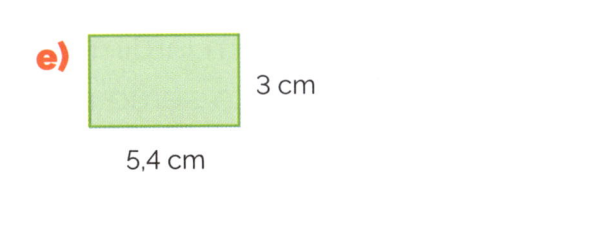

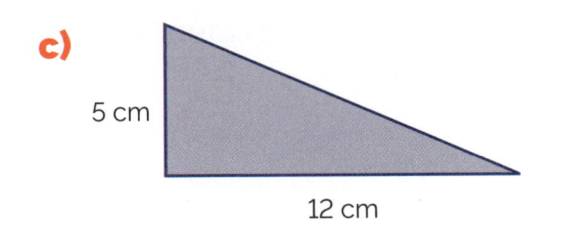

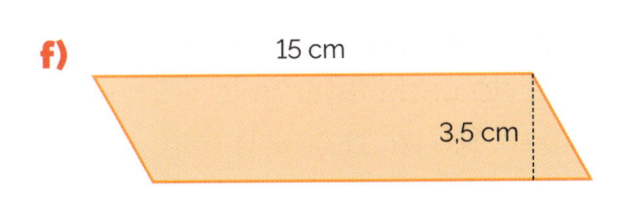

a) 8 cm × 8 cm

b) 7,5 cm × 7,5 cm

c) 5 cm, 12 cm (triângulo)

d) 3 cm (altura), 8 cm (base) — triângulo

e) 3 cm × 5,4 cm

f) 15 cm, 3,5 cm (paralelogramo)

2 Observe a figura abaixo.

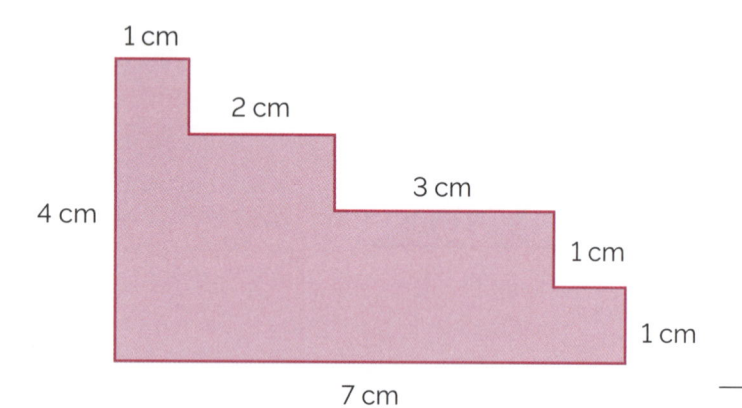

Calcule a área dessa figura.

1 cm
2 cm
3 cm
4 cm
1 cm
1 cm
7 cm

PROBLEMAS

1 Arnaldo fará, em uma parede retangular de 5 metros de comprimento por 3 metros de altura, um jardim vertical no formato de um triângulo. A base e a altura do triângulo serão as mesmas da parede. Determine a área do jardim de Arnaldo.

2 Célia precisa saber a quantidade de metros quadrados de seu terreno, que tem forma arredondada, pois ela plantará grama em toda a extensão dele. Para isso, dividiu-o em áreas retangulares, de acordo com a planta a seguir. Ajude Célia a determinar a área aproximada do terreno, sabendo que a altura de cada retângulo é 1 m e os comprimentos dos retângulos são: 7 m, 8,5 m, 9,5 m, 11 m e 11 m.

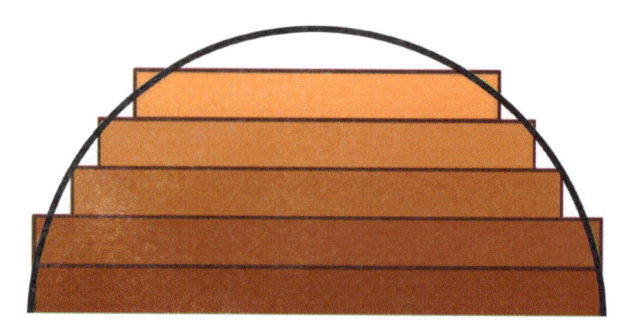

3 Fernando começará a reforma de sua casa, cuja planta está desenhada abaixo.

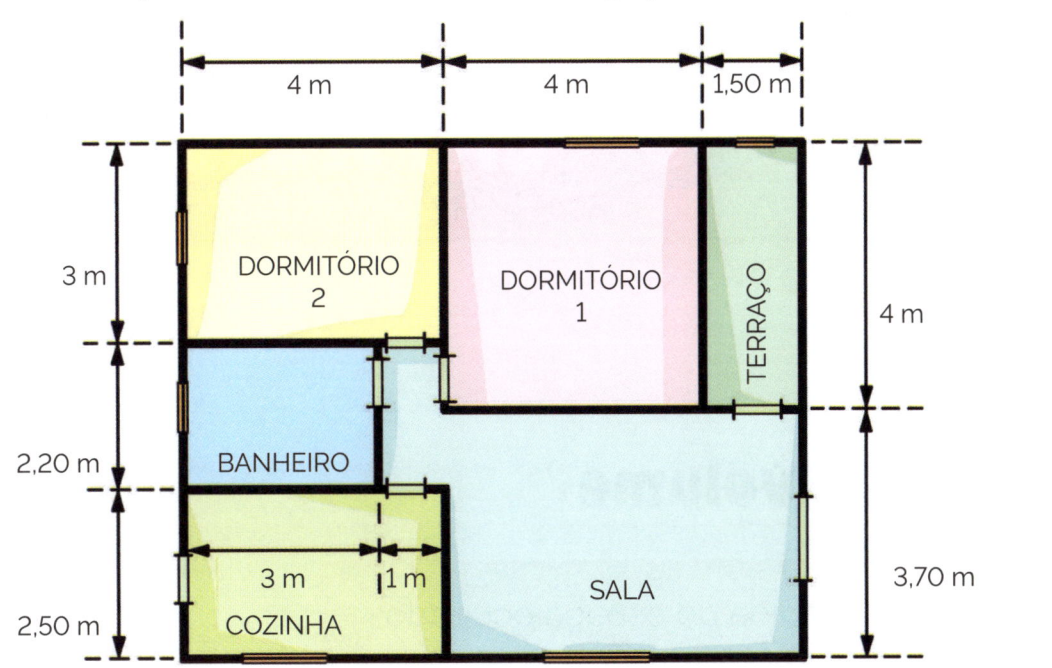

Para reformá-la, ele precisa saber as informações a seguir.

a) Quantos metros quadrados de carpete de madeira serão necessários para cobrir o piso da sala, do corredor e dos dois dormitórios?

_____

b) Quantos metros quadrados de lajotas de cerâmica serão necessários para cobrir o piso da cozinha, do banheiro e do terraço?

_____

c) Se o metro quadrado de carpete de madeira e de lajota de cerâmica colocado custa R$ 580,00, quanto Fernando gastará para reformar a casa?

_____

UNIDADE 18
VOLUME E CAPACIDADE

Medida de volume

Volume é a medida do espaço ocupado por um corpo.

A **unidade fundamental de volume** é o **metro cúbico**, que corresponde ao volume ocupado por um cubo de 1 m de aresta. O símbolo é **m³**.

São **múltiplos** metro cúbico:

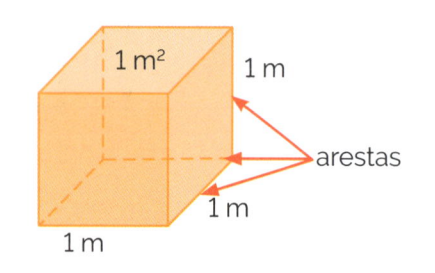

Nome	Símbolo	Valor
quilômetro cúbico	km³	1 000 000 000 m³
hectômetro cúbico	hm³	1 000 000 m³
decâmetro cúbico	dam³	1 000 m³

São **submúltiplos** do metro cúbico:

Nome	Símbolo	Valor
decímetro cúbico	dm³	0,001 m³
centímetro cúbico	cm³	0,000001 m³
milímetro cúbico	mm³	0,000000001 m³

Os submúltiplos do metro cúbico mais utilizados são o **decímetro cúbico** e o **centímetro cúbico**.

Agora, observe o quadro a seguir.

Unidades de medida de volume						
Múltiplos			Unidade	Submúltiplos		
km³	hm³	dam³	m³	dm³	cm³	mm³

Cada unidade equivale a 1000 vezes a unidade imediatamente inferior.

1 km³ = 1000 hm³

1 hm³ = 1000 dam³

1 dam³ = 1000 m³

1 m³ = 1000 dm³

1 dm³ = 1000 cm³

1 cm³ = 1000 mm³

ATIVIDADES

1 Escreva **V** nas afirmativas verdadeiras, **F** nas falsas e reescreva as afirmativas falsas de modo que fiquem verdadeiras.

☐ Volume é a medida de uma superfície.

☐ O volume ocupado por um cubo de 1 m de aresta é 1 m³.

☐ O decâmetro cúbico é submúltiplo do metro cúbico.

☐ 1 m³ = 1000 cm³

☐ 1 km³ = 1 000 000 000 m³

2) Leia o texto e responda às questões.

A vazão de duas turbinas da hidrelétrica de Itaipu é de aproximadamente 700 metros cúbicos de água por segundo.

Fonte: ITAIPU BINACIONAL. Disponível em: www.itaipu.gov.br/energia/comparacoes. Acesso em: 27 abr. 2020.

Usina hidrelétrica de Itaipu, localizada no Rio Paraná, no trecho de fronteira entre o Brasil e o Paraguai.

a) Qual é o símbolo da unidade de medida do volume de água descrita no texto? _____

b) Qual é o volume de água que passa pelas turbinas depois de 1 minuto?
_____

Mudança de unidade

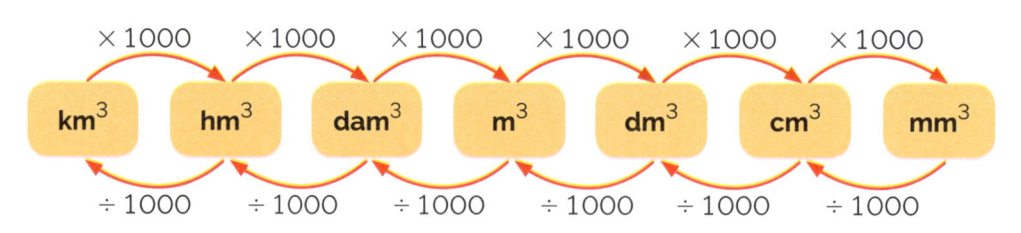

km^3 ×1000→ hm^3 ×1000→ dam^3 ×1000→ m^3 ×1000→ dm^3 ×1000→ cm^3 ×1000→ mm^3
(÷1000 no sentido inverso)

- Para passar de uma unidade de volume para outra imediatamente inferior, multiplica-se o número por 1000 ou desloca-se a vírgula três casas decimais para a direita.
- Para passar de uma unidade de volume para outra imediatamente superior, divide-se o número por 1000 ou desloca-se a vírgula três casas decimais para a esquerda.

Exemplos:
- Vamos escrever 42,6 m³ em dm³?
  42,6 m³ → 42,6 × 1000 → 42 600 dm³

  Observe que a vírgula foi deslocada três casas decimais para a direita.

- Vamos escrever 2 325,8 cm³ em dm³?
  2 325,8 cm³ → 2 325,8 ÷ 1000 →
  → 2,3258 dm³

  Observe que a vírgula foi deslocada três casas decimais para a esquerda.

Agora, veja como usar o quadro para transformar as medidas.

- Transformar 6 km³ e 6,58764 hm³ em dam³.

	km³	hm³	dam³	m³	dm³	cm³	mm³	
6 km³	6	000	000					6 000 000 dam³
6,58764 hm³		6	587	640				6 587,640 dam³

6 km³ → 6 × 1 000 000 → 6 000 000 dam³
6,58764 hm³ → 6,58764 × 1000 → 6 587,640 dam³

- Transformar 23 dm³ e 342 cm³ em m³.

	km³	hm³	dam³	m³	dm³	cm³	mm³	
23 dm³				0,	023			0,023 m³
342 cm³				0,	000	342		0,000342 m³

23 dm³ → 23 ÷ 1000 → 0,023 m³
342 cm³ → 342 ÷ 1 000 000 →
→ 0,000342 m³

ATIVIDADES

1 Transforme em metro cúbico as medidas do quadro.

	km³	hm³	dam³	m³	dm³	cm³	mm³
9,86 hm³							
6,43 dam³							
98,84 km³							
761,46 dam³							
93,462 hm³							
3,547 km³							

2 Transforme as unidades a seguir na unidade imediatamente superior, como no modelo.

> 8 000 mm³ é igual a 8 cm³, pois 8 000 ÷ 1000 = 8

a) 3 000 dm³ é igual a _____, pois _____

b) 8 500 m³ é igual a _____, pois _____

c) 7 528 dam³ é igual a _____, pois _____

d) 685 hm³ é igual a _____, pois _____

PROBLEMAS

1 Joaquim tem dois baldes para encher um aquário de 0,5 m³. Um balde tem 20 dm³ e o outro tem 10 000 cm³. Suponha que ele só usará um dos baldes para encher o aquário.

a) Quantas vezes ele terá de encher cada balde para completar o volume total do aquário?

_____

b) Qual dos dois baldes ele encherá menos vezes?

_____

2 Será construída uma piscina de 60 m³ de volume. O volume da caçamba do caminhão que vai retirar a terra do local é de 6 000 dm³. Quantas viagens esse caminhão precisará fazer para carregar toda a terra necessária e deixar espaço para a construção da piscina?

_____

Medida de capacidade

O **litro**, seus múltiplos e submúltiplos são as unidades de medida utilizadas para medir a capacidade de recipientes.

> O **litro** é a unidade fundamental de **medida de capacidade**. Seu símbolo é **L**.

Um litro corresponde ao volume de 1 decímetro cúbico, que é a medida do espaço ocupado por um cubo com 1 dm de lado.

$$1\,L = 1\,dm^3$$

Sendo $1\,m^3 = 1000\,dm^3$ e $1\,dm^3 = 1\,L$, temos:

$$1\,m^3 = 1000\,L$$

O litro tem múltiplos e submúltiplos.

São **múltiplos** do litro:

Nome	Símbolo	Valor
quilolitro	kL	1000 L
hectolitro	hL	100 L
decalitro	daL	10 L

São **submúltiplos** do litro:

Nome	Símbolo	Valor
decilitro	dL	0,1 L
centilitro	cL	0,01 L
mililitro	mL	0,001 L

O **mililitro** é o submúltiplo do litro mais usado. Seu símbolo é **mL**.

> Um mililitro é igual a 1 milésimo do litro.
> $$1\,mL = \frac{1\,L}{1000} = 0,001\,L$$

Mudança de unidade

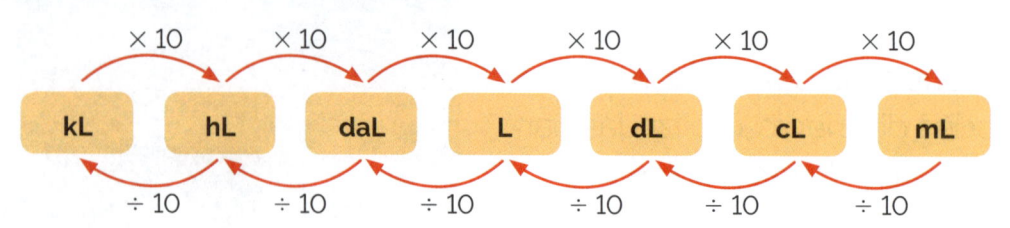

×10 ×10 ×10 ×10 ×10 ×10

kL → hL → daL → L → dL → cL → mL

÷10 ÷10 ÷10 ÷10 ÷10 ÷10

- Para passar de uma unidade à outra imediatamente inferior, multiplica-se o número por 10 ou desloca-se a vírgula uma casa decimal para a direita.
- Para passar de uma unidade à outra imediatamente superior, divide-se o número por 10 ou desloca-se a vírgula uma casa decimal para a esquerda

Exemplos:
- Vamos escrever 93 L em dL?
93 L → 93 × 10 → 930 dL

Observe que a vírgula foi deslocada uma casa decimal para a direita.

- Vamos escrever 75 dL em L?
75 dL → 75 ÷ 10 → 7,5 dL

Observe que a vírgula foi deslocada uma casa decimal para a esquerda.

Aprenda a transformar as medidas em litros usando o quadro.

	kL	hL	daL	L	dL	cL	mL	
3,68 kL	3	6	8	0				3 680 L
64 mL				0,	0	6	4	0,064 L

3,68 kL → 3,68 × 1000 → 3 680 L
64 mL → 64 ÷ 1000 → 0,064 L

PESQUISANDO

1. Pesquise a relação entre massa, volume e capacidade da água e registre no caderno.

2. Capacidade não se refere apenas à quantidade de líquidos. Pesquise outras situações em que a capacidade também é usada.

ATIVIDADES

1 Registre as medidas a seguir em litros.

a) 47 kL = _____ L

b) 216 000 mL = _____ L

c) 0,00002 hL = _____ L

d) 18,5 dL = _____ L

2 Uma gota-padrão tem volume de cerca de 0,05 mL.

Fonte: André Carvalho. Uma gota de informação. *In*: Deviante, Niterói, 25 jan. 2016. Disponível em: https://www.deviante.com.br/colunistas/andre-carvalho/uma-gota-de-informacao/. Acesso em: 29 abr. 2020.

a) Quantas gotas há em 1 mL? _____

b) Uma farmácia vende embalagem de um remédio em gotas para os olhos com três capacidades: 10 mL, 20 mL e 30 mL. Uma jovem precisa pingar 2 gotas em cada olho, 4 vezes ao dia, por 30 dias. Qual dessas embalagens ela deve comprar? Por quê?

_____

3 Responda às questões de acordo com o quadro a seguir.

Medidor	1 colher de café	1 colher de chá	1 colher de sobremesa	1 colher de sopa
Capacidade	2,5 mL	5 mL	10 mL	15 mL

a) Para uma receita, Elisa precisa de uma colher de chá de essência de baunilha, mas só tem colher de café. O que ela pode fazer?

_____

b) Josi tem todos os tipos de colheres. Ela precisa de 10 mL de óleo. De quantas maneiras diferentes ela pode compor essa medida?

_____

c) Dispondo apenas de colheres de sobremesa e de café, como Gilda pode obter 25 mL de groselha para colocar na salada de frutas?

_____

PROBLEMAS

1 Quantos litros cabem em uma caixa-d'água de 1 m³?

_____

2 Observe a cena a seguir e responda à pergunta de Dirceu.

> Com uma jarra de 1,5 L cheia, eu consigo encher quantos copos de 250 mL?

_____

3 Caio gastou $\frac{3}{4}$ de um tanque que tem capacidade para 2 360 L de água. Quantos litros de água ficaram no tanque?

_____

4 O tanque do carro de Mara tem capacidade para 90 L de gasolina. Mara abasteceu 40% da capacidade. Quantos litros faltam para ela completar o tanque do carro?

_____

5 Juliana precisa dividir o sabonete líquido do garrafão de 500 cL em recipientes menores. De quantos recipientes de 250 mL ela precisará para utilizar todo o sabonete do garrafão?

_____

Relação entre as medidas de capacidade e as de volume

Observe ao lado parte de uma conta de água.

No dia a dia, quando nos referimos à quantidade de água, geralmente utilizamos a unidade de medida **litro** e seus submúltiplos.

Exemplos:
- Devemos beber no mínimo **2 litros** de água por dia.
- Coloquei **250 mililitros** de água na gelatina.
- Um banho de 15 minutos gasta em média **135 litros** de água.

Então, por que nas contas de água é utilizada a unidade de medida **metros cúbicos** para medir o consumo mensal de água?

As medidas de volume relacionam-se com as medidas de capacidade.

$1 L = 1 dm^3$
$1000 L = 1000 dm^3 = 1 m^3$

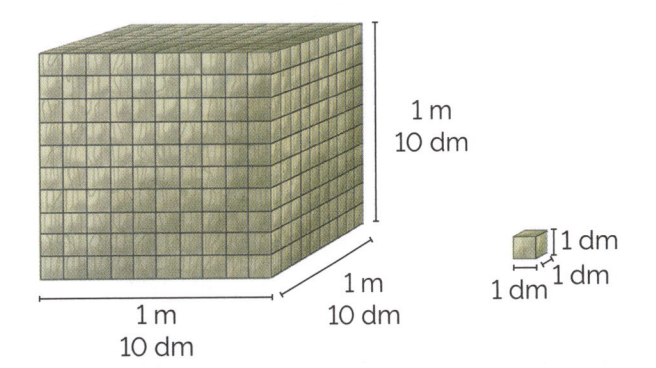

Como 1000 L equivalem a 1 m^3 e mensalmente gastamos mais de 1000 L de água, a conta fica mais simples usando **m^3** em vez de **L**.

Exemplos:
- Consumo de **25 m^3** → 25 × 1000 → **25 000 L**

Para transformar **metro cúbico** em **litro**, basta multiplicar o número por 1000, que é o mesmo que transformar metro cúbico em decímetro cúbico.

- Consumo de **38 250 L** → 38 250 ÷ 1000 → **38,250 m³**.

> Para transformar **litro** em **metro cúbico**, basta dividir o número por 1000, que é o mesmo que transformar decímetro cúbico em metro cúbico.

Outras unidades de medida de capacidade e de volume também estão relacionadas.

- 1 L = 1 dm³
- 1 mL = 1 cm³
- 1 kL = 1 m³

ATIVIDADES

1 Expresse as medidas em litros ou mililitros, conforme indicado.

a) 5 cm³ = _____ mL

b) 1,05 m³ = _____ L

c) 0,5 dm³ = _____ L

d) 0,003 m³ = _____ mL

e) 5 400 cm³ = _____ L

f) 3,5 dm³ = _____ mL

2 Transforme para a unidade indicada.

a) 0,002 L = _____ m³

b) 500 L = _____ dm³

c) 0,05 mL = _____ cm³

d) 8 400 mL = _____ m³

e) 1,25 L = _____ cm³

f) 3 250 mL = _____ dm³

3 Expresse a capacidade citada em cada item a seguir em metros cúbicos.

a) Frigobar é uma geladeira pequena, para quarto ou escritório. Tem capacidade de até 120 000 mililitros.

b) Geladeira duplex é a que tem o congelador (*freezer*) em compartimento separado. O congelador pode ter capacidade entre 250 e 500 litros.

PROBLEMAS

1 Uma caixa-d'água tem capacidade para 2 m³ de água. Qual é a capacidade dessa caixa-d'água em litros?

2 James tem um aquário com o formato semelhante a um bloco retangular. Ele ficou curioso para saber quantos litros de água cabem no aquário. Pesquisou na internet e descobriu que, para calcular o volume do aquário, basta multiplicar suas dimensões: comprimento, largura e altura. James mediu com uma fita métrica e obteve 45 cm de comprimento, 30 cm de largura e 40 cm de altura. Quantos litros de água cabem no aquário?

3 A capacidade de um galão de água mineral é de 25 000 cm³. O preço de 1 litro dessa água é R$ 1,40. Qual é o valor a pagar na compra de 4 galões?

4 Uma piscina tem o formato parecido ao de um bloco retangular com 60 dm de comprimento, 160 cm de largura e 1,8 m de profundidade (ou altura). Qual é a capacidade, em litros, dessa piscina?

5 Uma loja consumiu 78 900 000 cm³ de água e uma padaria consumiu 789 000 dL. Qual estabelecimento consumiu mais água?

Volume dos sólidos geométricos

Agora que já conhecemos o significado de volume e as respectivas unidades, vamos aprender a calcular o volume de alguns objetos e sólidos geométricos já conhecidos.

Observe o dado abaixo, que tem a forma parecida com a de um cubo.

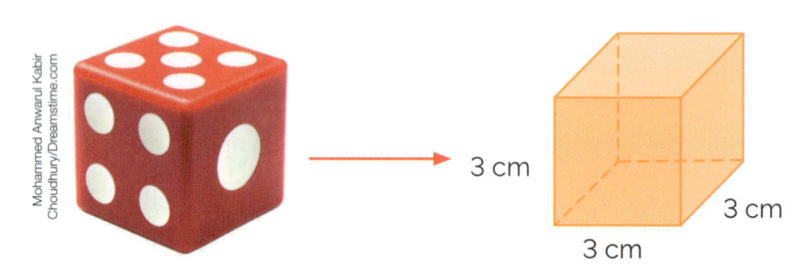

Para calcular o volume de um cubo, basta multiplicar as medidas das arestas.

volume do cubo = aresta × aresta × aresta

Então, temos:
$V = 3 \text{ cm} \times 3 \text{ cm} \times 3 \text{ cm}$
$V \times 27 \text{ cm}^3$

Agora, observe o tijolo a seguir, que tem a forma parecida com a de um bloco retangular.

Para calcular o volume de um bloco retangular, basta multiplicar as medidas de suas três dimensões

volume do bloco retangular = comprimento × largura × altura

Encontramos o volume do tijolo assim:
$V = 15 \text{ cm} \times 20 \text{ cm} \times 10 \text{ cm}$
$V = 3\,000 \text{ cm}^3$

ATIVIDADES

1 Calcule o volume destes sólidos com base nas suas representações.

a) 4 cm, 4 cm, 4 cm

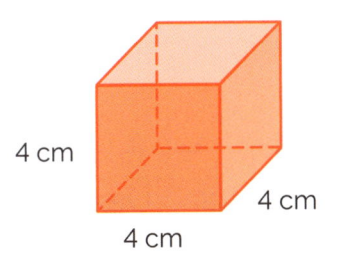

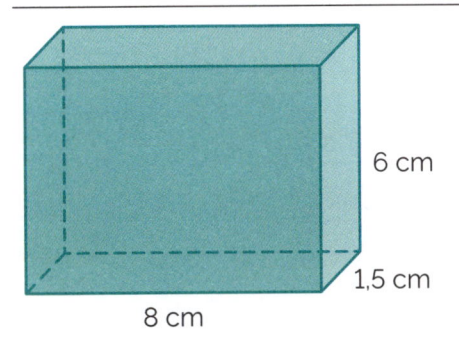

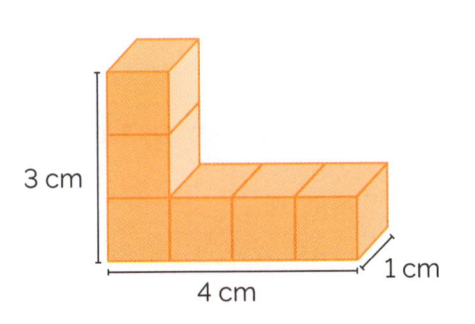

d) 4 dm, 2 dm, 5 dm

b) 6 cm, 8 cm, 1,5 cm

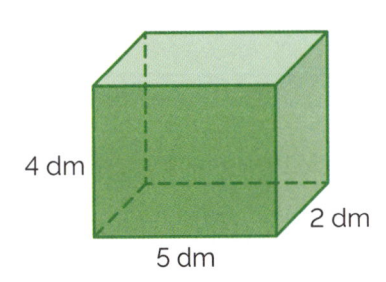

e) 4 cm, 7,2 cm, 2,5 cm

c) 3 cm, 4 cm, 1 cm

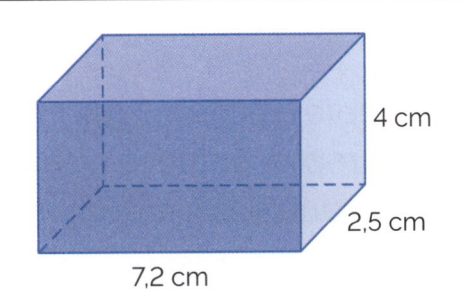

f) 4 m, 5 m, 1 m

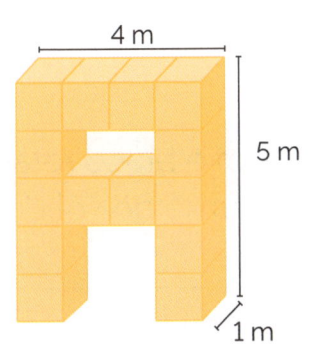

2 Calcule o volume dos cubos cujas arestas medem os valores abaixo.

a) 4,5 cm: _____

b) 10 cm: _____

c) 7 cm: _____

d) 8 cm: _____

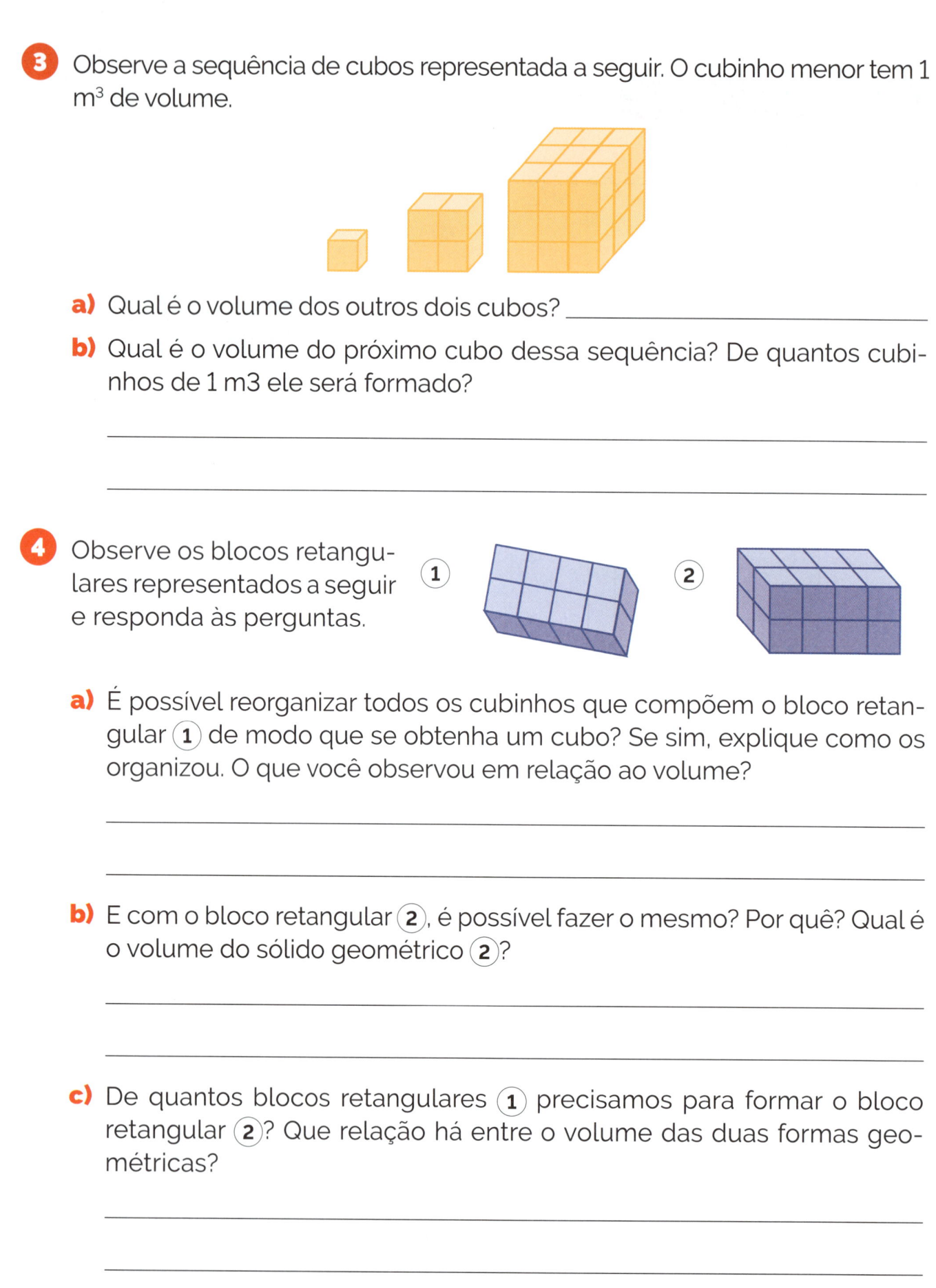

3 Observe a sequência de cubos representada a seguir. O cubinho menor tem 1 m³ de volume.

a) Qual é o volume dos outros dois cubos? _____

b) Qual é o volume do próximo cubo dessa sequência? De quantos cubinhos de 1 m3 ele será formado?

_____

_____

4 Observe os blocos retangulares representados a seguir e responda às perguntas.

a) É possível reorganizar todos os cubinhos que compõem o bloco retangular ① de modo que se obtenha um cubo? Se sim, explique como os organizou. O que você observou em relação ao volume?

_____

_____

b) E com o bloco retangular ②, é possível fazer o mesmo? Por quê? Qual é o volume do sólido geométrico ②?

_____

_____

c) De quantos blocos retangulares ① precisamos para formar o bloco retangular ②? Que relação há entre o volume das duas formas geométricas?

_____

_____

PROBLEMAS

1 Uma loja vende caixas para embalagem. Veja duas dessas caixas representadas a seguir.

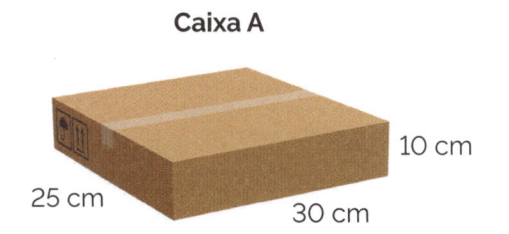

Caixa A
25 cm — 30 cm — 10 cm

Caixa B
25 cm — 20 cm — 17 cm

O preço da caixa varia de acordo com o volume. O preço do decímetro cúbico é R$ 3,50. Qual é a caixa mais barata? E qual é a diferença de preço?

_____

_____

_____

2 Fernanda tem uma mala de 43 cm de comprimento, 27 cm de largura e 58 cm de altura. Qual é a medida do volume dessa mala?

_____

_____

3 Uma fábrica produz quatro tipos de caixas-d'água em formato cúbico, de acordo com as dimensões a seguir.

Tipo 1	Tipo 2	Tipo 3	Tipo 4
Aresta 1,5 m	Aresta 2,0 m	Aresta 2,5 m	Aresta 3,0 m

A empresa Limpa Tudo precisa comprar uma dessas caixas-d'água para armazenar, no mínimo, 15 000 litros de água. De quais tipos ela poderá comprar?

_____

4) A empresa Novi Dade modificou a embalagem de um de seus produtos, como mostram as figuras.

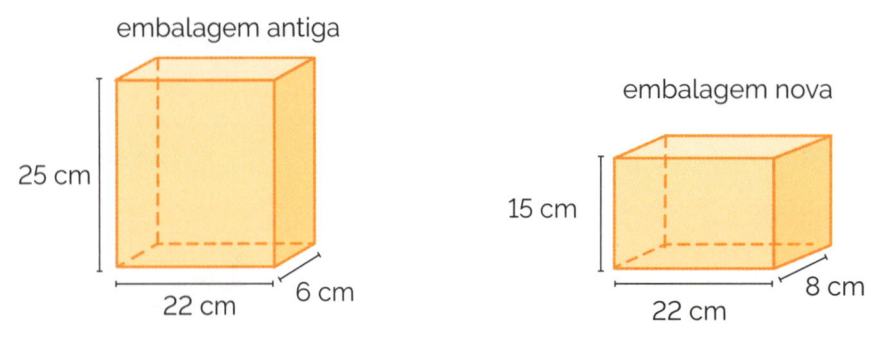

embalagem antiga: 25 cm, 22 cm, 6 cm

embalagem nova: 15 cm, 22 cm, 8 cm

Determine a diferença entre os volumes.

DESAFIO

1) Um pequeno reservatório vai ser pintado externamente com duas cores. Para isso, demarcou-se uma linha **vermelha** dividindo-o em duas partes, veja a figura.

Sabendo que a altura indicada pela letra **h**, que vai da base até a linha vermelha, corresponde a 60% do reservatório, responda:

40 cm, 50 cm, 24 cm

a) Qual é o volume de cada parte do reservatório?

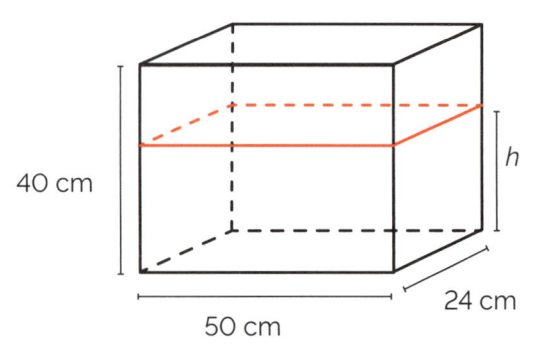

b) O volume de cada parte corresponde a que porcentagem do reservatório?

BRINCANDO

1 Cléber tem três recipientes: um de 12 litros, um de 5 e outro de 3 litros. O recipiente de 12 litros está cheio de água.

Ele quer separar 1 litro de água despejando-a da maneira mais conveniente e quantas vezes forem necessárias nos recipientes, mas sem retirar nem adicionar água. Ajude Cléber pintando nas figuras abaixo as etapas para representar essa separação.

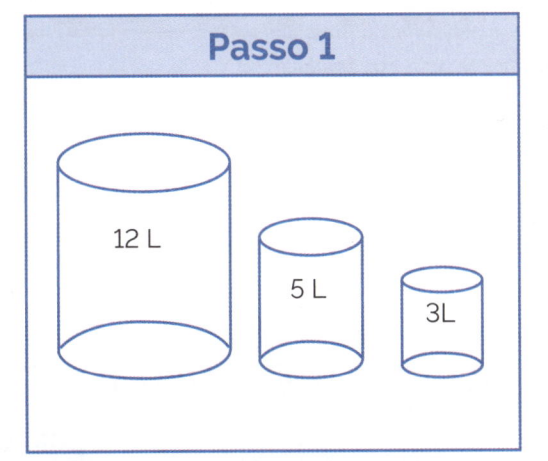

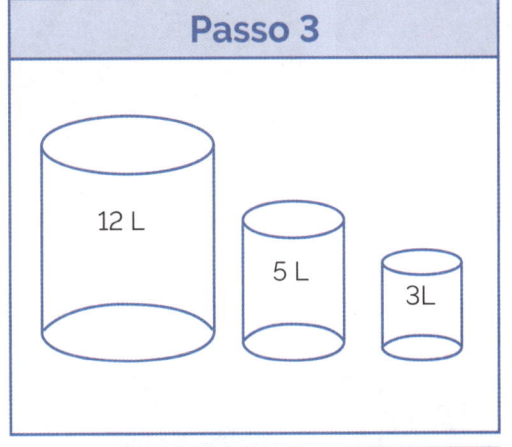

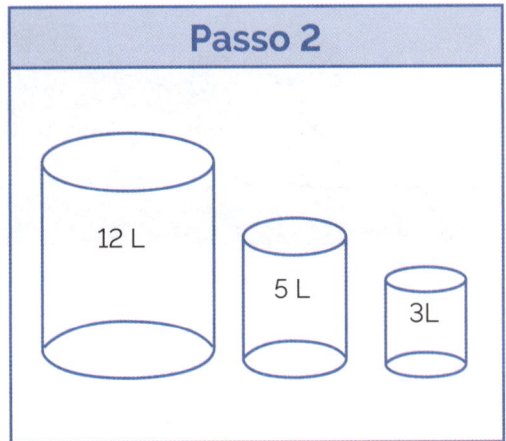

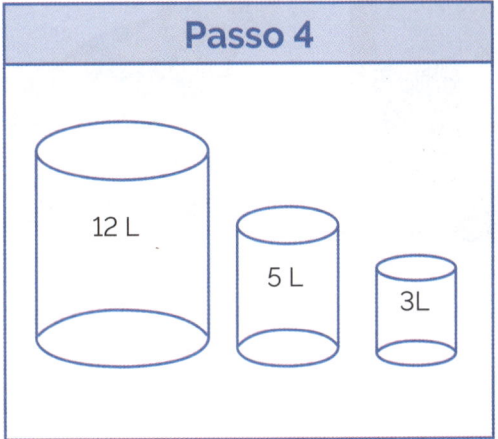

Passo 1

12 L   5 L   3L

Passo 2

12 L   5 L   3L

Passo 3

12 L   5 L   3L

Passo 4

12 L   5 L   3L

UNIDADE 19

GEOMETRIA

A Geometria pode ser identificada em várias formações e situações, como na natureza, na arte, nas construções humanas, nas representações que nos ajudam a entender o mundo e a nos localizar.

Mapa do tesouro.

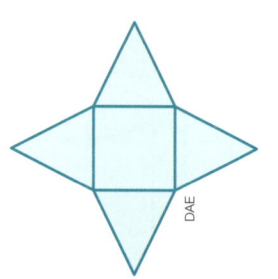

Estrela do mar vermelha.

Abelhas trabalhando em favos de mel.

Planificação da pirâmide.

Piet Mondrian, *Grande composição A com preto, vermelho, cinza, amarelo e azul*, 1920. Óleo sobre tela, 91 cm × 91 cm.

Coelho geométrico.

Museu do Louvre.

Ponto, reta e plano

Uma marca feita com a ponta de um lápis representa um **ponto**. Em Desenho Geométrico, demarca-se o ponto com o cruzamento de dois pequenos arcos que se faz com um compasso. O ponto é um ente geométrico que não tem dimensão (nem comprimento, nem largura, nem espessura); por isso dizemos que o ponto tem dimensão zero. Ele é usado para indicar uma posição (ou uma localização).

Observe no mapa que as capitais têm suas posições demarcadas com um ponto.

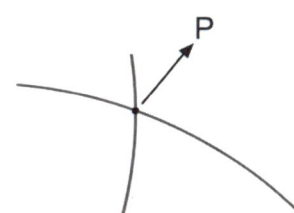

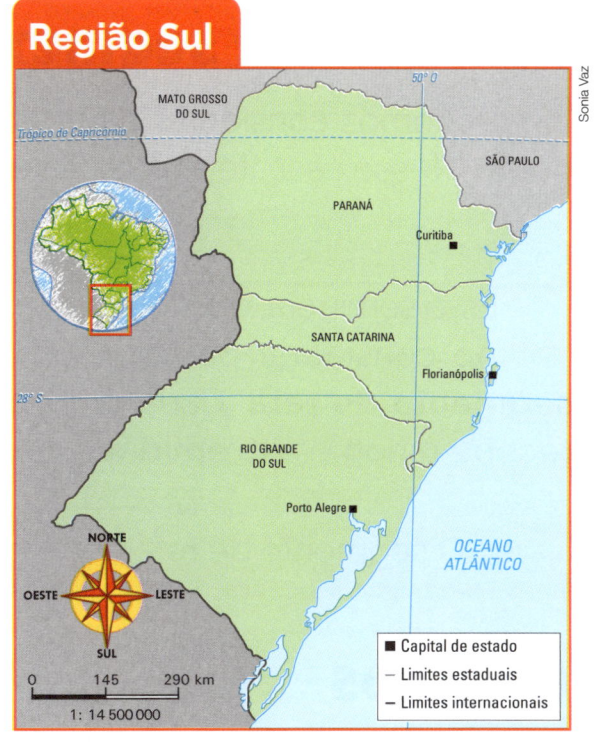

Fonte: https://www.todamateria.com.br/estados-do-sul/. Acesso em: 15 abr. 2020.

Todas as figuras geométricas são conjuntos de pontos.

A linha do horizonte nos dá a ideia de **reta** e a superfície da água (mar calmo), a noção de **plano**.

A reta não tem começo nem fim e tem **infinitos pontos**. O plano é infinito em todas as direções e também tem infinitos pontos. Veja como representamos retas e planos.

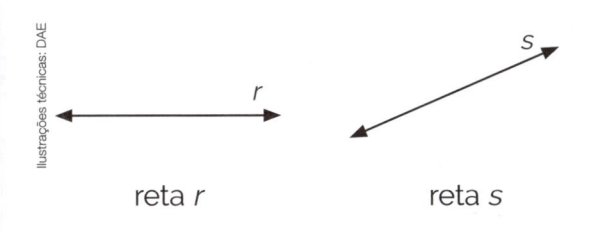

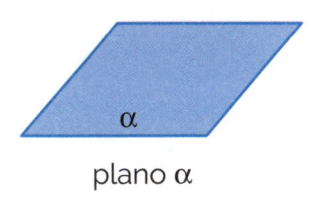

reta r   reta s   plano α

Por um ponto podem passar infinitas retas.

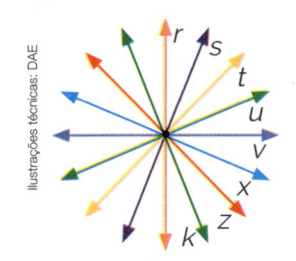

Por dois pontos só passa uma reta.

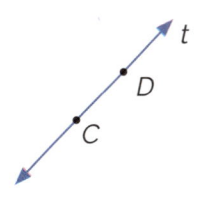

Semirreta e segmento de reta

Podemos considerar parte de uma reta em um só sentido a partir de um ponto. Nesse caso, temos uma **semirreta**.

Essa semirreta, que tem origem em C e passa por D, é representada por $\overrightarrow{CD}$.

Ao considerar parte de uma reta limitada por dois pontos, temos um **segmento de reta**. Cada um dos pontos que limitam o segmento de reta recebe o nome **extremidade**.

O segmento de reta entre os pontos A e B é representado por $\overline{AB}$.

Ângulos

Ângulo é a reunião de duas semirretas de mesma origem.

As semirretas que delimitam o ângulo são chamadas de **lado** do ângulo e o ponto de origem dessas semirretas é o **vértice**. O ângulo representado ao lado é indicado assim: AÔB.

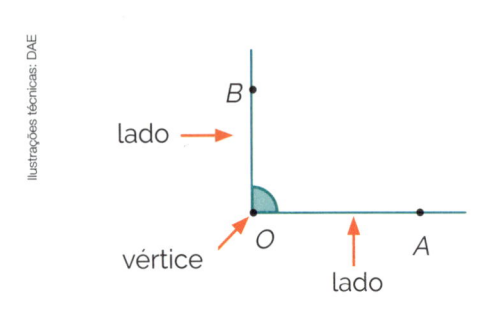

A medida de um ângulo é dada pela sua abertura, e a unidade de medida é o **grau** (°). O instrumento usado para medir ângulos é o **transferidor**.

Para medir o ângulo coloque o centro do transferidor sobre o vértice dele, de modo que a graduação zero coincida com um dos lados. A graduação correspondente ao outro lado indica a medida do ângulo.

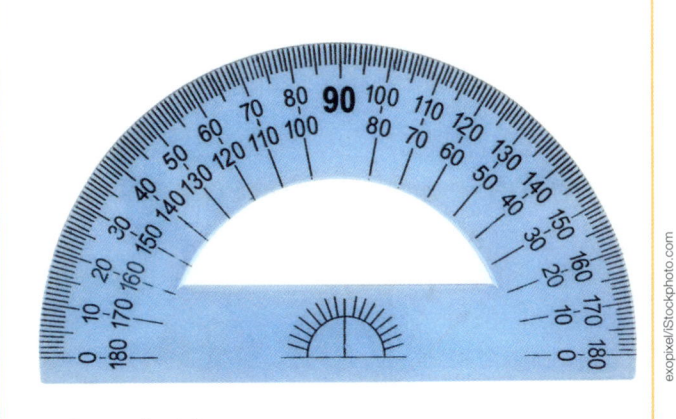

Transferidor.

Os ângulos podem ser classificados de acordo com **sua medida**.

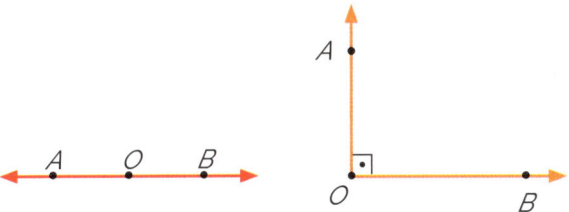

Raso: ângulo que mede 180°.

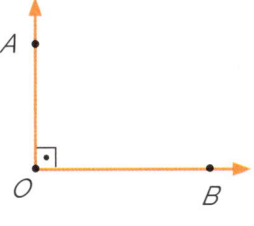

Reto: ângulo que mede 90°.

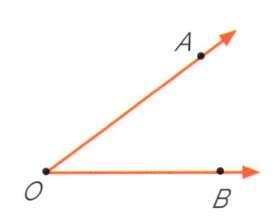

Agudo: ângulo com medida mair do que 0° e menor do que 90°.

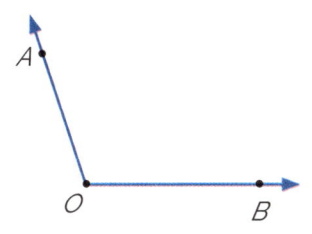

Obtuso: ângulo com medida maior do que 90° e menor do que 180°.

ATIVIDADES

1) Utilize o transferidor e determine a medida dos ângulos a seguir.

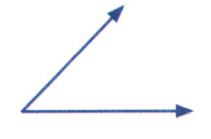

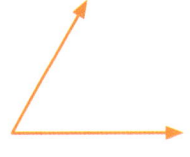

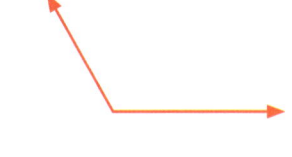

a)

b)

c)

2) Trace os segmentos $\overline{AB}$, $\overline{BC}$, $\overline{CD}$, $\overline{DE}$ e $\overline{EA}$ com os pontos ao lado e responda:

a) Quantos ângulos foram formados na parte interna da figura? _____

b) Quantos dos ângulos formados são agudos?
_____

3) Observe as figuras e complete tornando as sentenças verdadeiras.

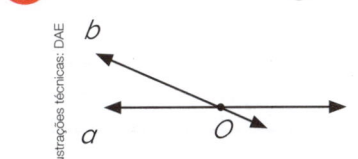

Figura 1

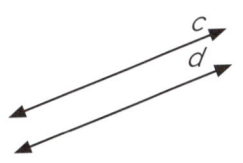

Figura 2

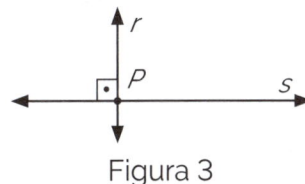

Figura 3

a) Duas retas _____ são aquelas que estão em um mesmo plano e não têm pontos em comum, como as retas da figura _____.

b) Duas retas _____ são aquelas que estão em um mesmo plano e têm um único ponto comum, como as retas das figuras _____.

c) Duas retas concorrentes são _____ quando formam quatro ângulos retos entre si, como as retas da figura _____.

Localização e movimentação no plano

Luana está no 5º ano e observa sua irmã, Laura, que está no 6º ano, registrando o horário escolar em uma planilha eletrônica. Laura explica que as colunas são indicadas por letras e as linhas por números.

	A	B	C	D	E
1	Segunda	Terça	Quarta	Quinta	Sexta
2	Matemática	Português	Ciências	Português	Matemática
3	Português	Matemática	Geografia	Inglês	Ciências
4	Português	Ciências	Português	Matemática	Ciências
5	História	Artes	Inglês	Matemática	Artes
6	Geografia	História	História	Geografia	Português

ATIVIDADES

1 Observe a planilha de Laura e ajude Luana a responder às questões.

a) O que aparece na linha 1? E na coluna B?

_____

b) Que letra indica a coluna das aulas de sexta-feira? _____

c) Em que dias da semana há aulas de Matemática? E em quais não há?

_____

_____

d) Quando é a primeira aula de Arte na semana? Em que coluna e em que linha ela pode ser localizada?

_____

2 Observe a malha quadriculada.

a) Em que coluna está o milho? _____

b) Em que linha está o porquinho? _____

c) Qual a posição do quadrinho com o pintinho? _____

d) O que aparece no quadrinho B1? _____

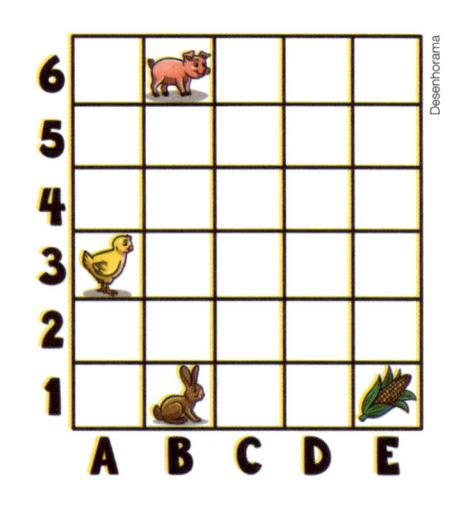

e) Leve o porquinho até o milho, pintando os quadrinhos. Ele só anda pela linha ou pela coluna. Depois, descreva a posição dos quadrinhos por onde ele passou.

_____

f) O pintinho andou 3 quadrinhos para a frente, deu um giro de 90° para a esquerda e andou outros 3 quadrinhos para a frente. Ele alcançou o milho? Por quê? Em que quadrinho ele parou?

_____

3 Em uma malha quadriculada, Diana desenhou duas retas numéricas (eixos) perpendiculares, como mostra a figura. Nomeou a reta horizontal de *x* e a vertical de *y*. Depois, Diana marcou alguns pontos nos cruzamentos das linhas da malha.

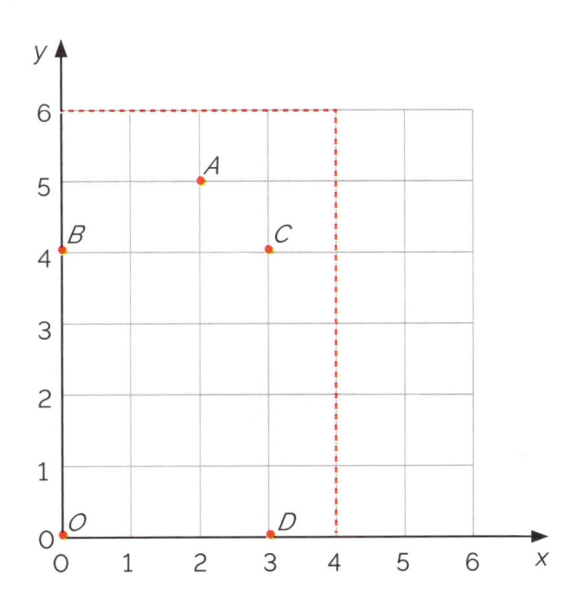

a) Em que coluna e em que linha foi marcado o ponto *A*?

_____

b) A figura que Diana fez é chamada de **plano cartesiano** e esses dois números – coluna e linha – indicam as coordenadas do ponto *A*. Quais são as coordenadas do ponto *B*? _____

c) Veja como Diana indicou as coordenadas do ponto *D*: (3, 0). Nesse par de números, o primeiro (3) refere-se à coluna onde está o ponto *D*, número que lemos no eixo *x*; e o segundo (0), indica a linha em que está o ponto *D*, número que lemos no eixo *y*. Escreva as coordenadas dos pontos *C* e *O* do mesmo modo que Diana. _____

d) Marque na figura (plano cartesiano) um ponto *P* e depois registre aqui suas coordenadas. *P* (_____, _____).

e) Esse modo de indicar a posição de um ponto no plano é denominado **par ordenado**. Registre as coordenadas dos pontos *A* e *B* na forma de par ordenado. _____

Sólidos geométricos

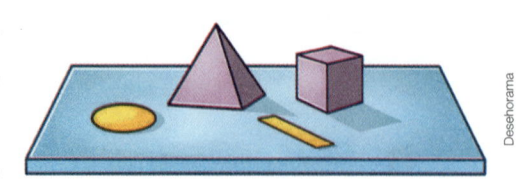

Observe as figuras sobre a mesa. Algumas delas (figuras amarelas) ficam com todas as partes sobre o tampo da mesa (plano), elas estão contidas nele. Por isso dizemos que elas são **figuras planas**.

Já outras (figuras lilás) têm partes que "saltam" do tampo, elas não estão contidas nele. Essas são denominadas **figuras não planas**, pois não estão contidas em um plano.

Olhe as peças de um jogo que Rui tem. Todas elas são figuras não planas. Elas representam **sólidos geométricos**. Você conhece?

Algumas são arredondadas, chamadas de **corpos redondos**. Já outras não têm partes arredondadas, essas são os **poliedros**.

ATIVIDADES

1 Dentre as peças do jogo de Rui, você sabe nomear alguma? Quais?

_____

2 Poliedro significa "muitas faces". Pegue uma caixa e passe suas mãos sobre as partes planas que compõem a superfície. Essas partes são as faces da caixa. Como são as partes que compõem um cubo? Quantas faces ele tem? _____

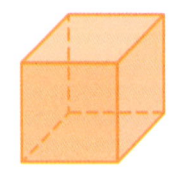

3 Observe a pirâmide a seguir. Desenhe como são suas faces. Quantas são?

_____

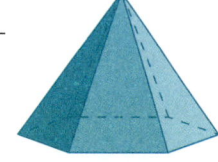

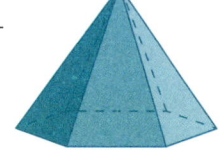

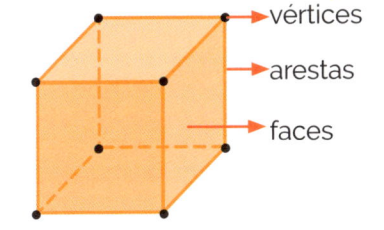

4 Os poliedros também têm vértices (pontas) e arestas (quinas). Verifique esses elementos em uma caixa de sabão em pó.

a) Identifique os elementos destacados em cor nos cubos representados abaixo.

Em laranja: _____.

Em azul: _____.

Em verde: _____.

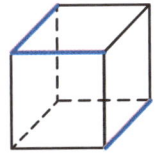

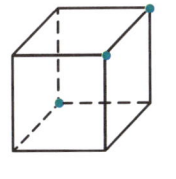

b) Quantos vértices e quantas arestas têm os poliedros a seguir?

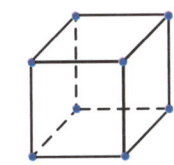

cubo _____

pirâmide _____

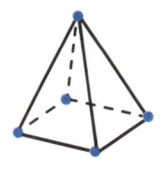

bloco retangular _____

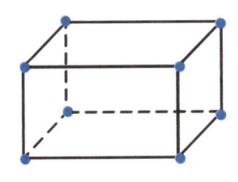

c) Quantos vértices, faces e arestas têm estes poliedros?

Poliedro	tetraedro	octaedro	prisma
Faces			
Vértices			
Arestas			

5 As partes planas da superfície de um cilindro e de um cone são formadas por um círculo, que são suas bases.

a) Pinte as bases do cilindro e do cone ao lado.

b) Quantas bases tem o cilindro? E o cone? _____.

6 Complete:

a) Cilindros e cones não têm faces nem _____.

b) O cilindro não tem vértice; o cone tem um único _____.

Planificação da superfície de sólidos

Ângela, muito curiosa, resolveu desmontar uma caixa para ver como ela foi feita. Assim, ela obteve o molde da caixa.

Também podemos imaginar sólidos geométricos desmontados. Nesse caso, obtemos a planificação de sua superfície. Veja as planificações a seguir.

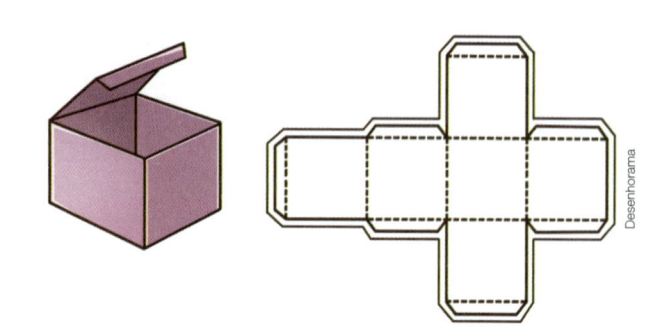

cilindro

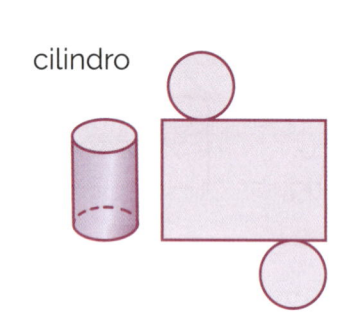

bloco retangular

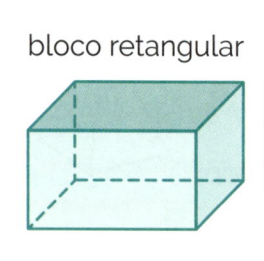

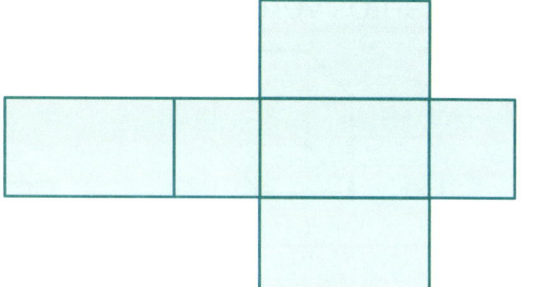

ATIVIDADES

1) Um prisma é um poliedro que tem duas faces idênticas e paralelas, que são suas bases, e as demais são as faces laterais. Na planificação, marque um **X** nas faces que são as bases do prisma.

prisma 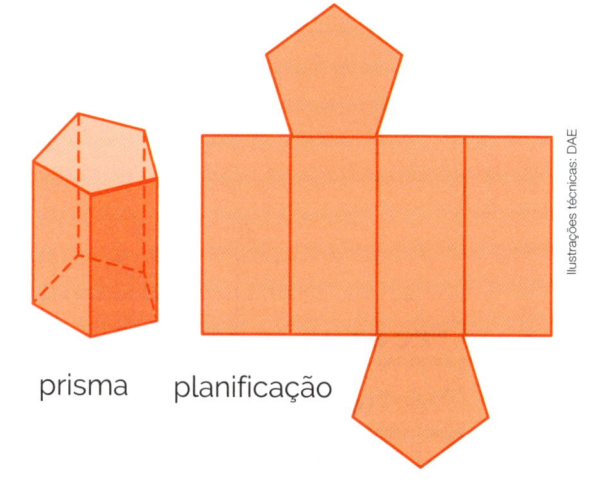   planificação

2) Identifique o tipo de sólido que gerou cada planificação a seguir.

a) _____   b)  _____   c) _____

Polígonos

Observe a imagem ao lado. As peças encaixadas são delimitadas por polígonos.

> **Polígono** é uma linha fechada formada apenas por segmentos de reta, dois a dois não alinhados, que não se cruzam.

Coração em peças de madeira.

Veja, ao lado, um exemplo de polígono. Cada segmento de reta é um lado do polígono. Dois lados vizinhos formam um ângulo interno e determinam um vértice do polígono. No exemplo, o polígono tem 5 lados, 5 vértices e 5 ângulos. Esse polígono é chamado de pentágono.

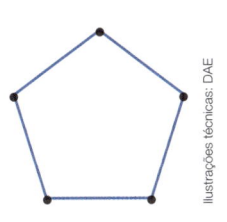

Os triângulos são classificados de acordo com as medidas de seus lados:

- equilátero é o triângulo que tem os 3 lados com a mesma medida;
- isósceles é o triângulo que tem 2 lados com a mesma medida;
- escaleno é o triângulo que tem os 3 lados com medidas diferentes.

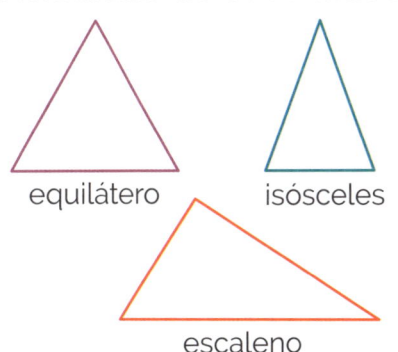

equilátero   isósceles   escaleno

Os **quadriláteros** têm 4 lados, 4 vértices e 4 ângulos. Veja a seguir os quadriláteros especiais.

- **Trapézio**: tem apenas um par de lados paralelos. Exemplo:
- **Paralelogramo**: tem os lados opostos paralelos. Os paralelogramos podem ser:
  - **retângulos**: têm lados opostos com medidas iguais e 4 ângulos retos;
  - **quadrados**: têm 4 lados com medidas iguais e 4 ângulos retos;
  - **losangos**: têm 4 lados com medidas iguais e ângulos opostos de mesma medida.

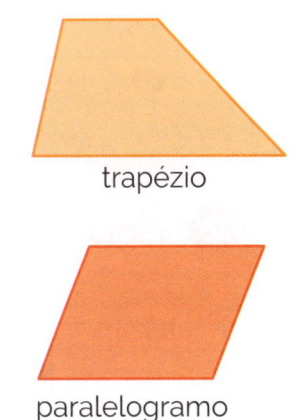

trapézio

paralelogramo

Exemplos:

quadrado   retângulo   losango

ATIVIDADES

1 Complete o quadro que mostra a nomenclatura de alguns polígonos.

Polígono	Nome do polígono	Número de lados	Polígono	Nome do polígono	Número de lados
△	triângulo		⬣	heptágono	
◻	quadrilátero		⬢	octógono	
⬠	pentágono		⬟	eneágono	
⬡	hexágono		⬤	decágono	

a) Um quadrado é um polígono de quantos lados? _____

b) Um triângulo tem quantos vértices e quantos ângulos? _____

c) Qual é o polígono que tem 6 vértices? _____

d) Qual triângulo tem 2 lados de medidas iguais?
_____

2 Ligue os polígonos à descrição correspondente.

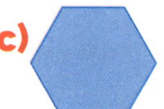

a) quadrado   **b)** retângulo   **c)** hexágono   **d)** trapézio

- Tem lados opostos e todos os ângulos com medidas iguais.
- Tem o dobro de lados do triângulo.
- Tem lados e ângulos com medidas iguais.
- Tem apenas um par de lados paralelos.

PEQUENO CIDADÃO

Embalagens e sustentabilidade

Hoje, cerca de um terço do lixo doméstico é composto por embalagens (que equivalem a 20% do lixo total), sendo que 80% delas são, sequer, reutilizadas. Sabendo que não são todas as cidades que possuem coleta eficiente, que a maioria dos aterros opera no limite, que a presença de lixões ainda é uma constante no país e que não utilizamos nem 10% do potencial de mercado da reciclagem [...]

Mais do que nossa culpa pela falta de educação, as empresas são, também, grandes responsáveis. Para o *marketing*, a embalagem tem muito mais função do que apenas preservar e proteger um produto. [...] Acontece que os tempos são outros e a exuberância e o exagero estão perdendo espaço em um mundo onde os mercados são extremamente competitivos e redução de custos é desafio constante para as empresas. Ah, é, a sustentabilidade. [...]

Pensemos na indústria. [...] Menos matéria-prima utilizada na embalagem, menos resíduos gerados [...]"

Fonte: ANTUNES, Julianna. O impacto das embalagens na sustentabilidade. *Administradores.com*, João Pessoa, 25 out. 2010. Disponível em: https://administradores.com.br/artigos/o-impacto-das-embalagens-na-sustentabilidade. Acesso em: 16 abr. 2020.

1 Uma indústria fabrica caixas de papelão em forma de bloco retangular para sabão em pó. Qual dos modelos representados a seguir usa menos material para ser confeccionado (desconsidere as abas de colagem)? _____

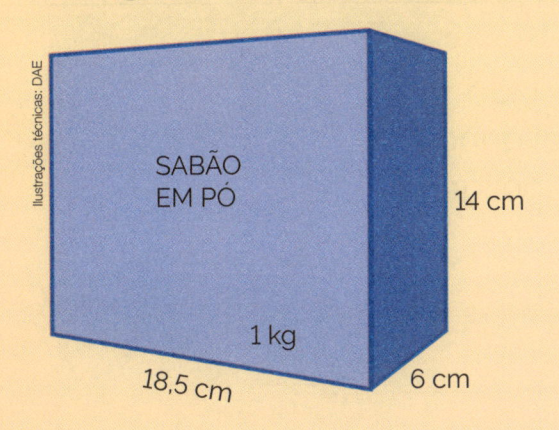

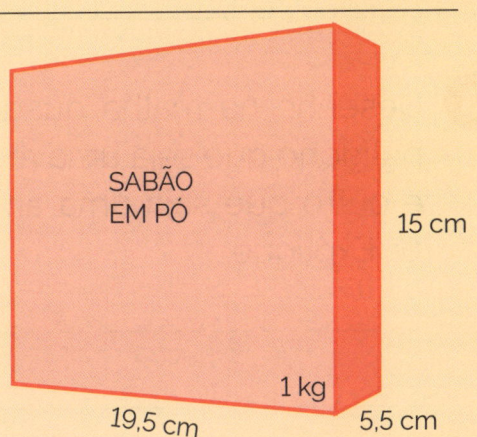

Caixa azul: SABÃO EM PÓ — 1 kg — 18,5 cm × 6 cm × 14 cm

Caixa laranja: SABÃO EM PÓ — 1 kg — 19,5 cm × 5,5 cm × 15 cm

Ampliação e redução de figuras poligonais em malhas quadriculadas

A professora Carolina apresentou alguns polígonos desenhados em uma malha quadriculada com quadradinhos de 1 cm de lado.

O polígono ② é uma redução do polígono ①, enquanto o polígono ③ é uma ampliação do polígono ①.

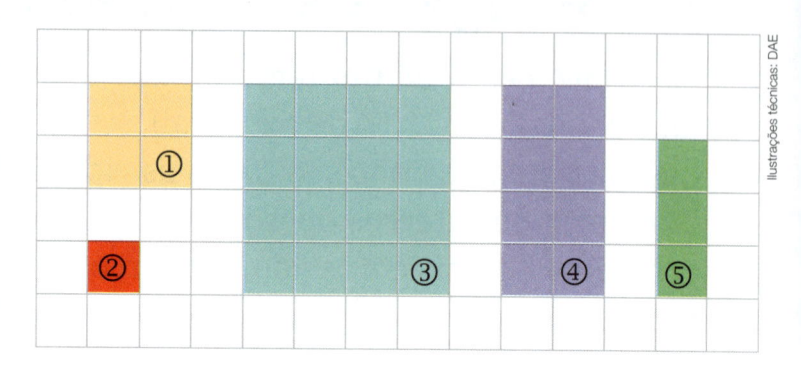

ATIVIDADES

1) Que tipo de polígono é o ①? Compare-o com os polígonos ② e ③. O que você observa? O que ocorreu com as medidas dos lados?

_____

_____

2) Os polígonos ④ e ⑤ podem ser uma redução ou ampliação do polígono ①? Explique.

_____

_____

3) Desenhe na malha quadriculada ao lado um polígono que seja uma redução do polígono ④ e outro que seja uma ampliação do polígono ⑤. Explique.

_____

_____

_____

4 Converse com um colega ② sobre o que é necessário para que uma figura seja a ampliação de outra e escrevam no caderno a conclusão de vocês.

PROBLEMAS

1 Cristina desenhou em um plano cartesiano um triângulo e pediu que Isabel desenhasse nesse mesmo plano uma ampliação desse triângulo. Veja o que elas fizeram na figura ao lado.

a) Qual triângulo Cristina desenhou: o vermelho ou o verde, e quais as coordenadas dos vértices dele?

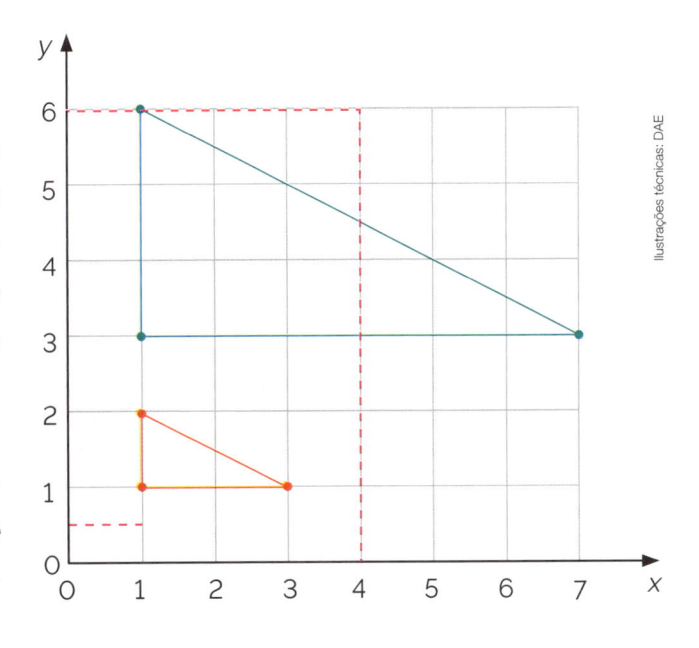

_____

b) Quais as coordenadas dos vértices do triângulo desenhado por Isabel?

_____

c) O triângulo de Isabel é realmente uma ampliação do triângulo de Cristina? Explique.

_____
_____

d) Classifique esses triângulos quanto às medidas de seus lados.

_____
_____

e) Desenhe nesse plano uma redução do triângulo de Cristina e justifique sua escolha. Quais as coordenadas dos vértices do triângulo desenhado por você?

_____
_____

SE LIGA NO DIGITAL

1 Copie a figura a seguir e a malha quadriculada dela digitalmente (por foto ou escâner) e salve em um arquivo de edição de texto. Pode ser o Writer da LibreOffice (*software* com licença gratuita), disponível em: https://pt-br.libreoffice.org/descubra/writer/ (acesso em: 17 abr. 2020).

2 Agora, vamos ampliar e reduzir essa figura.

a) Selecione a malha quadriculada, abra o menu **Formatar**, clique na opção **Transparência** e deixe a malha com 50% de transparência, para poder sobrepor a malha na figura, como mostra a imagem. Se precisar de ajuda, fale com o professor.

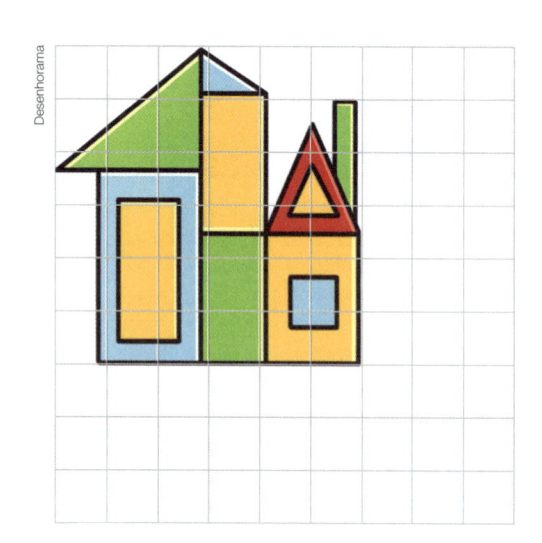

Como podemos ver na imagem ao lado, a figura em tamanho original (100%) ocupa uma região retangular na malha que tem exatamente 6 quadradinhos de comprimento e 6 quadradinhos de largura, ou seja, uma região quadrada.

Observação: Se o editor de texto não tiver a opção de transparência, use um programa de desenho (Draw) e depois cole a malha transparente no editor de texto.

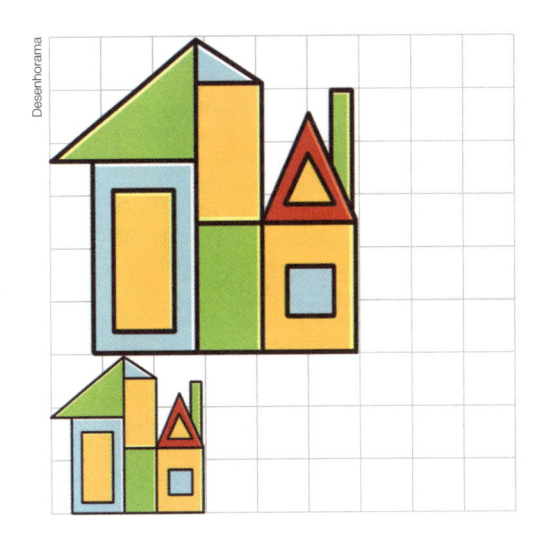

b) No editor de texto, faça uma cópia da figura (<Ctrl> + C e depois <Ctrl> + V). Selecione essa cópia, abra o menu **Formatar** e selecione a opção **Tamanho** (ou **Cortar**). Mude o tamanho de 100% para 50% no comprimento e na largura e depois clique em <OK>.

Note que a figura reduzida ocupa uma região quadrada na malha com exatamente 3 quadradinhos de cada lado, o que corresponde a 50% da figura no tamanho normal. Você pode fazer outras cópias e mudar os tamanhos da figura reduzida.

c) De maneira análoga, podemos obter uma ampliação. Mude o tamanho de 100% para 150%. Nesse caso, a figura será ampliada em 50%, ou seja, o novo tamanho será 150% do tamanho da figura original (100% + 50%).

A figura ampliada ocupa uma região quadrada na malha que tem exatamente 9 quadradinhos no comprimento e 9 na largura, que corresponde a 1,5 vez a figura original (1,5 × 6 = 9).

ATIVIDADES

1 Considerando a figura original apresentada na seção **Se liga no digital,** responda:
Se mudarmos o tamanho de 100% para 300%, teremos uma ampliação ou redução? Como será a região da malha ocupada pela figura resultante dessa mudança?

_____

_____

2 Crie uma outra composição com polígonos em uma malha quadriculada usando o mesmo procedimento anterior e obtenha uma ampliação e uma redução da figura original.

UNIDADE 20
PROBABILIDADE E ESTATÍSTICA

Probabilidade

Você já jogou "cara ou coroa" com uma moeda? Já pensou na chance que cada face da moeda tem de sair?

E o jogo de "par ou ímpar"? Já pensou se é mais provável sair par ou ímpar, ou ambos têm probabilidade igual?

Cara (reverso).

Coroa (anverso).

A probabilidade é a medida da chance de ocorrer um evento em um experimento aleatório, aquele em que conhecemos todos os resultados possíveis, mas não é possível prever qual ocorrerá.

Considere o experimento de lançar um dado comum (com seis faces, numeradas de 1 a 6) e observar a face que fica voltada para cima.

Qual será a chance de sair a face par?

Observe que das seis faces, há três que têm números pares (2, 4 e 6). Então, temos 3 possibilidades em 6 de obter um número par, isto é, há 3 casos favoráveis dentre as 6 possibilidades que existem ao todo. Por isso, dizemos que a probabilidade de sair número par na face que fica para cima no dado é de $\frac{3}{6}$, ou ainda, $\frac{1}{2}$.

A probabilidade de algo ocorrer é um número que fica no intervalo de 0 a 1. Veja, por exemplo, que ao lançar um dado comum, a probabilidade de sair a face com número 7 é zero, pois esse evento é impossível de ocorrer (não há número 7 nesse dado). Ou ainda que a probabilidade de sair um número menor que 7 é $\frac{6}{6} = 1$, porque há 6 casos favoráveis em 6 possibilidades (todos os números de 1 a 6 são menores que 7).

Podemos também expressar a probabilidade de um evento com a forma porcentual. Nesse caso, os valores vão de 0% a 100%.

ATIVIDADES

1 Gisele lançou dois dados de cores diferentes. Ajude-a a descobrir quais são todos os resultados possíveis de ocorrer, completando o quadro a seguir. Qual é o total de resultados possíveis?

_____

6	6 e 1					
5						
4						
3						
2						
1	1 e 1					1 e 6
	1	2	3	4	5	6

3 O grupo de amigas da foto colocou em uma sacola opaca fichas de cartolina de tamanhos iguais com o nome de cada uma delas. Ao sortear uma ficha, qual é a probabilidade de sair:

a) O nome de uma adolescente de calça branca.

_____

b) O nome de uma adolescente com lenço no cabelo?

_____

c) O nome de um rapaz?

_____

4 Uma roleta tem círculos coloridos e uma seta que aponta para um deles. Ao rodá-la:

a) Em que cor é mais provável a seta apontar na parada? Explique.

_____

b) Qual é a probabilidade de a seta apontar para um círculo amarelo? E para um círculo verde?

_____

5 Wagner lançou duas moedas e observou o que saiu em cada uma delas na face de cima: uma cara e a outra coroa.

a) Quais os resultados possíveis para esse experimento?

_____

b) O que tem maior probabilidade de ocorrer: duas faces iguais ou duas faces diferentes? Explique.

_____

_____

BRINCANDO

1 Vamos jogar par ou ímpar!

Convide um colega para jogar com você. Decidam quem vencerá se der par e quem vencerá se der ímpar.

Cada um utiliza apenas uma das mãos e a cada jogada colocam de zero a 5 dedos. Somem a quantidade de dedos colocados das mãos de vocês e vejam quem ganha a rodada.

Depois de jogarem cinco rodadas, resolvam às questões juntos.

a) Complete o quadro com alguns resultados possíveis.

Situação	✊ ☝	✊ ✋	☝ ✋	✋ ✋	☝ ✋
Quem ganhou: par ou ímpar?	Ímpar				

b) Estime: a probabilidade de se colocar quantidades iguais de dedos é 50%, mais de 50% ou menos de 50%? _____

c) Você sabe quantos resultados são possíveis?

0 e 0; 0 e 1; 1 e 0; 1 e 1; 1 e 2; ...

Anote no caderno todos os resultados possíveis e registre a quantidade aqui: _____

d) Calcule a probabilidade do item **b**. Você fez uma boa estimativa?

_____

e) O que é mais provável sair: par ou ímpar? Explique.

_____

2 Agora, joguem 3 moedas e observem o que sai nas faces de cima. Registrem no caderno todos os possíveis resultados. Qual é a probabilidade de sair cada resultado? E de sair 2 ou 3 caras?

_____

PESQUISANDO

Por meio das pesquisas, podemos saber e fazer estimativas de situações reais sobre um acontecimento, prever resultados de uma eleição, saber de produtos e marcas preferidas pelos consumidores, entre tantas outras coisas e finalidades.

Observe o resultado obtido em 11 de março de 2020 pelo Ministério da Saúde relativo à pandemia da covid-19, apresentado pelo infográfico abaixo.

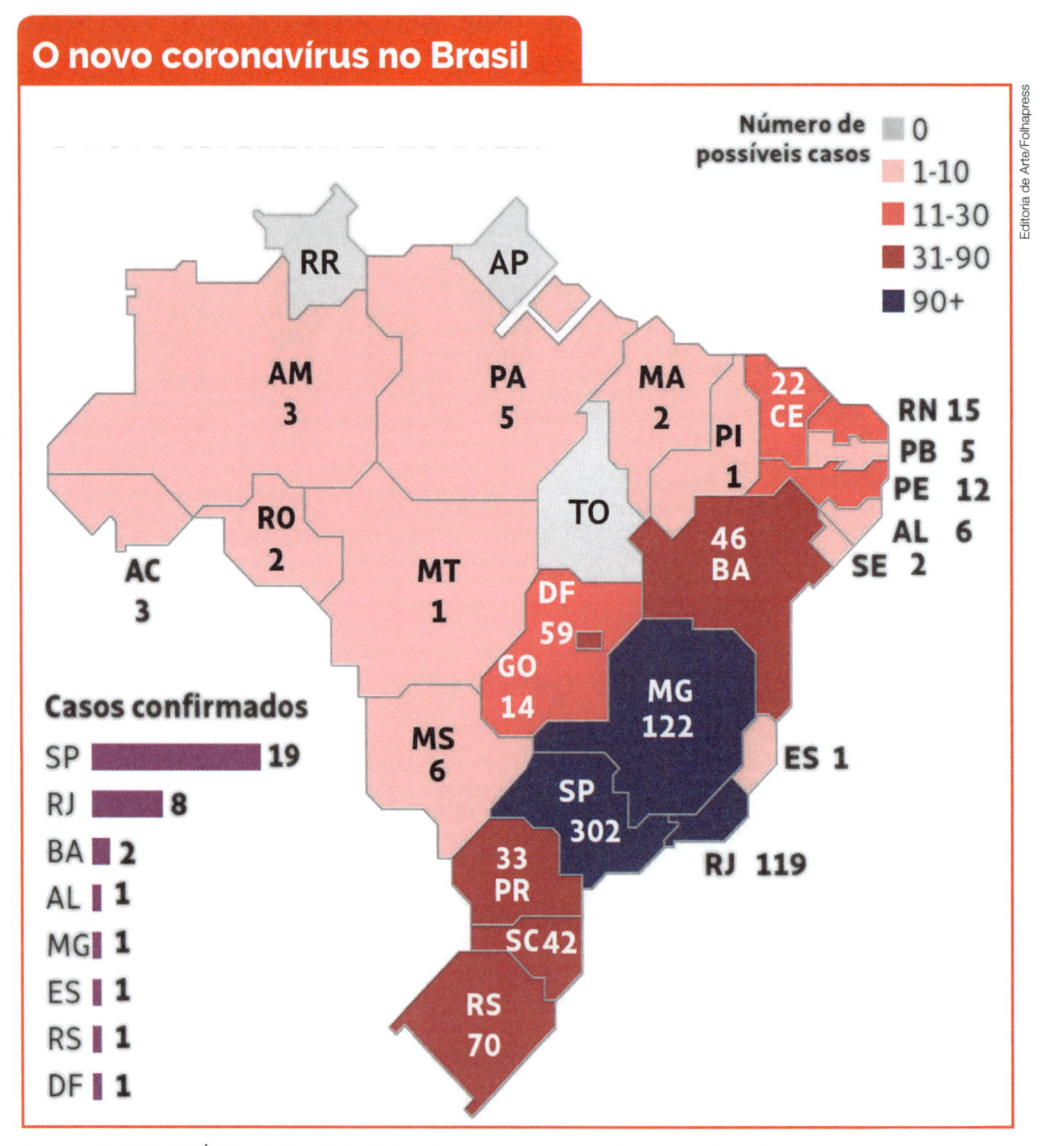

O novo coronavírus no Brasil

Número de possíveis casos:
- 0
- 1-10
- 11-30
- 31-90
- 90+

RR — ; AP — ; AM 3; PA 5; MA 2; CE 22; RN 15; PB 5; PE 12; AL 6; SE 2; PI 1; TO —; RO 2; AC 3; MT 1; DF 59; GO 14; BA 46; MS 6; MG 122; ES 1; SP 302; RJ 119; PR 33; SC 42; RS 70

Casos confirmados:
- SP 19
- RJ 8
- BA 2
- AL 1
- MG 1
- ES 1
- RS 1
- DF 1

Fonte: INFOGRÁFICO 11.03.2020 - O novo coronavírus no Brasil (Editoria de Arte/Folhapress).

Por meio dele, podemos visualizar a distribuição dos casos confirmados pelos estados, saber em qual deles há o maior número de infectados (em São Paulo), verificar no mapa o número de casos possíveis no país, entre outros.

ATIVIDADES

1 Você também pode fazer pesquisas, mais simples e de menor impacto, mas da mesma maneira obterá informações e dados que podem ser organizados em tabelas e gráficos.

- Escolha um tema, por exemplo, "Tipo de livro de que mais gosta".
- Escolha o alvo da pesquisa, por exemplo, seus colegas de tuma.
- Organize alguns itens para resposta, por exemplo: Elenque alguns tipos de livros.
- Realize a pesquisa, apresente os itens e anote a resposta.
- Organize os dados em uma tabela como a que segue.

Tipo preferido de livro da turma					
Tipo	Quadrinho	Ficção	Romance	Aventura	Outros
Número de votos					

Fonte: Turma da minha classe.

Vamos fazer essa pesquisa. Complete a tabela.

2 Faça um gráfico com os dados da tabela da atividade 1.

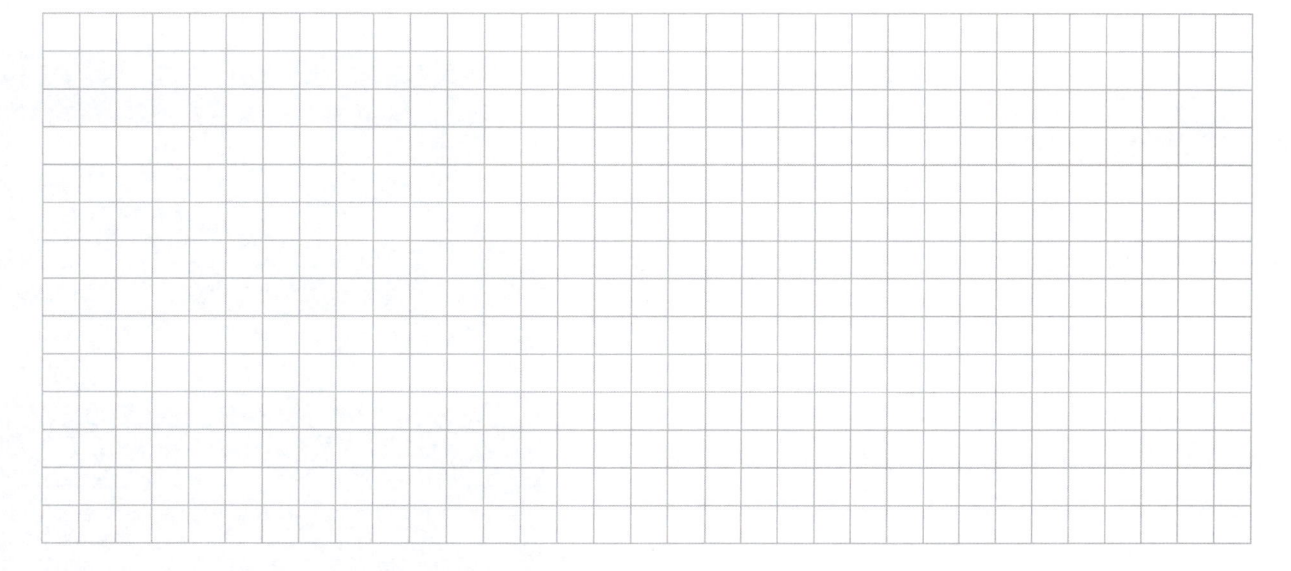

Agora, escreva um texto no caderno dizendo que tipos de livro a escola deve oferecer mais e por quê.

Registro de informações em tabelas e gráficos

Você já deve ter ouvido muito falar do plástico e de seus problemas para o meio ambiente. Veja o infográfico ao lado que aborda o lixo no mar no Brasil e converse sobre ele com seus colegas e professor. O que podemos fazer para contribuir na melhoria da situação sobre os plásticos?

Em média, 133 mil toneladas de plástico chegam aos mares no Brasil por ano.

O Brasil tem 274 municípios costeiros, porém nem todos fazem a coleta seletiva.

Veja o gráfico de setores que é possível montar:

Organizar os dados pesquisados por

Coleta seletiva em municípios costeiros do Brasil

- Sim: 22,3%
- Não: 39,1%
- Não declarado: 38,7%

Fonte: Infográfico ao lado.

meio de tabelas e gráficos possibilita uma melhor visualização da situação, facilita a interpretação das informações e a análise dos dados apresentados. Essas ferramentas são muito utilizadas pela mídia e estão presentes em nosso cotidiano. As informações em um gráfico devem ser colocadas de maneira clara, precisa e verídica.

Fonte: https://www.mma.gov.br/agenda-ambiental-urbana/lixo-no-mar.html. Acesso em: 8 jul. 2020.

ATIVIDADES

1) A professora dos 5º anos de uma escola fez uma pesquisa com os 250 alunos e construiu o gráfico a seguir para apresentar os resultados.

O que eu gosto de colecionar

(gráfico de barras — eixo y: Quantidade de alunos (frequência); eixo x: Artigos de coleção)
- carrinhos: ~82
- chaveiros: ~55
- adesivos: ~33
- canetas: ~28
- selos: ~41
- nada: ~19

Fonte: Alunos do 5º ano de uma escola.

a) Do que trata a pesquisa?
_____
_____

b) A frequência de um dado é a quantidade de vezes que ele aparece. Qual é a frequência da coleção de carrinhos? _____

c) Qual artigo é mais colecionado? _____

d) A quantidade de alunos que não têm nenhuma coleção é maior ou menor que 10% do total de alunos? _____

2) Vera fez um levantamento de alguns materiais escolares que ela tem em sua papelaria e montou a tabela a seguir.

Material escolar (em unidades)				
Cor /Tipo	vermelho	azul	verde	laranja
lápis	120	200	100	80
caneta	250	500	50	50
marca-texto	50	150	120	150

a) Quantas unidades existem de caneta azul? _____

b) Quantos são os materiais na cor vermelha? _____

c) Que tipo de material tem em menor quantidade? _____

d) Que cor aparece menos? _____

3) Invente outras três perguntas sobre a tabela da atividade 2 e troque com um colega: cada um responde às questões do outro.

_____

PEQUENO CIDADÃO

Inflação

Você já deve ter ouvido falar em inflação. Mas, o que é esse "negócio"? Os preços de produtos e serviços de um país podem variar em decorrência de acontecimentos como catástrofes, tomadas de decisões políticas e leis da economia.

Inflação é o nome dado ao aumento dos preços dos produtos e serviços, que ocorre de forma generalizada; ou seja, todos os preços aumentam. Geralmente, esse aumento persiste a cada mês.

A inflação é calculada pelos índices de preços, comumente denominados índices de inflação. O Índice Nacional de Preços ao Consumidor Amplo (IPCA), produzido pelo Instituto Brasileiro de Geografia e Estatística (IBGE), é o índice considerado oficial pelo governo federal. O propósito desse tipo de índice é medir a variação de preços, saber se eles aumentaram ou diminuíram de um mês para outro.

1) Observe o gráfico a seguir sobre a inflação no Brasil e responda às questões no caderno.

Inflação no Brasil – 1997-2017

Evolução anual (%)

- 1997: 5,22
- 1998: 1,65
- 1999: 8,94
- 2000: 5,97
- 2001: 7,67
- 2002: 12,53
- 2003: 9,30
- 2004: 7,60
- 2005: 5,69
- 2006: 3,14
- 2007: 4,46
- 2008: 5,90
- 2009: 4,31
- 2010: 5,93
- 2011: 6,50
- 2012: 5,54
- 2013: 5,91
- 2014: 6,56
- 2015: 10,67
- 2016: 6,29
- 2017: 2,95

Tarcísio Garbellini

a) No período de 1997 a 2017 houve um sobe e desce no índice IPCA. Em que ano esse índice registrou o porcentual mais baixo? E o mais alto?

b) Qual foi esse índice em 2017? Foi uma situação boa para o país? Explique sua opinião e pesquise sobre isso.

c) Pesquise os valores do IPCA de 2018 e 2019 e complete o gráfico.

BRINQUE MAIS

1 Observe o quadro e complete.

Numeração indo-arábica	Numeração romana	Escrita por extenso
451		
	CMXCIX	
3 644		
705		
19		

2 Desenhe e pinte a próxima figura da sequência.

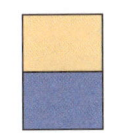

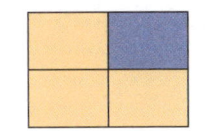

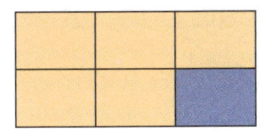

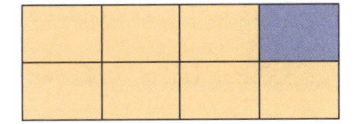

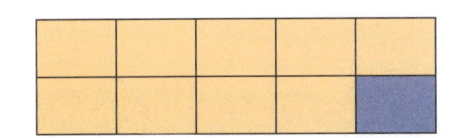

3 Complete as pirâmides a seguir apenas somando ou subtraindo os números, de acordo com as dicas em cada uma.

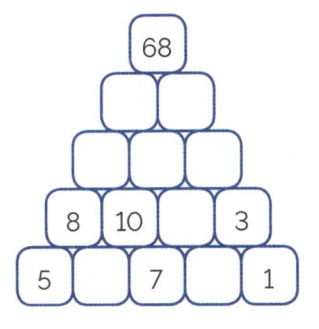

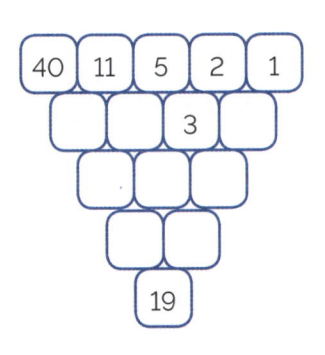

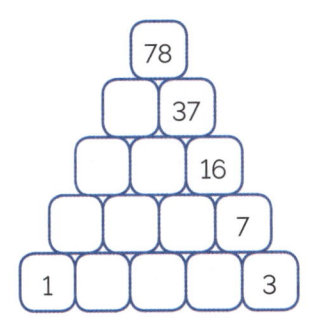

Pirâmide 1: 68 no topo; base 5, 7, 1; segunda linha 8, 10, 3.

Pirâmide 2: topo 40, 11, 5, 2, 1; 3; base 19.

Pirâmide 3: topo 78; 37; 16; 7; base 1, 3.

BRINQUE MAIS

4 Vamos jogar "*stop* matemático"? Copie no caderno o modelo a seguir com mais seis linhas para jogar com os colegas.

Alguém que não está jogando fala um número natural de 2 a 99 para começar a brincadeira. O jogador que preencher primeiro a linha fala "*stop*".

Faz 1 ponto apenas quem preencheu toda a linha com os resultados corretos.

Caso contrário, os outros jogadores ganham 1 ponto.

Vence o jogador que, ao final das dez linhas, tiver mais pontos.

Veja o exemplo.

Numero	Quádruplo	Triplo	+ 100	Vezes o próprio número	+ 39	Dobro	Ponto
23	92	69	123	529	62	46	1

5 Resolva os problemas a seguir.

a) Bia tem 5 camisetas a mais que Tati, e as duas juntas têm 49 camisetas. Quantas camisetas cada uma tem?

b) O dobro da quantidade de livros de Fernanda mais 8 é igual a 68. Quantos livros ela tem?

6 Complete o diagrama a seguir. Cada palavra só pode ser escrita em um único local. Atente-se ao número de letras de cada palavra e às letras comuns às palavras nos cruzamentos.

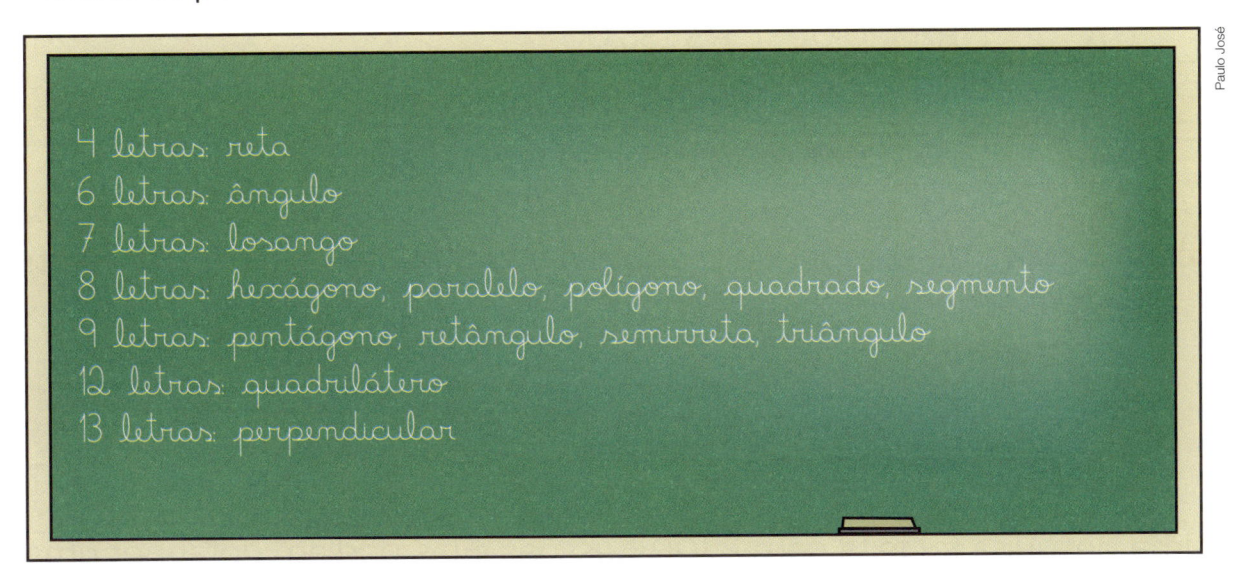

4 letras: reta
6 letras: ângulo
7 letras: losango
8 letras: hexágono, paralelo, polígono, quadrado, segmento
9 letras: pentágono, retângulo, semirreta, triângulo
12 letras: quadrilátero
13 letras: perpendicular

BRINQUE MAIS

7 Observe a tabela com o preço de compra e de venda de três produtos.

Produto	Compra	Venda
A	R$ 120,00	R$ 135,00
B	R$ 65,75	R$ 90,00
C	R$ 120,00	R$ 120,00

a) Calcule a diferença entre os preços de compra dos produtos **A** e **B**.

_____

_____

b) Se o preço de compra do produto **A** sofrer aumento de 12,5%, o vendedor terá prejuízo? Por quê?

_____

_____

8 Uma pesquisa foi feita com 2 100 pessoas. Elas podiam optar por uma alternativa entre quatro apresentadas. De acordo com as dicas, complete a tabela e depois faça um gráfico de barras no caderno usando o total de pessoas de cada alternativa.

- $\dfrac{2}{5}$ dos entrevistados responderam alternativa A
- 11% dos entrevistados escolheram alternativa B
- 24% dos entrevistados optaram por C
- o restante dos entrevistados preferiu a alternativa D.

	Quantidade de pessoas que responderam		
	Fração irredutível	Porcentagem	Número de pessoas
A	$\dfrac{2}{5}$		
B		11%	
C		24%	
D			

BRINQUE MAIS

9 O bambu pode crescer 90 cm por dia. Quantos metros ele cresce em 1 semana? E em 30 dias?

_____

10 Um milhão de garrafas plásticas são compradas por minuto. Quantas garrafas são compradas por segundo, aproximadamente?

_____

_____

11 Observe o infográfico abaixo e responda às questões.

a) Qual é a temperatura da grama ao sol? _____

b) Que situação corresponde a 17 °C? _____

c) Qual é a diferença de temperatura do concreto ao sol e à sombra?

_____

d) Qual é a maior diferença de temperatura entre uma região asfaltada e a sombra de uma árvore?

_____

Fonte: Mirella Moscardini. 7 curiosidades sobre plantas. *Blog Mirella Moscardini*. Campinas, 18 nov. 2015. Disponível em: https://www.mirellamoscardini.com/single-post/2015/11/18/7-curiosidades-sobre-plantas. Acesso em: 5 maio 2020.

12 Observe as provetas de um laboratório. Abaixo de cada uma, depois de adicionar ou subtrair o que está indicado, anote a quantidade de líquido que a proveta contém e pinte essa quantidade.

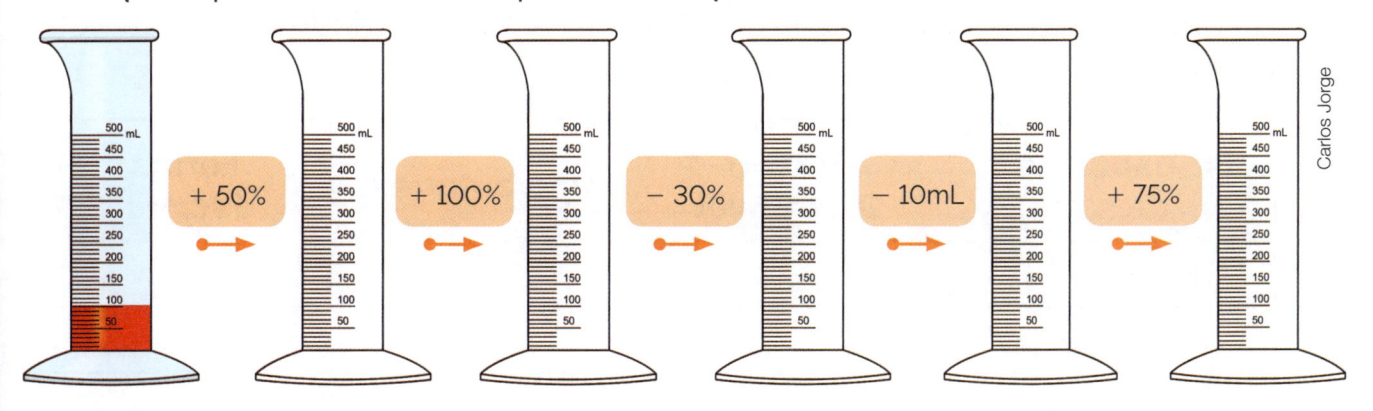

100 mL → + 50% → + 100% → − 30% → − 10 mL → + 75%

BRINQUE MAIS

13. A professora Laura levou 10 quadrados de EVA de 50 cm × 50 cm para a aula. Ela montou uma figura com 10 quadrados iguais e pediu aos alunos que calculassem o perímetro e a área da figura.

Perímetro: _____   Área: _____.

Os alunos formaram três grupos para montar uma figura com as 10 peças e, depois, calcular o perímetro e a área. Observe como cada grupo resolveu a atividade.

Grupo 1   Grupo 2   Grupo 3

a) Calcule o perímetro em m e a área em m² das figuras de EVA de cada grupo.

_____

b) Qual grupo montou a figura com o maior perímetro? E com a menor área?

_____

14. Em uma urna há 5 bolas verdes, 7 brancas e 8 azuis. Retira-se uma bola da urna ao acaso. Complete o quadro com a probabilidade da cor da bola retirada.

Probabilidade de sair	Fração irredutível	Porcentagem	Forma decimal
bola verde			
bola branca			
bola azul			

15 Felipe e Renata recortaram algumas figuras para a atividade de Matemática.

Depois de recortar triângulos e retângulos, eles formaram as figuras a seguir.

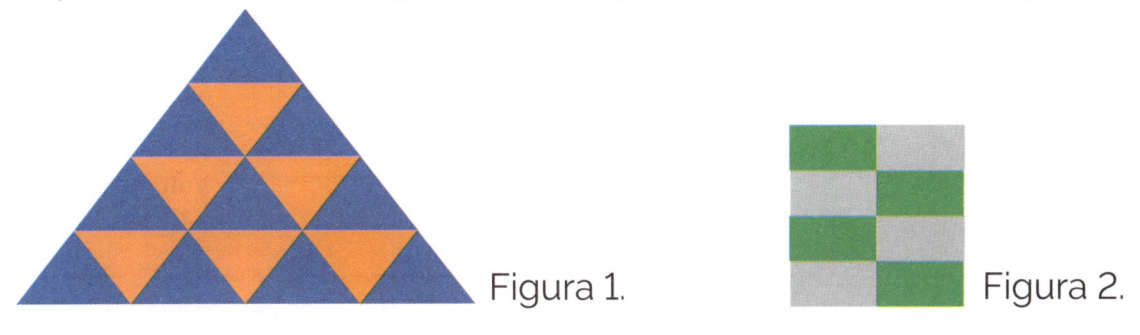

Figura 1.

Figura 2.

a) Calcule a área do triângulo e a área do retângulo recortados por Felipe e Renata.

b) Calcule a área de toda a figura 1 e de toda a figura 2.

_____

_____

16 Calcule o volume do cubo e do bloco retangular a seguir.

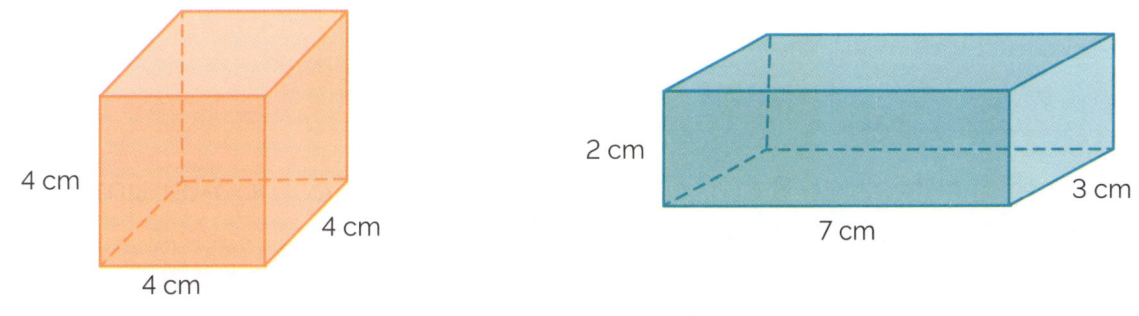

BRINQUE MAIS

17 Um técnico químico analisou uma amostra de ferro e fez um gráfico que relaciona o volume de ferro com sua massa. Analise o gráfico e responda às questões.

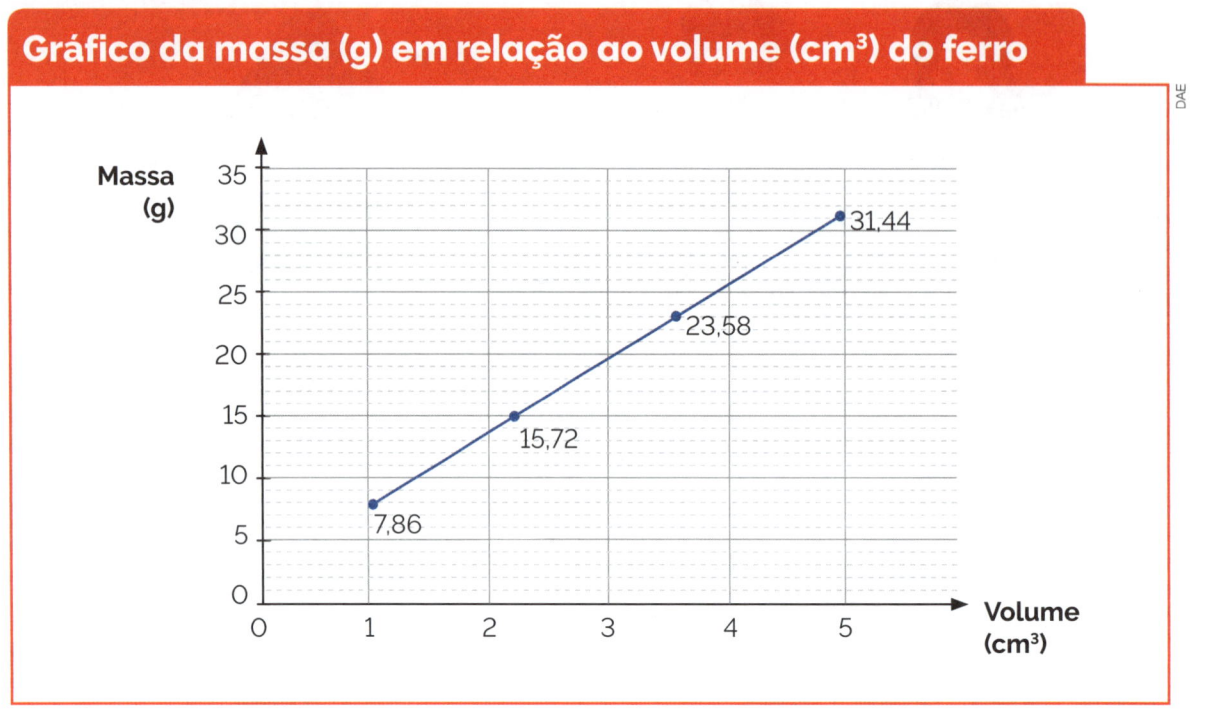

Gráfico da massa (g) em relação ao volume (cm³) do ferro

Pontos do gráfico:
- (1; 7,86)
- (2; 15,72)
- (3; 23,58)
- (5; 31,44)

Fonte: Pesquisa realizada pelo técnico químico.

a) Quanto pesa 1 cm³ de ferro? E 4 cm³?

_____

b) Qual é o volume correspondente a uma massa de 15,72 g de ferro?

_____

c) Tem-se 20,5 g de ferro. Quantos gramas de ferro faltam para que se tenha um volume de 3 cm³?

_____

d) Uma caixa cúbica de 3 cm³ de capacidade pode comportar um pedaço de ferro de 25 g? Por quê?

_____